Philosophy as a Framework of Analysis

作为分析框架的哲学

韩庆祥 著

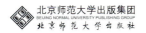

北京师范大学出版集团
BEIJING NORMAL UNIVERSITY PUBLISHING GROUP
北京师范大学出版社

总 序

需要有一次机会，对我的学术生涯、研究历程、演进逻辑、思想领悟进行清理与总结。这次机会，就是我这四部具有代表性的学术著作的出版。

一 学术研究历程及其演进逻辑

1983 年，我从郑州大学毕业后考入吉林大学攻读硕士学位，专业是马克思主义哲学。在吉林大学，我系统地阅读了马克思主义经典著作，孕育了用"两只眼睛"看世界的哲学思维：既成与生成、感性与理性、抽象与具象、规范与实证、真理与价值、宏观与微观、部分与整体、道与术，等等。从吉林大学毕业后，我考入北京大学攻读博士学位，师从黄枬森教授。黄枬森教授的"经典阅读""文本解读"与"严谨治学""人格魅力"对我影响很大。在北京大学三年，我"两耳不闻窗外事，一心只读圣贤书"，不仅研究马克思主义哲学发展史，而且阅读西方哲学经典。北京大学滋养了我学术上的独立思考意识和学术探索精神。

从北京大学毕业后，我到中央党校工作。在中央党校，我的学术研究具有三个特点：待在书房，静心研读马克思主义经典著作，坚定马克思主义信仰；走出书房，深入实际，理解和把握当代中国发展的现实逻辑；学习党的创新理论，理解和把握治国理政实践的运作机理。

依据历史和逻辑相统一的原则，我的学术研究历程及其演进逻辑大致分为八个具有内在联系的历史时段。

一是厚积理论基石：马克思开辟的哲学道路是实践生成论。

1983年到1996年，是我的学术研究奠基期。这一时期，我持之以恒地研读经典文本，秉持"用哲学思考问题，用学术支撑思想"的学术研究风格与治学理念。在吉林大学攻读硕士学位和在北京大学攻读博士学位期间，我的研究重点是马克思、恩格斯哲学。搞学问，精读研读马克思主义经典文本是必由之路，也是学者的看家本领。所以，当时我反复研读马克思、恩格斯的经典文本。当时我最关心的学术问题之一，就是马克思开辟的哲学道路与马克思主义哲学的本质特征、基本价值、历史形态。通过研究，我得出的结论是：马克思哲学在本质上是"实践生成论"，马克思开辟的是实践生成论的哲学道路。

马克思哲学所实现的革命性变革，主要体现在把哲学由"天国"拉到"人间"，直面现实人的生活世界，关注现实人的生存境遇与发展命运，并且以哲学的方式批判旧世界，以实践生成过程的方式改变旧世界和建立新世界，实现人类解放、无产阶级解放和每个人自由而全面的发展。显然，马克思强调的是这样一种观点：人是在其实践活动、历史活动、超越活动和自我创造过程中，确证其本质而且解放自己和实现自己的。这在本质上强调的是人的活动是一种超越、建构与生成活动。在马克思那里，"生成"主要有以下四种方式：一是实践生成，强调人通过实践活动——人的对象化和人化自然确立自己、发展自己和完善自己，他所主张的实践唯物主义，强调的就是实践生成；二是历史生成，强调人是在创造自己的社会物质生活条件的历史过程中实现自己、成为自己的，他所创立的历史唯物主义，强调的就是历史生成；三是矛盾—超越生成，强调事物（包括人）都是在不断超越自身的内在矛盾的过程中生成自己的，马克思的辩证法注重的就是矛盾—超越的生成；四是人的自我创造的生成，强调人是靠自身的创造能力来成就自己、成为自己和确立自己的。马克思的人学理论，注重的就是人的自我创造能力的生成。在马克思看来，人的自我产生是一个过程，一部人类社会发展史就是个人本质力量的发展史，人在这一历史过程中成为自己，也通过自己能力的发挥来确立其地位。

基于实践生成论，我致力于形成自己的学术分析框架与解释逻辑。这方面的学术研究成果，就是两部学术著作《论马克思开辟的哲学道路》和《作为分析框架的哲学》。

二是夯实学术根基：人学研究。

我把马克思的哲学解读为实践生成论，就自然而然地关心人的问题。马克思哲学在本质上是一种实践生成论哲学，其主体是人，目的也是人，人是在实践中生成并实现自己的。这从根本上涉及对人的理解，也自然而然地把人的问题突出出来，这是我走向人学研究的理论逻辑；时代发展与中国实践发展，是促使我走向人学研究的现实逻辑。此外，促使我走向人学研究的还有一个重要因素，就是我国哲学界的老前辈把我引上了人学研究之路。我在吉林大学攻读硕士学位期间，高清海教授和邹化政教授就开始讲人学了，邹化政教授所讲的"《资本论》中的人学"，对我后来的人学研究有很大启发。在这期间，我研读了许多马克思主义经典作家关于人的问题的论述，也深读了西方学者关于人的问题的著作，对人学有了初步认识。在北京大学师从黄枬森教授期间，我进一步坚定了从事人学研究的决心，也开始系统研究人学，开始自觉运用马克思主义的立场、观点和方法研究人学。正是在这些因素影响下，我通过自己的学习与研究，对哲学、人学与生活世界产生了新的理解。1989年在莫斯科国立大学进修期间，我又搜集并阅读了大量苏联学者研究人的问题的著作。

从1986年到1996年，我用10年时间在学术上进行"人学理论"建构，包括研究哲学与人学的关系、人学的对象、人学的定位、人学的性质、人学的基本范畴、人学研究方法论、人学基本理论、人学的使命，等等。我的人学研究取得了一些成果。黄枬森教授与我合写的学术论文《关于建构人学的几点设想》，发表于《社会科学战线》1989年第3期，这是哲学界较早系统研究人学理论建构的学术文章之一；1991年我的博士论文《马克思主义人学思想发微》由中国社会科学出版社出版，这是较早系统研究马克思主义人学的学术著作之一；1996年我又出版了《马克思的人学理论》，这是我国哲学界较早从人学角度研究马克思思想包括马克思哲学思想的学术专著之一。

我的人学研究的基本观点可概括为"哲学形态论""人学理论建构论""人的存在论""人的全面发展论"和"人格转型论"，主要代表作就是《马克思的人学理论》。

三是产生学术影响：能力本位论。

1992年到2009年，我秉持"用思想传递时代，用理念引导发展"的学术研究风格与治学理念，并基于马克思主义哲学的本性，从学术上积极探寻当代中国马克思主义哲学发展之路，并以哲学方式关注现实、面向"中国问题"，在坚持"道德做人"的前提下，从哲学上提出了"能力本位论"，在学术界与社会上产生了较大影响，代表作是《能力本位》。

我的研究方向从人学走向从哲学上研究"能力本位与当代中国发展"，主要是基于这样两个逻辑。一是我把自己的人学研究定位于关于人怎样成为"人"的学问。使人成为人需要许多基础和条件，我认为主要有两个基本条件，也就是人的两大基本素质——道德和能力。道德是做人，能力是做事。关于道德的文章，应当说中国的思想家和专家学者研究得比较全面深入，中国传统文化对世界的最大贡献也在这里。然而，关于能力的文章，我们做得并不多，也不系统。二是使中国真正成为强国。中国能否成为真正的强国，应该说还有许多工作要做。要使中国成为真正的强国，首先要秉持"和"的理念，即和平发展与合作共赢，建设和平中国、和合中国。这个问题，中国人民大学张立文教授研究得比较深入。除了"和"的理念外，还有一个理念，那就是要注重实力和能力，尤其是自主创新能力，即构建能力中国、实力中国。我对能力问题的哲学研究，基本上是围绕使人成为人和使中国真正成为强国这两大核心论题展开的。

在《北京大学学报(哲学社会科学版)》1996 年第 5 期，我用 18000 字的篇幅，对能力本位论进行系统深入的阐发，题目是《能力本位论与 21 世纪中国的发展》。1992 年以来，我着重从哲学角度，对能力问题的时代意义、能力概念、能力原则、能力理念、能力主义思维方式、能力建设、能本管理、能力社会和能力发展的一般规律、能力建设与当代中国发展等，进行了系统研究，先后在《中国社会科学》《天津社会科学》《教学与研究》等刊物上发表 30 多篇关于能力和能力建设问题的专题学术论文，出版多部关于能力和能力建设问题的学术专著。

需要说明的是，我所讲的"能力本位"，是以政治过硬、注重道德为前提的。

四是哲学关切现实：社会层级结构理论。

2006 年以来，我又从能力问题研究走向当代中国政治哲学研究。这里存在着学术研究的逻辑必然性：在人学研究中，我发现中国传统社会的某些行为往往使一些人不能成为人，丧失人性中许多美好的东西；在能力问题的学术研究中，我发现我国传统社会在一定程度上存在的权力至上的官僚主义现象，使一些党员干部丧失先进性和纯洁性，使人的能力得不到充分发挥；在对当代"中国问题"的哲学分析中，我又发现在中国传统社会及现代社会，许多理论和实践问题大都与政治因素、政治力量有关，政府权力对人们生活的渗透程度较强，它是一种决定人的生存方式甚至人的命运的力量。这样，我便走向对当代中国政治哲学的学术研究，用人学理论、能力理论来建构当代中国政治哲学，代表作是《社会层级结构理论》。其中，我坚守的政治立场是马克思主义，注重用马克思主义的立场、观点和方法研究政治哲学。

我在《社会层级结构理论》中，具体阐释了"社会层级结构"，提出了

"公正为基三维制衡的能力主义"理论。这一理论可以成为分析当代中国问题包括政治问题的一种框架。

五是回归本质属性：马克思主义整体性研究。

透过上述学术研究历程及其研究成果可以看出，在我的学术研究中，哲学、人学、能力问题和政治哲学这四个主题，是依次递进而又相互缠绕、彼此相关、内在循环的，也是彼此理解的，它们构成我的一段学术研究历程的完整逻辑和图景。用一句话来概括我的学术逻辑：回归马克思主义的本质及其属性。所以，2009年以来，我的学术研究就以马克思主义整体性为新的起点，重新对马克思开辟的哲学道路与马克思主义的内在结构、理论形态进行反思和理解。这体现了我"回归原典，返本开新，把哲学命运和中国命运连在一起"的治学理念。

马克思主义哲学的发展必须基于马克思哲学的本性，马克思主义哲学的创新不能偏离马克思开辟的哲学道路。我国理论界对马克思哲学进行了全面而深入的研究，取得了一些重要学术成果。同时，对马克思哲学的内容和本质问题的理解仍存争议。比如，同样解读马克思实现哲学革命的实质，学术界就存在着辩证唯物主义和历史唯物主义相统一的科学世界观、广义的历史唯物主义、实践哲学、生存论等不同观点。我曾从实践生成论的路径解读马克思哲学，主张"回到马克思哲学本性的基地上探寻哲学发展之路"，主张从"形态分析""结构分析"角度解读马克思哲学与马克思主义，认为马克思哲学与马克思主义理论体系主要呈现为三种形态，即大众形态、学理形态和政治形态。在我看来，今天，无论从哪个角度看，都应当对马克思主义哲学的发展进行清理与总结。这种清理与总结，首先需要从弄清马克思哲学的真实的完整结构开始。因为作为马克思主义哲学的主要创始人，马克思的哲学以一定方式影响整个马克思主义哲学的发展进程。马克思哲学分析和解决的"总问题"，是资本占有劳动并控制社会的逻辑，或者说是超越资本占有劳动的逻辑并实现人类解放、无产阶级解放、每个人的自由而全面发展。马克思哲学围绕这一"总问题"进行探索，形成了政治形态、学理形态和大众形态三者有机统一的整体图景。然而，马克思以后的马克思主义哲学发展历程却呈现出不同的演变和命运。马克思哲学与马克思主义理论体系的三种形态在当代中国的命运可概括为：大众形态得以倡导，但还没有真正实现；学理形态强劲，却一定意义上疏离政治和大众；政治形态突出，但需要进一步获得学理支持和大众认同。当代中国马克思主义哲学研究要健康发展，不仅要廓清马克思哲学的完整图像，而且要营造马克思主义哲学研究的可持续发展的"生态环境"，从而推动大众形态、政治形态和学理形态的良性互动、良性循环。

弄清以上三种形态之后，我进一步从对马克思主义的"形态分析"，经"结构分析"，最后走向"整体分析"，即研究马克思主义的整体性。在不同人的心目中，会有对马克思主义的不同理解。有经济决定论的马克思主义，有人道主义的马克思主义；有讲阶级斗争的马克思主义，有讲人的自由全面发展的马克思主义；有讲历史规律的马克思主义，有讲人的主体性的马克思主义；等等。在马克思主义发展历程中，马克思主义被有些人肢解了。这种肢解损害了马克思主义的形象，一些人动摇了对马克思主义的信仰。原本是站在大众立场、维护大众利益、为大众立言、为大众提供现实智慧的马克思主义，怎么反而被一些民众远离，没有入心入脑？马克思主义究竟是什么样的？我认为，马克思主义本来是一个整体，因而需要运用"系统整体"思维来看待马克思主义。整体性是马克思主义的一个本质属性，包括"形成"的整体性、"主题"的整体性、"理论"的整体性、"发展"的整体性和"叙述"的整体性等。这几种整体性构成一个严密的逻辑结构。第一，"形成"的整体性。德国古典哲学、英国古典政治经济学和法国空想社会主义是马克思主义的三个基本来源。然而，德国古典哲学多注重"天上"的"形上"思辨，对"地下"的人间现实生活缺乏具体经济学分析；英国古典政治经济学虽注重对"地下"的现实生活作经济学的实证分析，但缺乏哲学超验上的"形上"思考；法国空想社会主义既对社会现实缺乏具体的经济学分析，也缺乏科学的世界观和方法论支撑。马克思主义既继承德国古典哲学、英国古典政治经济学和法国空想社会主义中的合理成分，又以一种整体视野超越它们的局限；马克思、恩格斯将唯物主义历史观、政治经济学和科学社会主义整合在一起，才创立了马克思主义，其中的科学社会主义就是建立在唯物主义历史观和剩余价值学说基础之上的。马克思主义"形成"的整体性在《德法年鉴》中刊载的马克思的文章和《1844年经济学哲学手稿》中体现出来。第二，"主题"的整体性。马克思主义形成的起点、确立的基点和实践的落脚点，始终是人类解放、无产阶级解放和人的自由全面发展，这些都是具有整体性的主题。这样的整体性在《1844年经济学哲学手稿》《共产党宣言》等著述中体现出来。在《莱茵报》工作期间，马克思极力维护穷苦人民的利益；在《德法年鉴》时期，马克思把哲学看作无产阶级解放的精神武器和"头脑"；在《1844年经济学哲学手稿》中，马克思十分关注工人阶级的生存处境与发展命运；《共产党宣言》实质上就是追求人类解放、无产阶级解放和每个人自由全面发展的宣言书；马克思把《资本论》看作工人阶级的"圣经"。第三，"理论"的整体性。马克思主义整个理论都是围绕人类解放、无产阶级解放和人的自由全面发展展开的，其理论的整体性主要体现为"科学与价值的统一""历史发展规律与人的主体性的统一""生产力决定论与历史合力论的统一""经济社会发展与人的发展的统一""理想与现实的统一"等。这样的整体性在《共产党宣言》《〈政治经济学批判〉序言》和《资本论》中得以彰显。第四，"发展"的整体性。马克思主义有一个发展过程，虽然在不同时期有不同侧重，但一定要把其理论发展过程统一起来作完整理解，即马克思主义是在发展过程中走向并呈现出整体性的。理解这样的整体性，应把早期马克思的思想和晚年马克思的思想统一起来、把马克思的思想和恩格斯的思想统一起来、把马克思、恩格斯思想与马克思、恩格斯以后所有马克思主义经典作家的思想统一起来。马克思、恩格斯晚年所从事的研究工作，一定意义上就是为了实现他们理论学说的完整性。这样的整体性在恩格斯晚年历史唯物主义书信、《反杜林论》以及马克思、恩格斯晚年的许多著作中得以集中呈现。第五，"叙述"的整体性。马克思、恩格斯在阐发和叙述他们的理论学说时，是在唯物主义历史观、政治经济学和科学社会主义组成的有机整体上进行的。唯物主义历史观是科学的世界观和方法论，政治经济学是对现实生活世界之总问题所进行的具体实证分析，科学社会主义是得出的重要结论。在马克思、恩格斯理论学说的叙述中，虽然这三者担负着不同功能，但实际上三者构成一个整体，是同一整体的三个层面。这样的整体性，在恩格斯的《反杜林论》等论著中体现出来。

基于上述观点，我认为，今天谈论马克思主义的整体性之主要目的，一是澄清马克思主义发展历程中出现的种种对马克思主义的误解和肢解，这些误解和肢解都是把马克思主义整体性中的某一元素独立出来加以放大的结果；二是强调我们坚持的马克思主义是作为整体的马克思主义，而不是被肢解的马克思主义；三是要具有明确的自觉意识，即要通过完整地研究"中国总问题""完整的现实"（或联系发展着的现实）来发展马克思主义，开辟马克思主义研究的新道路。

这方面研究的代表作，是我作为第一作者在《哲学研究》2012 年第 8 期、第 9 期连续发表的《论马克思主义的整体性》以及学术专著《论马克思开辟的哲学道路》。

六是用学术讲政治：习近平新时代中国特色社会主义思想研究。

传统的社会层级结构之积极作用，是有利于举国力解难题、办大事、加速度；但也易产生腐败现象。如何既保留其解难题、办大事、加速度的积极作用，同时又克服其易产生腐败的历史局限？党的十八大以来，以习近平同志为核心的党中央从全面从严治党入手，积极主动出击重拳反腐败，反对"四风"。从学理上看，这实际上是力求克服传统社会层级结构的历史局限，同时又对"举国力解难题、办大事、加速度"实行创造性转化和创新性发展，进而强调"党政军民学、东西南北中，党是领导一切的"。不仅如此，马克思主义中国化时代化的所有理论创新成果都具有整体性，尤其是习近平新时代中国特色社会主义思想更具有整体性，它是马克思列宁主义、毛泽东思想、邓小平理论、"三个代表"重要思想、科学发展观的集大成者。于是，自 2012 年以来，我便从学术视角研究习近平治国理政思想。党的十九大之后，我又从学理角度研究习近平新时代中国特色社会主义思想。

七是追溯原点本源：致力于中国道路及其本源意义的学理研究。

通过研究习近平新时代中国特色社会主义思想，我发现，习近平同志最为关注的是中国特色社会主义道路问题。他强调，"道路问题是关系党的事业兴衰成败第一位的问题，道路就是党的生命"①道路决定命运，"无论搞革命、搞建设、搞改革，道路问题都是最根本的问题"。②

人们谈论道路问题，大多停留在政治层面，还没有真正深入到学术学理层面，致使对中国道路问题的谈论，大多是熟知并非真知，知其然而不知其所以然。这就限制了对中国道路的深入理解和把握。从 2015 年起，我便注重从学术学理层面深入研究中国道路问题。从学术学理层面研究中国道路，具有十分广阔的学术空间，而且也会看到中国道路具有本源意义。马克思主义发展史，归根结底是对道路探寻的历史；近代以降，中国的根本问题，是针对"中国向何处去"而选择一条正确道路的问题；马克思主义中国化时代化的演进逻辑，核心是围绕中国道路这一主线展开的；中国共产党历史发展的逻辑、新中国历史发展的逻辑，其本质是追寻正确的中国道路；改革开放以来我国历史发展、现实发展的逻辑，从根本上就是探究如何以中国特色社会主义道路实现社会主义现代化；中国道路具有世界历史意义，具有历史性贡献、引导性贡献、发展性贡献、文明性贡献和理论性贡献等。2019 年年初，中央党校成立"中央党校专家工作室"，聘我为中央党校专家工作室领衔专家。我们的研究团队，就是致力于从学术学理上聚焦研究"中国道路及其本源意义"，研究"中国奇迹—中国道路—中国理论—中国话语"，力求用中国道路解释中国奇迹，用中国理论阐释中国道路，用中国话语表达中国理论。基于这些认识和理解，我先后出版了《中国道路及其本源意义》《中国特色社会主义的发展逻辑》两部学术著作。

---

① 习近平：《习近平谈治国理政》第一卷，21 页，北京，外文出版社，2018。
② 习近平：《论中国共产党历史》，116 页，北京，中央文献出版社，2021。

从哲学到人学，经人的能力问题的哲学研究，再到当代中国政治哲学研究，进而到马克思主义整体性研究，到今天注重研究习近平新时代中国特色社会主义思想与中国道路问题，是各种逻辑发展的结果。这些研究构成一个具有内在逻辑的有机整体，呈现出一种内在循环。

八是世界眼光：基于中国式现代化、人类文明新形态和构建人类命运共同体创新发展 21 世纪马克思主义。

21 世纪的世界处在新的动荡变革期，是一个以"变革与重构"为时代特征的"不确定"的世界，是会出现系统性风险的世界，因而迫切需要理论解释。面对百年变局中的"世界动荡""变革重构""不确定"的整个世界，自由主义出现了话语解释困境；正在实现强起来的中国也需要中国理论强起来，能为解决 21 世纪的世界问题贡献中国理论，并掌握解释 21 世纪世界的理论话语权。发展 21 世纪马克思主义，就是为了解释和引领 21 世纪世界相关的命题，21 世纪马克思主义是为观察时代、把握时代、引领时代，解释 21 世纪世界并掌握话语权而发展起来的科学理论体系。因此，发展 21 世纪马克思主义是历史、时代和世界发展的迫切需要，也是世界马克思主义研究中最具前沿性、最具前瞻性、最具潜力的理论建构性的重大课题。我们应基于中国式现代化、人类文明新形态和构建人类命运共同体三大基石，构建和发展 21 世纪马克思主义。

从中国式现代化经人类文明新形态到构建人类命运共同体，是一个环环递进、层层提升、逻辑严密的有机整体。从中国式现代化到人类文明新形态，是范式、内容、空间的提升，它把"中国式"提升为"人类范式"，把"现代化"发展提升为对整个人类、社会与国家、民族进步的不懈追求及积累起来的积极"文明"成果，这是哲学思维的上升。就此而言，西方式现代化表面上似乎具有人类普遍性，实质上体现的是西方特殊性，中国式现代化表面看来只具有中国特色，深入且从实质看，却具有世界意义。从创造人类文明新形态到构建人类命运共同体，是从人类文明形态到人类共同体之实践形态的一种转化，构建人类命运共同体实质上是人类文明新形态的一种人类实践形式。由此看，中国式现代化、人类文明新形态和构建人类命运共同体是本质相关、逻辑上升的关系，是彼此理解的关系。

中国式现代化是发展 21 世纪马克思主义的立足点。其一，发展 21 世纪马克思主义，本质上就是与现代化直接相关的命题，它是在"深刻反思"西方式现代化与拓展中国式现代化基础上发展起来的。21 世纪马克思主义既要超越以资本至上为主导逻辑的各种现代性的西方资本主义话语，又要书写坚持人民至上的中国式现代化新版本。习近平同志指出："走自己的路，是党的全部理论和实践立足点。"①这是一个全称判断，具有广泛涵盖性，是习近平同志总结党百年奋斗重大成就和历史经验而得出的具有重大理论价值和实践意义的结论，表明中国道路对党的理论和实践具有本源意义，是建立在"走自己的路"基石之上的。在新时代，"走自己的路"就具体体现为"中国式现代化"，这意味着新时代党的理论也是建立在中国式现代化基石上的，当然，发展 21 世纪马克思主义也是建立在中国式现代化基石上的。21 世纪马克思主义以中国式现代化为立足点，把中国式现代化看作 21 世纪马克思主义发展中的根本问题，认为中国式现代化是实现中华民族伟大复兴的正确道路，是立足中国、放眼世界，使 21 世纪马克思主义放射出真理光芒的道路。其二，中国式现代化的不断发展，使中国特色社会主义伟大事业取得巨大成就，也使中国特色社会主义进入新时代，进而使 21 世纪世界社会主义运动的中心和发展 21 世纪马克思主义的中心转移到中国。21 世纪马克思主义，可理解为世界社会主义运动中心历史性地转移到新时代的中国所发展起来的马克思主义，它是与中国特色社会主义进入新时代，习近平新时代中国特色社会主义思想呈现出时代意义、世界意义和未来向度相关的概念。世界社会主义运动中心历史性地转移到新时代的中国，"两个大局"交织互动，创造中国式现代化、创造人类文明新形态和构建人类命运共同体，是发展 21 世纪马克思主义的三大标志性历史事件。

---

① 习近平：《习近平谈治国理政》第四卷，10 页，北京，外文出版社，2022。

党的十九大报告所讲的"三个意味着"，是世界社会主义运动中心转移到新时代中国的根本标志，是确定"21世纪"这一时代形态的根本标识，是21世纪马克思主义立足中国、走向世界的根本依据。第一个"意味着"的主题是实现中华民族伟大复兴，实质上是实现强起来的"叙事"，是第二个、第三个"意味着"的基础，第二个、第三个"意味着"是从第一个"意味着"延展出来的，讲的是"第一个意味着"的世界意义；第二个"意味着"的主题是世界社会主义，实质上是世界社会主义运动中心转移到21世纪中国的"叙事"；第三个"意味着"的主题是中国特色社会主义，实质上是中国特色社会主义具有世界意义的"叙事"，正是第二个、第三个"意味着"，才使新时代中国特色社会主义具有世界意义。显然，三个"意味着"的实质，主要是世界社会主义运动中心转移到21世纪中国的"叙事"。世界社会主义和马克思主义历史发展进程中蕴含一条规律，即世界社会主义运动的中心转移到哪里，发展马克思主义的中心就转移到哪里。21世纪，世界社会主义运动的中心已经历史性地转移到新时代的中国，中国特色社会主义在引领21世纪世界社会主义的运动和发展，因此，发展21世纪马克思主义的生长点、发展源与中心重镇也随之转移到新时代的中国，新时代的中国已成为发展21世纪马克思主义的主要实践创新地和理论策源地，它要引领21世纪马克思主义的发展。在这个意义上，习近平同志强调："发展二十一世纪马克思主义、当代中国马克思主义，是当代中国共产党人责无旁贷的历史责任。"①不能否认其他国家一些马克思主义者对发展21世纪马克思主义的重要贡献，他们对资本主义制度性缺陷和结构性矛盾的揭露，对新自由主义与金融资本主义的批判以及对数字资本主义与替代性选择、新帝国主义与国际新秩序、新社会主义与新共产主义研究等方面的成果，值得关注。皮凯蒂的《21世纪资本论》(*Capital in the Twenty－First Century*)，已成为2008年国际金融危机之后西方马克思主义的"最新表达"。然而，中国共

---

① 习近平：《论中国共产党历史》，227页，北京，中央文献出版社，2021。

产党领导中国人民所创造的中国式现代化为人类实现现代化提供了新的选择，也改变着世界现代化进程；中国共产党百年奋斗，使马克思主义的科学性和真理性在中国得到充分检验，马克思主义的人民性和实践性在中国得到充分贯彻，马克思主义的开放性和时代性在中国得到充分彰显，马克思主义中国化时代化的成功，使马克思主义以崭新形象展现在世界上。

中国式现代化开出的人类文明新形态，是发展 21 世纪马克思主义的根本支点。马克思主义本质上是与人类文明直接相关的范畴，它从来没有脱离人类文明发展大道，是在汲取人类文明一切优秀成果的基础上发展起来的。发展 21 世纪马克思主义，就要汲取一切人类优秀文明成果，要超越西方近代以来"主统治客"的文明范式，走向"主主平等"的文明范式；超越"资本文明"范式，走向"人本文明"范式；超越"地域文明"范式，走向"人类文明"范式；超越"单向度文明"范式，走向"全要素文明"范式；超越"单数文明"范式，走向"复数文明"范式；超越"掠夺—单赢文明"范式，走向"和合—共赢文明"范式；超越"西方中心论文明"范式，走向"多元文明互鉴"范式，为人类文明发展指明方向。因而，人类文明新形态蕴含发展 21 世纪马克思主义的要素，离开人类文明新形态，就无法真正理解 21 世纪马克思主义。

构建人类命运共同体是发展 21 世纪马克思主义的根本支柱。21 世纪世界处于"两个大局"交织互动的新的动荡变革期。这意味着中国深度融入并影响世界，世界深刻融入并影响中国，中国的发展离不开世界，世界的繁荣也需要中国，这便使中国问题成为世界问题，使世界问题成为中国问题，也必然使实现中华民族伟大复兴超出中国界限进而影响世界历史进程。在"两个大局"交织互动背景下，中国如何站在历史正确的一边，站在推动人类发展进步的一边，以胸怀天下眼光把握人类命运与资本主义、社会主义的命运？如何以中国式现代化、人类文明新形态、构建人类命运共同体超越资本主义历史局限，充分展示社会主义制度优越性，实现中华民族伟大复兴？如何从人类发展大潮流、世界变化大格局、中国发展大历史正确认识和处理中国与外部世界的关系、社会主义与资本主义的关系，进而有效应对大变局中出现的世界性难题，为解答"世界向何处去"贡献中国智慧、中国方案？这迫切需要具有世界意义的理论来指引，21世纪是迫切需要理论而且一定能够产生理论的世纪。

《中共中央关于党的百年奋斗重大成就和历史经验的决议》指出："党推动构建人类命运共同体，为解决人类重大问题……贡献了中国智慧、中国方案、中国力量，成为推动人类发展进步的重要力量。"①中国特色社会主义开创之初，着重解决国内解放和发展社会生产力从而使中国人民富起来的问题。随着新时代中国特色社会主义道路、理论、制度、文化的不断发展，它对解决"世界向何处去"的"人类命运"问题日益显示其重要意义。习近平同志顺应世界大势和时代潮流，继承马克思主义关切人类解放的传统，提出构建人类命运共同体这种具有世界意义的理念，为解决中国和世界的关系、社会主义和资本主义的关系、当今世界和未来世界的关系贡献了中国智慧、中国方案、中国理念，为发展21世纪马克思主义奠定了基石。第一，构建人类命运共同体有助于正确处理中国和世界的关系。它表明中国在与世界的关系上所采取的立场和取向：坚持"世界既具有统一性又具有多样性"的世界观，超越了西方"一元主导"的世界观；坚持立足"人类社会"构建人类共建共享共治共同体的世界大同观，超越了西方基于"市民社会"的那种以邻为壑的个人利益观；坚持任何国家在主权、规则、机会上应当平等的国家观，体现"主主平等"的哲学思维，超越了西方以"主统治客"为哲学基础的"国强必霸"的国家观；坚持和平发展、合作共赢的"互利普惠"的义利观，超越了西方那种"你输我赢"的义利观。显然，构建人类命运共同体以多样统一、世界大同、国家平等、合作共赢的理念、智慧，为正确处理中国和世界的关系指明了正确方向。第二，构建人类命运共同体有助于正确处理社会主义和资本主义的关系。中国坚持"人民至上"的发展观，超越了

① 《中共中央关于党的百年奋斗重大成就和历史经验的决议》，64页，北京，人民出版社，2021。

"资本至上"的发展观；坚持尊重其他国家根据本国国情自主选择其发展道路的"包容发展"的道路观，超越了"西方中心论"的道路观；坚持"五大文明协调发展""文明互学互鉴"的文明观，超越了"文明冲突论"的文明观。显然，构建人类命运共同体以人民至上、包容发展、协调发展、互学互鉴的理念和智慧，正确处理了社会主义和资本主义的关系，充分彰显了社会主义制度的优越性，超越了资本主义的历史局限，为掌握社会主义发展命运指明了正确方向。第三，构建人类命运共同体为解决未来"世界向何处去"的问题开辟了正确道路。构建人类命运共同体所蕴含的世界观、大同观、国家观、义利观、发展观、道路观、文明观，是构建人类命运共同体的哲学观，它是以多样性、人民性、平等性、包容性、普惠性为本质特征的中国理念和智慧，是"两制并存"的21世纪，中国共产党人构建人类命运共同体，为参与全球治理体系改革和建设、推动国际秩序"由变到治"、解答"世界向何处去"所贡献的中国智慧和中国方案，为世界社会主义运动指明了正确方向。概言之，构建人类命运共同体关乎世界社会主义、马克思主义的发展，也在重构世界格局，影响世界历史进程，成为发展21世纪马克思主义的根本支柱。

从总体上讲，中国式现代化、人类文明新形态和构建人类命运共同体作为一个有机整体，对发展21世纪马克思主义具有奠基意义。中国式现代化、人类文明新形态和构建人类命运共同体不仅彰显了21世纪马克思主义的时代特征，也呈现了21世纪马克思主义的时代主题，又凸显了21世纪马克思主义所解决的根本问题，还表明新时代中国具有发展21世纪马克思主义的能力。

这方面学术研究的代表性成果，就是《21世纪马克思主义研究》这部专著。

二　深入领悟世界历史发展和马克思主义发展之道

　　基于上述研究，我从我的著作中选取了四部具有代表性的学术著作，即《论马克思开辟的哲学道路》《马克思的人学理论》《中国特色社会主义的发展逻辑》《作为分析框架的哲学》。前两部著作聚焦马克思的哲学思想和马克思的人学理论，属于文本研究和基础理论研究，注重文本逻辑和理论逻辑；第三部著作提炼了中国特色社会主义发展的根本经验，揭示了中国特色社会主义道路的本源意义，为创立和发展21世纪马克思主义提供了历史基础；第四部著作是我的学术研究中形成的自己分析问题的学术分析框架与解释逻辑，注重哲学逻辑。

　　需要强调的是，在这四部代表性学术著作中，我逐渐领悟出世界历史发展之道，领悟出基于世界文明转移的马克思主义历史发展之道。

　　古代，世界文明的中心在中国。近代，世界文明的中心转移到欧洲。由此，兴起了"欧洲中心主义"，之后又拓展为西方中心论。作为一种思想体系，西方中心论对整个世界产生了深远影响。

　　马克思的伟大之处在于他不断清算以前的哲学信仰，进行自我批判、自我超越、自我完善。晚年马克思超越其青年时期关于历史发展道路的思想认识，开始关注历史发展道路的多样性，尤其是东方社会发展道路的多样性问题。这当然也与俄国民粹派讨论俄国农村公社能否跨越资本主义"卡夫丁峡谷"问题有关。马克思给予的谨慎回答是，俄国农村公社若能吸收资本主义发展的"积极成果"，又能避免资本主义发展的"灾难性后果"，就可以跨越资本主义"卡夫丁峡谷"而向社会主义过渡。显然，这种过渡是有条件的。这表明马克思开启了对历史发展道路多样性、生成性的思考。

　　马克思、恩格斯把社会主义由空想变为科学，列宁则把科学社会主义由理论变成现实，列宁领导了十月革命，在世界上建立了第一个社会主义国家。需要关注的是，俄国是在小农经济占优势的经济文化落后国家建设社会主义的范例。所以，列宁晚期集中思考的问题是：经济文化落后的俄国向社会主义过渡的道路问题。思考的重大成果，一是列宁对社会主义的整个看法根本上改变了；二是列宁认为各个民族都将走向社会主义，但走法却不完全一样。显然，是列宁开启了对历史发展道路多样性的实践，开始走出"使农村从属于城市……使未开化和半开化的国家从属于文明的国家，使农民的民族从属于资产阶级的民族"[①]的框架。历史发展道路多样性之实践真正发端于列宁，他在理论上为中国"走自己的路"提供了"俄国样本"。

现代化运动是西方开启的，它把整个世界卷入其中，也对中国产生强烈冲击。1840 年后，中国开启一波波被动防御性的回应，如洋务运动、戊戌变法、辛亥革命、五四运动。这些回应没有真正走出"自己的路"。十月革命一声炮响，给中国送来了马克思列宁主义。马克思列宁主义同中国工人运动相结合产生了中国共产党。中国共产党一改过去被动防御性的回应为积极主动的应对，从选择马克思列宁主义作为指导思想、选择中国共产党作为领导力量、选择中国道路作为解决中国问题的必由之路这三个方面，开始掌握在中国建设现代化的历史主动。之后，我们党确定了"走自己的路"，推进现代化道路上的"自主性成长"（或实践生成）；改革开放后，我们党赋予"走自己的路"以时代内涵，从"走自己的路"中开出"中国特色社会主义道路"，推进现代化道路上的"内涵式成长"；中国特色社会主义进入新时代，我们党进一步把中国特色社会主义道路置于世界历史这种大历史观、大历史场景中思考，在与西方现代化的比较和竞跑中，又走出"中国式现代化"新道路，彰显"中国特色社会主义道路"的世界历史意义，推进了现代化道路上的"世界性成长"；之后，我们党又进一步从"中国式现代化新道路"中成功拓展出"中国式现代化"，赋予"中国式现代化"新道路以更宽广而深远的意义，推进了

---

① 《马克思恩格斯选集》第一卷，405 页，北京，人民出版社，2012。

现代化道路上的"理论性成长"。

中国式现代化及其创造的人类文明新形态具有重大的世界历史意义，它打破"自古华山只有一条路"的那种对西方式现代化、西方中心论的迷思，开创出"条条大路通罗马"的新的现代化景观，改变了世界现代化的版图，为人类实现现代化提供新的选择，使科学社会主义理论和实践由西方走向东方的中国，在21世纪中国焕发强大生机活力，也使中国特色社会主义走向世界，具有世界意义。基于中国式现代化的实践生成及其所创造的人类文明新形态，我们走出了一条由"世界失我"到"世界有我"再走向"世界向我"的历史演进逻辑，走出了"东方从属于西方"的框架，开启了创新发展21世纪马克思主义之路，破解了"古今中西之争"，巩固了中国式现代化的主体性。

三　余言

我已66岁。岁月显老，学术年轻。60岁到75岁是我的学术"黄金期"，因为一有学术积累，二有学术时间，三有学术使命。在这一段时间，我可以静下心来，心无旁骛地从事纯粹的学术研究，也可以清除一些功利主义因素的影响。我把学术研究职业当作事业，把学术生命当作使命，因而会充分利用这样的学术"黄金期"，全力以赴致力于"中国式现代化、人类文明新形态、构建人类命运共同体与创新发展21世纪马克思主义"的学术研究，致力于"文化和文明关系"的学术研究，力求实现学术上的创新和突破。

这是我的执念，也是我的学术追求！

目　录

第一章　协举辩证法
以"协举"分析框架解释事物和对象

哲学的创新发展是由社会实践发展决定的。人类社会历史发展的轨迹表明，社会发展一旦离开哲学思维方式的创新，各项工作就不可能有突破性进展。哲学思维方式的创新发展需要解放思想、实事求是、与时俱进。当今时代，世界出现了全球化、多极化趋势，各个国家和地区间的经济合作、政治往来、文化交流不断加强，同时在理论和实践领域出现了许多新问题。解决这些问题，需要运用矛盾分析方法，然而，仅仅依靠矛盾分析方法是不够的，还需要确立新的方法论——协举辩证法。协举辩证法是在哲学思维方式上进行创新发展的一种新的尝试。这种新的方法论应以激发社会活力和促进各方和谐为目的，既能对现有诸多社会矛盾进行协调，又能对各种自然资源、社会资源进行互补式调配。协举辩证法是在坚持矛盾分析方法的基础和前提下对后者的发展，是既包含矛盾分析方法又高于矛盾分析方法的方法论。需要以马克思主义原理为指导，立足时代发展的需求，从协举辩证法的时代诉求、协举辩证法的基本内涵、协举辩证法的主基（主导＋基点）结构入手，探讨协举辩证法的理论维度、现实维度、历史维度及其意义，明确新时代的哲学任务是化解诸种社会矛盾及现实中的不协调与不和谐，避免冲突与对抗，促进经济、政治、文化、社会、生态文明"五位一体"和谐发展。

一　协举辩证法的提出及其基本内涵

协举概念，起初是我们在探究解决辩证矛盾的新方法时发现的。列宁认为，真正的辩证法，"在对立面的统一中把握对立面"①。这句话把传统辩证法的本质要义说透彻了。从协举思维来看，矛盾双方各自的对立面即矛方和盾方是发展的，而发展是靠"介质"助推的。虽然矛方与盾方运动的方向不同，但运动本身是矛方和盾方共同的需要与特征。因此，运动是矛方与盾方的统一点。如果把这个统一点作为矛与盾扭结在一起的绝对需要的话，运动便是矛与盾发展的"介质""中介"。在个体矛盾中，运动是矛方与盾方的共同介质；在群体矛盾中，运动同样是"显态矛盾体"与"潜态矛盾体"的共同介质。

矛盾分"发展态"和"持旧态"，持旧态是相对静止态。由于持旧态矛盾是相对静止的，两个绝对需要的矛方与盾方可以永续存在。而发展态矛盾是运动的，因而必然有三个绝对需要：矛方、盾方和介质。没有介质，矛盾无法发展。运动是物质自身的必然属性，矛方与盾方是物质自身存在的结构形式。从动态思维的角度出发思考问题时，就应当把物质的必然属性——运动思考在内，否则这样的"物质"就不是现实真实的物质，而是经过了思维着的头脑抽象了的"物质"。因为现实的一切物质存在，包括整个物质世界都是"活"的而不是"死"的，从"死"的物质中思考得来的道理，怎能符合"活"的物质世界的客观实际？这就是说，正如对矛盾的认识一样，持旧态物质有两个"绝对需"：材料、意识；发展态物

---

① 《列宁全集》第 55 卷，83 页，北京，人民出版社，2017。

质有三个"绝对需"：材料、意识和运动。

很明显，静态宇宙存在两个"绝对需"就足够了，而动态宇宙的存在势必要有三个"绝对需"。两者的区别就在于：后者动态地理解宇宙现象，把运动看成"活宇宙"的"绝对需"。同样，对物质的概念，也要作"活"的理解，唯有如此，才能把"宇宙是物质的"唯物论立场坚持到底、贯彻到底。此外，由于物质通过运动而派生意识，运动比意识更原始，运动既是物质"孕生"意识的"助产婆"，又是意识反过来作用于物质的介质，所以，运动是物质与意识的共同的"绝对需"。

基于这样的认识，我们就产生了"物质与意识协调运动而并举宇宙"的看法。"活"的动态的宇宙，只有通过物质母与意识子并举，才能够使宇宙不断发展。正像人体一样，肉身与精神协调并举，生命才是鲜活的。眠态人体有肉身（身）、精神（心）两个"绝对需"，而醒态人体有身、心、动三个"绝对需"，人体是身、心通过"动"协调矛盾来并举生命的。同样，宇宙是物质、意识通过"运动"协调矛盾而并举时空实现永续的。我们把从物质、意识两个"绝对需"认识宇宙的方法称作"两点论"，把从物质、意识、运动三个"绝对需"理解宇宙的方法称作"三半论"。这里涉及"半"的概念，"半"是从矛盾发展全程讲的。半，既包含二分之一，也包含大半、少半等。协举思维倡导的是从两点论认识实实在在的持旧态宇宙，从三半论认识虚实相间的发展态宇宙。

应当看到，三半论不是对两点论的取代，更不是否定，而是肯定性的超越、补充性的继承和发展，是协举思维。协举方法论的目的之一，就是将两点论与三半论协调并举。

什么是协举？简言之，协举就是多方面协同并举。"协"即调节而使之和谐、调适而使之恰当、调整而使之优良；"举"即托挺而使之跃上、托付而使之攀升、托管而使之并进。"协举"一词的总内涵是多方面协同并举，共享发展。多方面协同并举，能把分散物质的作用联合起来，使总效果优于分散效果之和，能把各方面的积极因素都统合一处、相辅相成地互动式共享提升。孔子弟子有子曾说："礼之用，和为贵。"①我们讲的"协举"，就是在新的历史条件下，在新的知识背景下，用新的哲学理念来阐述一种更为深刻、系统的"贵和"思想。我们讲的"协举"范畴，着重从有机的动态统一中去系统理解事物的协同并举与提升，强调的是随需应变的整体性与全面性的统一，继承性与创新性的统一，发展性与持续性的统一。协举的意义在于对无序而互动着的矛盾群进行协调优化，将其提升至和谐有序的状态，使其最有利于可持续发展。因为，从整体上说，矛盾是发展的动力；从系统上讲，和谐是发展的可持续动力。

协举的具体表现是实现交叉跃迁。交叉，在这里意味着需要协调、协作；跃迁，是指以并举、互举的形式向上发展。并举，指两方同时向上发展；互举，指两方或多方相互促进向其他方向发展。任何协调、协作都通过交叉才发挥其和谐统一的功能，产生趋同、合作的效果。任何并举、互举都是多方在整体提升中同时完成自身的提升。

具体来说，协举包括以下几个层面的协调并举。

(一)多系统交叉

多系统交叉，是指派生源向新的发展方向发展时表现的协力互补、多样并举现象。如果不是多系统协力，作用力就无法集中于一点。"社会系统内各子系统之间相互协调或相互匹配是社会发展的基础和动力机制。"②用在矛盾系统上，协举的多系统交叉，是指使多种矛盾系统协调互补，合力集中一点，实现多样并举。多系统交叉包括以下几种形式：一巨系统的某一部分向另一巨系统的某一领域渗透；一系统的某一特性与另一系统的某一特性融通；一系统的某一优势向另一系统的某一劣势填补；一系统的某一本质向另一系统的某一本质开放；一系统的某一中心向另一系统的某一中心靠拢。交叉的结果形成"你中有我""我中有你"

① 杨伯峻：《论语译注》，8页，北京，中华书局，1980。
② 钱兆华：《社会系统协调论》，载《系统辩证学学报》，1999(2)。

"双方共赢"的和谐局面。协举中的交叉，区别于统一。统一是相辅相成，交叉是相互渗透。统一性的对立不存在就没有交叉产生，但只要有对立性与统一性的动态共存，就一定有交叉，这是因为动态的对立性自身的发展受统一性的制约，在统一性的制约下，任何对立面都要与对方发生联系，对立的双方如果不联系，就无法表达统一性，这就是说，发展着的矛盾都会有交叉发生。

（二）多整体跃迁

跃迁，是指飞跃式、突破性提升。多整体跃迁有以下三种含义：整体的质变性发展；对立的双方通过交叉实现统一性；统一的对立面通过整合达到新的发展态。用在整体矛盾上，协举的多整体跃迁，是指让多种矛盾整体协同运作，实现多元并举。整体跃迁是协举的集中体现。美国当代系统论者 E. 拉兹洛等人指出，整体性是现代系统论的重要原则，复杂现象大于因果链的孤立属性的简单总和，解释这些现象不仅要通过它们的组成成分，而且要估计到它们之间的联系的总和。有联系的事物的总和，可以看成具有特殊的整体水平的功能和属性的系统。这种整体观是卓有成效的，越来越多的研究者开始把整体性原则应用于方法论。①

（三）多方面协调

多方面协调，是指主要矛盾与次要矛盾的协调、斗争性与同一性的协调、对立面之间的协调、系统自身的协调、多样性与统一性的协调、多元化与中心体的协调。用在狭义矛盾上，协举的多方面协调，是指把多种矛盾性质协和统筹，实现多极并举。

（四）多层次贯穿

贯穿，是指各层次自身的统一性，经过斗争同一、曲折前进、螺旋上升之后，达到的连续相互承接的效果。损失统一性和丢失多样性都不

① 参见［苏联］拉契科夫：《科学学——问题·结构·基本原理》，韩秉成、陈益生、倪星源等译，495 页，北京，科学出版社，1984。

是贯穿。在协举方法论中，多层次贯穿包括以下内容：联系性贯穿在整个发展过程之中；发展性贯穿在整个变化之中；变化性贯穿在整个系统之中；辩证性贯穿在整个物质世界之中；矛盾性贯穿于宇宙中的整个存在。在作用定位上，协举的多层次贯穿，是指多层次、多梯阶、多方向、多目标的矛盾协作共进，实现多策并举。

（五）多角度拓展

拓展，是指开拓扩展。协举方法论里的多角度拓展可以从以下几个方面来理解：从上向下看，考察要素在纵向上的联系；从左向右看，考察要素在横向上的联系；从前向后看，考察要素在一定时期内的先后关联；从心向边看，考察要素核心与边缘的关系；从动向静看，考察要素的两种状态的关系；从直线运动向立体滚动看，考察要素方向上和整体上的进展。多角度拓展，就是从所有这些角度或方面考察协举的功效是否发挥到最佳程度以及如何能够发挥到最佳程度。其核心要旨，就是协调守恒，而实现守恒就必须多重互举。

协举概念的五层含义，是针对不同层次的。对协举范畴应着重从"有机的动态统一系统"去理解，强调随需应变的整体性与全面性的统一、发展性与持续性的统一。

二　协举辩证法丰富和发展了辩证法

协举方法与辩证方法相比，是在坚持辩证法的同时实现了对辩证法的丰富和发展，即在把辩证法的系统观发扬光大的同时，增添了交叉连续的链性平台、自洽跃迁的和谐目标。在辩证法的可持续发展观中，已经蕴含了朴素的链性思想。链性是实现可持续发展的基础，自洽是实现可持续发展的动力。协举方法对辩证法的补充和发展具体体现在以下几个方面。

第一，把处于"辩证关系"中的存在和客观事实放在系统中来考察，我们就会发现矛盾不是一次性的，而是多次性的、可持续存在着的，即像链条一样，循环不断地"产生""消亡""再产生""再消亡"……旧的矛盾灭亡，同时，产生新的矛盾。"从对立面的统一中把握对立面"的矛盾分析方法，在结构上属于"两点一元"的结构："（双方）对立……统一……对立……统一……对立……统一……"或者"两点……一元……两点……一元……两点……一元……"只有对立与统一，协举还不够突出。从事物可持续发展的观点来看，协举的位置是对立与统一无法完全取代的。事物的可持续发展必然包括几个阶段、几层能级、几层本质。第一阶段向第二阶段发展的传承与扬弃，第一能级向第二能级突破的扬弃与跃迁，第一本质向第二本质转化的跃迁与交叉，都需要协举。其具体体现是：在第一阶段的对立统一走向第二阶段的对立统一的过程中，第一阶段要向第二阶段传承第一阶段的精华，才能使第二阶段挺立；而要保障传承的完全，势必需要第一阶段自身的对立统一因素相互协举；在第二阶段的对立统一走向第三阶段的对立统一的过程中，第三阶段需要抛弃第一阶段的糟粕，"扬"第二阶段的精华，"弃"与"扬"的协举性是保障第三阶段挺立发展的基础；在第一阶段的对立统一走向第 n 阶段的对立统一的过程中，第 n 阶段的对立统一势必要经过多次反复的"传""弃""扬"；而多次反复的"传""弃""扬"的协举是保障对立统一辩证性可持续存在、可持续发展的先导；此事物能级的对立统一与彼事物能级的对立统一的辩证性需要协举，"两点……一元……两点……一元……"的辩证性需要连续性协举。

第二，由于我们所提的协举是辩证意义上的协举，所以把协举方法与辩证方法统一起来，就具有更强的解释力和更有效的处理实际问题的能力。在当今多元经济时代，协举方法对辩证法的补充和发展，还体现在对以下几种关系和问题的处理上。

（1）多元与一元的辩证关系。在一点一元、两点一元的辩证法中，协举的地位是潜在的，或者处于次要的辅助地位。但在多点一元、多面一元的辩证关系中，协举的地位就十分显赫。只有引入协举方法，才能进一步说明和解决问题。比如，以前我们的哲学眼光瞄准"非此即彼"，由此得出的结论是"以阶级斗争为纲"，不允许多样性存在。但在改革开放后，允许在坚持公有制主体地位的前提下多种所有制共同发展，如果还坚持一点一元的辩证关系，势必把其他所有制与公有制对立起来。我们必须在坚持公有制主体地位的前提下，把公有制与其他所有制放在协举思维中予以考虑，在坚持与其他所有制并存的条件下，保持公有制的主体地位。在这个意义上，协举方法是更精确的辩证思维。

（2）多极与中心的辩证关系。矛盾分析方法处理的是对立的两极，不能明显地看出协举的作用。但当面对复杂的矛盾群，即一对矛盾有两极，两对矛盾有四极，三对矛盾有六极乃至 n 对矛盾、2n 极的状况时，我们就必须把它们放在一个系统中考虑，由此形成一个系统中心。协举辩证法处理的是这个中心与多极之间的关系。很显然，针对多极与中心的辩证，协举可以更细致更精确地处理这种关系。

（3）多层次与目标的辩证关系。多层次，是指不仅层次不同，而且方向也不一致，这是系统群全方位发展的常见现象。层次不同、方向不一是从具体、局部来看的。在总体系统上看，统一性是必然的，总体目标是一致的。对于层次不同、方向不一与共同目标的辩证关系，必须以目标为参照，也就是说，多样性应该以统一性为参照系。其结果就是在过程中不同的层次与不同的方向，在终极目标上是相同的，既不违背多样性，也不背离统一性。通过实现共同的目标，各子系统和层次被紧密联系起来。"系统一般可以用目的来表征，其目标定向依赖于通过不同系统或子系统之间的通信而发挥作用的机制来实现。"[①]在这种辩证关系中，只有通过协举，使不同的层次与不同的方向结合在一起，才能实现终极目标上的一致；否则，就又回到两面性的老路上去，导致两个目标的误断。

（4）相异性与共存的辩证关系。根据辩证法，有相同必有相异，况

---

① W. Ross Ashby, *An Introduction to Cybernetics*, London: Chapman & Hall Ltd., 1956.

且在量上相同与相异是大致持平的，在看待相异性共存时，我们不能把各式各样的相异都看成清一色的两面性结果，因为两面性只是一种现象，而世界是多样性的，这就需要借助协举思维和协举方法。在共存的相异性现象中，引入协举概念，使辩证法能够在产生清一色的两面性结果的同时产生多面性结果，这是对辩证内生功能的新开发。在协举的作用下，单面性、两面性、三面性、多面性既共存又并进，能使辩证法的运用领域扩大。

（5）实现多赢的客观要求。当今社会是多样化发展的社会，故在决策选择上对双赢、三赢、多赢的要求是非常高的，就是说，只是单赢而不能实现双赢、三赢、多赢的策略根本就不是首选策略。适应这种态势、这种时代的，只能是协举辩证法。两者相异而共存谓之"双赢"；三者相异而并进谓之"三赢"；多者相异而和谐谓之"多赢"。协举辩证法通过处理各方面的关系，能够较好地满足这种需求。在改革开放初期，邓小平就指出："现代化建设的任务是多方面的，各个方面需要综合平衡，不能单打一。"①

（6）消解对立的冲突状态。在社会关系日益复杂的今天，人们追求的是和谐共存，"所有行为者冲突性活动的总和，在一定条件下反过来有利于共同体的利益"②。因此，在允许"一方战胜另一方"的同时，又允许"一方监督另一方""一方助持另一方""一方提升另一方"。当今时代，人们更倾向于采用协调、对话的方式和平解决冲突与争端。因此，协举辩证法应运而生。它强调的是冲突的不同方面、不同层次通过协举实现和平发展。

（7）消除同归于尽的结局。矛盾双方的争执积累是孕育双方同归于尽的凶险结局的根源，这显然不利于事态的发展。在各种问题中贯彻"投入最小、效果最好"的经济学原则的结果，就是强调各方协举。如果

---

① 《邓小平文选》第二卷，250 页，北京，人民出版社，1994。

② ［法］弗朗索瓦·佩鲁：《新发展观》，张宁、丰子义译，2 页，北京，华夏出版社，1987。

认识到各方的共同利益、共同目标以及利益最大化原则，那么，当我们在面对由冲突、恶斗、争端引发的双方同归于尽的凶险局面时，就会尽量弱化各方的冲突和不协调，强调彼此的需求和最大利益，求同存异，避免出现双方同归于尽的结局。

第三，追宿性看待新问题。多样化实践需要的方法论，不仅要能够预估发现新问题，而且要能够追踪现实事物的走势，侦测现实事物的未来归宿（简称追宿），并在此基础上理解新问题。因为只有能够追宿地理解新问题，才能完全理解问题的实质、全面理解相关问题，才能从根本上防止认识的片面性，才符合矛盾分析方法一直提倡的"全面地看问题"。

任何思维方式要想可持续地存在，都必须紧随时代的脉搏而舞动，要对共舞的步伐及时换位，创新方法链——换位思考、换层思考、换题思考是时代舞伴的身份特征。换位思考是改换另一个位置或座次再思考；换层思考是改换另一个层面或层级再思考；换题思考是改换另一个题意或问题再思考，这必然是矛盾思维方式可持续发展的阶梯。在时代和实践发展的要求下，矛盾思维方式必须通过"三换"思考，深化其认识点、充实其世界观、周延其方法论、扩增其实践力、追加其哲学功能值。

第四，预估性地发现新问题。从理论上模拟经济、科技、文化、政治等的多样化实践所需要的方法论，首先应当能够预先测绘、提早评估、追踪监控（简称预估）未来发展阶段上的新症结。因为只有能够预估新症结，才能早发现；只有早发现并采取得力措施，才能从根本上避免盲目实践。通过预估性地发现新问题，能掌控今天的策略与未来发展的"多样性"，协调今天的经济与未来政治的"多样性"，统一今天的文化与未来科技的"多样性"。预估性地发现新问题，需要"多样性"的思维、"多样性"的创见、"多样性"的实践、"多样性"的理解。能够预估性地发现新问题的方法论，才是可持续的、有效的方法论。面对 21 世纪的竞争局面，创建能够保障自主创新能力持续不断、接连诞生创意的方法论，是国家综合国力快速提升的需要，是执政党稳定社会大局的需要，同时又是各阶层持续生存的需要、生产力结构更新的需要、每个人价值实现的需要以及辩证法升级的需要。

第五，注重辩证多样的互补。矛盾的局部化并不意味着矛盾系统对外界的封闭。事实上，存在着一种重要的矛盾互补性系统的辩证发展，协举辩证法提供了不同的矛盾系统之间的交流平台。矛盾的互补性有两种形式：同一类型矛盾的不同矛盾片段之间在时间上的互补性（简称时间互补性）；不同类型矛盾或者不同矛盾系统之间在空间上的互补性（简称空间互补性）。在局部化过程中，起最大作用的是同一类型矛盾在时间上的互补性。

第六，注重主基（主导＋基点）各方的可持续。协举辩证法在概念结构、实物结构、数学程式、哲学功能四种"解"上，都是遵循可持续原则的。遵循可持续原则的哲学证明是原理、方法、效果对应贯穿。在协举方法中，贯穿的含义是指，主基能够相互包含、相互接应、相互替补、相互证明、相互交感、相互沟通、相互体现。只有这样，才能把存在的系统性、联系的自洽性、发展的可持续性与矛盾规律结合起来，掌控事物的走势。

三　协举辩证法的实践形态

协举辩证法符合用一个国策调节千般社会矛盾的可持续发展需求，它倡导的"创新"战略，增强了人们对"改革旧体制"和"创新再创新"的深层次理解，促进了自主创新能力的快速、全面、稳步提升。协举辩证法的提出，其现实意义在于以一种新的视角达到对现实中国改革的协举理解，以寻求解决我们所面临的日益复杂的社会矛盾的新途径，进而为社会的和谐、创新与可持续发展提供参考性思维模式。

习近平总书记在中国科学院第十七次院士大会、中国工程院第十二次院士大会开幕会上发表重要讲话时强调："我国科技发展的方向就是创新、创新、再创新……要坚定不移走中国特色自主创新道路，坚持自主创新、重点跨越、支撑发展、引领未来的方针，加快创新型国家建设步伐。"①"自力更生是中华民族自立于世界民族之林的奋斗基点，自主创新是我们攀登世界科技高峰的必由之路。"②发展的本源是创新。习近平总书记强调，实施创新驱动发展战略是一个系统工程。要深化科技体制改革，破除一切制约科技创新的思想障碍和制度藩篱，处理好政府和市场的关系，推动科技和经济社会发展深度融合，打通从科技强到产业强、经济强、国家强的通道，以改革释放创新活力，加快建立健全国家创新体系，让一切创新源泉充分涌流。要着力加快制定创新驱动发展战略的顶层设计，改革国家科技创新战略规划和资源配置体制机制，深化产学研合作，加强科技创新统筹协调，加快建立健全各主体、各方面、各环节有机互动、协同高效的国家创新体系。要着力围绕产业链部署创新链、围绕创新链完善资金链，聚焦国家战略目标，集中资源、形成合力，突破关系国计民生和经济命脉的重大关键科技问题。③

从协举辩证法分析，创新是一个系统结构。当今时代，我们需要以"赏新养新促创新"，赏新、养新与创新构成了一个协同并举的模式，从而达到创新的可持续目标。协举辩证法是"一主二基"模式，赏新、养新、创新存在于"一主二基"的结构之中，其中，创新是主导方，赏新和养新分别是围绕主导方作用的两个基点。"赏新"意味着对创新的宽容和欢迎，意味着不怕失败，尤其是由创新带来的失败。赏新就要宽容因创新带来的失误，反对因不愿犯错而不去创新。超越对与错，不以成败来

① 《习近平在中国科学院第十七次院士大会、中国工程院第十二次院士大会开幕会上发表重要讲话强调 坚定不移创新创新再创新 加快创新型国家建设步伐》，载《人民日报》，2014-06-10。

② 《习近平谈治国理政》第一卷，122 页，北京，外文出版社，2018。

③ 《习近平在中国科学院第十七次院士大会、中国工程院第十二次院士大会开幕会上发表重要讲话强调 坚定不移创新创新再创新 加快创新型国家建设步伐》，载《人民日报》，2014-06-10。

判断对与错，而是以可持续的眼光来评判。赏新才能生出敢于担当、勇于超越、找准方向、扭住不放、敢为天下先的志向和信心，敢于走别人没有走过的路，在攻坚克难中追求卓越。正如习近平总书记指出的那样："我们要尊重人民首创精神，在深入调查研究的基础上提出全面深化改革的顶层设计和总体规划，尊重实践、尊重创造，鼓励大胆探索、勇于开拓，聚合各项相关改革协调推进的正能量。"①

从全社会的氛围塑造来看，赏新的氛围首先来源于文化的自主性。若文化不自主，便有可能成为思想型殖民国、精神型赖他国、意识型厌我国，一言以蔽之，成为以依赖心理为基础的文化殖民地。赋予文化产业链中的所有人才以自主创新性，是构建创新型国家的客观要求。只有文化自主，才能广开思路，"百花齐放、百家争鸣"的"双百"方针贯彻得越彻底越全面，离创新型国家越近，越能尽快形成全民赏新的文化氛围。

"养新"意味着对创新给予实际的培育。培育的对象是人，人民是国家的主体，人才是创新的主体。人是社会发展的真正创造者和推动者，尤其在知识经济大力发展的今天，人才和人的创新能力成为社会经济发展的依赖力量，人力资源成为第一资源，人在改造外部世界的同时，自身得到提升和发展。以"人"为目的和以"人"为手段是协调并举的，在一切工作中越是把人民群众当作社会发展的目的，让发展的成果惠及全体人民，就越能激发人民群众进行社会建设的积极性和主动性，就越能创造更多的物质和精神财富，促进人更快、更健康、更全面地发展。习近平总书记指出："创新的事业呼唤创新的人才……实现中华民族伟大复兴，人才越多越好，本事越大越好。"②创新再创新，就要在人民中培育大批富有创造精神和创造能力的人才，尤其是青少年人才，这样才能掌

---

① 《习近平在广东考察时强调 增强改革的系统性整体性协同性 做到改革不停顿开放不止步》，载《人民日报》，2012-12-12。

② 《习近平在中国科学院第十七次院士大会、中国工程院第十二次院士大会开幕会上发表重要讲话强调 坚定不移创新创新再创新 加快创新型国家建设步伐》，载《人民日报》，2014-06-10。

据创新的自主权、主动权。习近平总书记指出："知识就是力量，人才就是未来。"①必须在创新实践中发现人才、在创新活动中培育人才、在创新事业中凝聚人才，必须大力培养造就规模宏大、结构合理、素质优良的创新型科技人才队伍。要把人才资源开发放在科技创新最优先的位置，改革人才培养、引进、使用等机制，努力造就一批世界水平的科学家、科技领军人才、工程师和高水平创新团队，注重培养一线创新人才和青年科技人才。赏新、养新、创新三者的关系正是"主基"关系，正是因为赏新和养新的存在，才能保证创新再创新，保证创新的可持续。创新要出结果，首先要有赏新的态度，其次要有养新的支撑，在这三者的关系中，"创新"为主导，"赏新""养新"为基点，基点服务于主导，以主导为目标，主导依靠基点，以基点为手段，主导与基点之间相互影响、相互促进。三者形成的整体以主导即创新为方向，这意味着在规定整体方向的同时，也规定了两基点的方向，即赏新的前进方向也应指向创新的结果，不符合创新方向的赏新方向必定不是赏新的前进方向，不符合创新方向的养新要求必定不是我们的发展要求；赏新与养新也互相影响，只有具备赏新的态度才能有实质的养新举动，只有养新的举措才能激发出更大的热情去赏新。明确两基点之间的关系，对于我们在实际操作中界定赏新与养新的具体做法，从而做到创新的可持续——创新再创新具有直接的指导意义。

实现创新的可持续，既需要矛盾辩证法，也需要协举辩证法。协举辩证法是实现创新的手段，协举思维是构想创新的思维工具，二者都以实现可持续创新为目的。而协举的"一主二基"模式，是实现创新的具体路径和方式。只有把协举思维和协举辩证法应用到创新型国家建设的各个方面和各个领域，才能真正实现可持续创新的目标。

总之，协举辩证法的提出，其现实意义在于以一种新的视角达到对

① 《习近平在中国科学院第十七次院士大会、中国工程院第十二次院士大会开幕会上发表重要讲话强调 坚定不移创新创新再创新 加快创新型国家建设步伐》，载《人民日报》，2014-06-10。

现实中国改革的协举理解，以寻求用以解决我们面临的日益复杂的社会矛盾的新途径，进而为社会的和谐、创新和可持续发展提供参考性思维模式。研究协举辩证法，有利于引导社会矛盾的有机协调，也有利于最大限度地避免冲突与对抗，从而使整个社会得以和谐发展。它无论对深化和完善辩证方法论本身，还是对确立现实的发展道路都具有重要且深远的意义。

我们的结论是：必须坚持矛盾辩证法，尤其在遇到"非此即彼"的问题时，更需要坚持矛盾辩证法。在新时代，要以协举辩证法来丰富和发展矛盾辩证法，协举辩证法不是对矛盾辩证法的否定，而是在矛盾辩证法基础上的发展，这种发展对千变万化的复杂世界将具有更加深刻巨大的解释能力。

第二章 "一主二基"思维范式论
以"协和共生"分析框架解释事物和对象

在实践、认识、再实践、再认识的过程中，人类是按照一定的思维方式认识和改造世界的。和平、发展的时代环境，人们实现双赢、多赢以及哲学自身发展的需要，都呼唤一种能够实现协同并举的新思维方式。这里以中介为第三方，提出以矛盾双方与中介三方共同构成的"一主二基"新思维方式。"一主二基"新思维方式中，中介方为主导方，矛盾双方为基点方。作为主导方的中介方为两基点方的协调发展建立桥梁，为矛盾双方提供共同的作用对象，实现矛盾双方及中介方三方的协调发展。"一主二基"的思维方式是一种理论上的新尝试。时代呼唤确立一种新的思维方式。

一 新的世界图景要求确立一种新的思维方式

当世界图景发生重大变化时，新的世界图景就会促生一种新的思维方式。与过去以对立斗争为特征的世界图景相比，当今世界更多表现出的是和谐共生、协调并举的图景。这种新世界图景主要由时代的变迁、中国社会的转型和自然科学领域取得的新成就构成。

从时代背景看，当今时代已由以革命与战争为主题走向以和平与发展为主题。这是一个世界大转折的时代。在过去以革命与战争为主题的时代，比较盛行且占主导地位的思维方式是"两极对立"。这样的时代奉行的是斗争哲学。当今我们这个时代以和平与发展为主题。和平，内在要求寻求矛盾各方的共同利益、共同点以及结合点，寻求协调矛盾各方且使矛盾各方和谐共处、彼此双赢共生的纽带；发展，内在要求合作，要求各方都得到可持续发展，要求积聚一切积极力量。显然，两极对立的思维方式已不适应时代的要求。当今时代迫切需要确立一种反映时代精神且能促进和谐共处、双赢共生的思维方式。

这种新的思维方式是什么呢？我们认为是"一主二基"。

当今，我们把发展作为党执政兴国的第一要务，一心一意谋发展。为此，第一，必须构建高水平的社会主义市场经济体制。社会主义市场经济本质上是把人们都拉到平等竞争的平台，因而它强调人的社会地位是靠主体自身的后天努力奋斗和实力确立的，而不是靠先前外在的因素和前定的出身确定的。这实际上意味着我们应由一味注重性质对立走向注重功能整合，由一味注重资本主义与社会主义的对立走向注重实力较量，由凡事预先一味注重"定性、划线、贴标签"的抽象定性思维转向注重"客观实际效果"的功能思维。第二，必须最广泛最充分地调动一切积极因素，不断为中华民族的伟大复兴增添新力量。改革开放以来，我们积极动员社会一切积极因素参与现代化建设，至今，各种因素和力量竞相迸发，发挥作用，同时也提出各种要求；因而，我们已进入整合这些因素、力量和要求的新时期，给它们以合理的地位，从而使这些因素和力量更好地发挥积极作用。这时所面临的主要问题，就是如何使这些因素和力量积极参与我国现代化建设，并在其中发挥积极作用。这一问题解决得好，就会增强我们的凝聚力、创造力和战斗力，解决得不好，就会对我国现代化建设造成消极影响。要解决好这一问题，就必须超越两极对立的思维方式，确立有利于促进双赢共生的思维方式。这种思维方式有利于激发广大人民群众的潜能以及积极性和创造性，从而不断为发展增添新力量。第三，必须妥善处理各方面的利益关系，注重互利合作、共同发展，努力形成全体人民各尽其能、各得其所而又和谐相处的局面。第四，必须吸收人类共同文明成果。第五，必须把一切矛盾都统一到有利于推进发展上来，把是否有利于发展看作解决一切矛盾的切入点，一切矛盾以及一切事物都要视其是否有利于发展而判定其存在的合法性与合理性，也就是把一切有利于发展的事物都看作有价值的，因而应放手让它发展。

实际上，邓小平提出的"三个有利于"，就是要求我们要从"两极对立"的思维方式中解放出来。党的十六大进一步发展了这一思想，更加注重由两极对立走向注重"双赢共生"。那么，有利于促进"双赢共生""互利合作""和谐相处""协调各方""功能整合""凝聚力量""共同发展"的新的思维方式究竟是什么呢？通过深入思考，我们认为是"一主二基"。

从自然科学方面看，20世纪，人类在自然科学领域取得了巨大成就，相对论、量子力学、信息论、系统论、控制论、混沌学、超循环理论、协同学等新的理论学说相继出现。这些新的理论学说在给我们展现一幅新的世界图景的同时，也使我们感觉到原有哲学思维的最高成果即辩证思维在解释这幅新的世界图景方面的某种局限。现有的辩证思维无法从深度和广度上对这些理论及其所概括的现象给予合理的解释，也无法从超前预见的高度给予信息技术、纳米技术、生物工程等以操作性指导（这里的现有的辩证思维，主要是指从既对立又统一的两个方面来看待和分析事物的一种思维方式）。信息论、系统论、协同学、耗散结构论、超循环理论的出现，使人们认识到系统性、自组织性、自协调性是事物普遍具有的性质，而现有的辩证思维对事物的这些性质却难以解释清楚。对立统一的事物是怎样表现为一个系统的？为什么可以自我组织、自我协调？对这些问题，我们缺乏一种着眼于事物的系统性并解释事物自我协调机制的思维方式。

"一主二基"思维方式正是这样一种尝试。具体说来，信息论的出现使我们认识到任何事物的联系、发展、变化都离不开信息。信息是思维与存在之间的一个中介，接收不到信息，思维将无法反映存在，不发散信息，事物将无从表明它的存在。这就提出一个思维、存在、信息三者间的关系问题。三者间究竟是什么关系呢？这需要我们研究对于两者相互作用必不可少的"第三方"与"两者"之间是一种什么关系。"一主二基"正是研究这三者关系的一种思维方式。系统论、协同学指出，事物是作为系统而存在的，系统中至少有两个因子，且不同系统存在着从无序走向有序，从不稳定走向稳定以及具有相似目的性特征的现象。我们需要了解不同系统逐步走向稳定和表现出相似目的性的原因是什么，现有的辩证思维不能完全解释这个问题。我们仅认识到向对立面发展是不够的，还需要研究事物自身实现协调的机制。

"一主二基"思维方式正是这样一种探索，它论述的正是矛盾是怎样实现协调的：系统是与中介不断进行信息、能量和物质的交换而实现协调的。在超循环理论中，最简单的循环是反应循环，其机制至少要求三元循环相互作用。为什么是三元循环？现有的辩证思维显得力不从心，因为二分法是无法理解自我协调的。"一主二基"思维方式则是一种三者协调的思维方式：三方在不同的方面各自为另外两方的中介，主导着矛盾的发展，从而使每两者之间都相互补充，形成一个协调的系统整体。

总之，时代变迁、中国社会转型和自然科学取得的新成就，把这样一个共同的重大问题推到了前台：如何才能使不同甚至矛盾着的事物达到"双赢共生""和谐相处""协同并举""共同发展"？如何才能把不同甚至对峙着的力量向着一个方向统一和凝聚起来？事物为什么具有自组织性？现有的辩证思维不能完全解释清楚这些问题。这就迫切需要一种新的思维方式。这种思维方式就是"一主二基"。

二　现有辩证思维的局限及其扬弃

为什么现有的辩证思维不能分析和解释新的世界图景提出的新的问题呢？这与现有辩证思维的局限性有关。

人类思维方式是从低级向高级逐渐发展的。在旧的思维方式仍然可以解决人类已经发现的问题和矛盾时，新的思维方式就不会产生。但是，当旧的思维方式已经不能对新的问题作出合理解释时，新的思维方式就要出现。但新的思维方式对旧的思维方式不是敌对和否定的，它是旧的思维方式的一种深层递进或扬弃。在现有的思维方式中，辩证思维是最先进的，但辩证思维也需要发展。现有辩证思维的"先进性"是相对而不是绝对的，就是说它也具有某种历史局限性。这主要在于：其认识的制高点即"两个方面的对立统一"，对新的世界图景提出的问题未能给予完全合理的解释，对矛盾着的事物如何达到协同并举和共同发展并不能给予足够的理解与合理的解决策略。由此，我们对待现有的辩证思维的态度是：不能完全否定辩证思维，而是沿着它继续走下去，传承现有辩证思维的合理因素，超越现有辩证思维的历史局限，在继承中发展，在发展中坚持——这就是由正确走向精确，把直线辩证思维发展为交叉辩证思维，把双方辩证思维发展为多方辩证思维，把矛盾辩证思维发展为中介辩证思维，从而把现有的辩证思维发展到一个新的更高层次。

"一主二基"思维方式就是在现有的辩证思维的基础上进行深层追问而提出的，是一种更高层次的辩证思维。以"对立统一"为核心内容的辩证思维告诉我们，事物是既对立又统一的，事物的对立表现为斗争性，事物的统一表现为对立双方互相渗透和互相转化。那么，矛盾双方的统一性是否隐含着使对立的双方走向统一的具体路径呢？这一点，对于我们解决矛盾具有重要意义。因为在以和平与发展为主题的时代，解决矛盾的过程应该是使事物走向统一的过程。如果我们了解事物是怎样走向统一的，就可以按照事物实现统一的规律去思考问题，考虑解决的办法。矛盾本身具有统一性，这决定了其在某一方面是可以调和的。但这只是静态分析，说明矛盾双方具有统一的条件。而当我们动态地来看待这一点时，就会想到是否存在一个第三方，这个第三方是对立双方共同需要的，也是有利于解决双方矛盾的，矛盾双方为了最终获取这个第三方必须与对方融合。如果存在这个第三方，那么，我们只要寻找到它，按照第三方的发展方向来指导矛盾双方，矛盾自然会被解决。这无疑给解决矛盾开辟了一条新的思路。这种解决矛盾的思路有以下几个特点。

首先，着眼于事物的发展，全程用历史的眼光来解决矛盾，它着重对矛盾进行历史、现实、未来三方面的全程考察，也力图在矛盾向第三方运动的过程中解决矛盾，因而它是在动态过程中解决矛盾的。以往人们的解决方式总是习惯于在现存静态中来解决矛盾，而有些问题在现存静态下是难以解决的，或解决的措施是复杂的。其次，矛盾双方因为共同的需求——要发展，因而会积极地向第三方靠拢，且努力追求双赢共生的积极状态，这有利于矛盾的解决。而以往人们则很少从顺应矛盾双方自身发展的需要来引导矛盾的角度考虑矛盾的解决。最后，因为双方矛盾的解决点建立在符合矛盾双方共同发展方向的基础上，它必然更符合事物发展的事实。因为事物总是朝符合自身发展趋势的方向发展，这就避免了所引导的方向与事物发展的方向不符的问题，从而使矛盾能够得到正确解决。所以，对于第三方的寻求，值得我们尝试。

那么，是否存在这样一个第三方呢？恩格斯给了我们一个启示："辩证的思维方法……它使固定的形而上学的差异互相转移，除了'非此即彼！'，又在恰当的地方承认'亦此亦彼！'，并使对立的各方相互联系起来。"[①]我们是否可以从中介入手呢？"中介"这个概念，人们早已提出，但没有作专门深入的研究。西方从传统哲学到现代哲学的转变，其

---

① 《马克思恩格斯选集》第3卷，909～910页，北京，人民出版社，2012。

中最重要的一点，就是从客观的"场外观"转入以主体因素为中介的"场内观"。过去，我们并没有把"中介"更普遍地应用于对其他具体事物的考察上，更没有把它作为解决矛盾的一个必备要素来看待。随着科技的发展，人们对自然界的认识日益深刻、清晰。自然科学的发展促进着哲学的进步。现在，当我们认真思考问题时，便发现几乎任何事物的联系、发展、变化都需要通过中介。正如列宁所讲的，一切事物通过中介而联系。如果没有信息作为中介，万物便无法实现联系；如果没有能量作为中介，事物的发展便无法实现；如果没有意识作为中介，人类世界的千变万化是不可能反映到人的头脑中来的。

中介现象在人类社会和自然界是非常普遍的。在自然界，原子核中的质子和中子是靠不断交换介子来维持平衡的；在人类社会领域，仲裁是人们利用中介解决问题的很好例证；在我们的日常生活中，当双方出现矛盾时，人们也很容易想到找一个第三方作为中介来帮助解决，而且，中介自身的功能也与我们寻求的第三方近似。所以，把第三方放在中介的位置上，应该是一种较好的选择。这个第三方对矛盾双方的发展起促进作用，是对立双方的结合点，是其中介。按照这种思路，对矛盾的解决就转化为对矛盾中介的寻找。这样，在运用"对立统一"的思维方式分析过矛盾之后，继续寻找矛盾双方中介的"一主二基"的思维方式便诞生了。

三 "一主二基"思维方式的内涵与特征

（一）"一主二基"思维方式的内涵

"一主二基"思维方式是一种立足系统观，以多赢共生、协调发展为目标，协调三者之间关系的思维方式。在这个思维方式中有三方：矛盾双方与中介方。其中，中介方为主导方，矛盾双方为两基点方。中介方，指驱使矛盾双方联结在一起而和谐共处的那个中立化、具有矛盾双方双重属性的方面；矛盾双方，是指性质对立、立场对立、功能对立、方向相背、作用相异而又相互联结的两个方面。在"一主二基"思维方式中，两基点方服从于主导方（中介方），靠主导方而统一和协调共处，主导方为两基点方的发展指明方向，协调双方的矛盾。同时，两基点方之间相互作用，两基点方与主导方之间也相互作用、相互影响，即三者中任意两者之间都是辩证统一的，它们相互作用、相互影响。但相互间作用力度不同，使整体呈现出两基点方服务于主导方，主导方指导两基点方发展的态势。主导方之所以对两基点方作用力度不同，是因为主导方处于对立统一的两基点方相互向对立面发展过程中的中介地位。在动态状况下，中介方"一分为二"地融入矛盾双方，使矛盾双方之中各有一半中介方；矛盾双方"合而为一"地养护中介方，使中介方得以张扬，矛盾双方与中介方"三位一体"地协调共存。中介方把矛盾双方联系起来，为二者的协调发展建立桥梁，并最终通过三方的并举，来实现矛盾体的协调发展。同时，三者所形成的整体的发展方向表现为中介方（主导方）的发展方向，在整体上具有鲜明的指向。

"一主二基"的思维方式具有三层内涵："从三辩证""主介基反""一元三半"。

"从三辩证"，即把矛盾双方的中介方作为相对独立的一方来看待，中介方既是矛盾双方联系的纽带，又是矛盾双方发展的条件，也是矛盾双方变化的前提，更是矛盾双方共存的基石。如果没有中介方存在，没有中介方的纽结，矛盾双方便会只对立不统一或只统一不对立。中介融于对立双方之中，使二者表现出统一的趋势。中介方是矛盾双方共同拥有的因素，由于中介方自身要完整、要发展，处于矛盾双方的中介方的两个部分便具有合二为一的趋势，正是这种趋势使矛盾双方表现出统一性。同时，因为矛盾双方各自只含有中介方的一部分，在中介方的作用下，矛盾双方体现出互相补充的性质，但矛盾双方毕竟是两个不同方面，存在差异，所以，矛盾双方体现出既对立又统一且互补的性质。对于互补性，我们以前没有充分注意到，通过对中介的研究，我们发现了这一性质。中介方是矛盾双方联系的纽带、互补的基础，也是二者既对立又统一的根本原因。中介方有一个最明显的特征：共用性。共用性是矛盾双方协调的缔造者，代表对立双方的共同需求。因此，矛盾双方的发展才离不了它。在中介方与矛盾双方构成的整体中，任何两方都是既对立又统一的关系，同时中介方又在三方所构成的整体中处于主导地位，指导两基点方的发展。中介方的出现，使我们的思维由两方辩证思维上升到三方辩证思维。

"主介基反"，是指在中介和矛盾双方所构成的整体中，在中介主导方的作用下，基点方具有叛己性，各自向对立面发展。这里的"反"，指矛盾双方各自的叛己性，矛方叛己而向盾方发展，盾方叛己而向矛方发展。在这一过程中，矛盾双方都不以中介方为敌，同时都以"舍己护介"为发展动力向对立面发展。中介方的中立、中性、中介地位，以及矛盾双方的协调发展离不开中介方，才使中介处于主导方。从静态来看，矛盾双方与中介方是各自独立的，不分主基；但从动态来看，中介方之所以为"主"，是因为中介方的出现使矛盾得到了解决。中介可以是独立于对立双方之外的第三方，也可以是矛盾双方转化过程中所呈现的特有状态（实质上也可以称为第三方，因为它已与矛盾双方有所区别）。在结构上，这个中介方即第三方，立场是独立的，处于对立双方的中间。中介方既不是矛方的"奴"，也不是盾方的"仆"，中介就是中介，中介方是自身做主；在功能上，中介方是矛盾双方相互转化的间媒；在作用上，中介方是矛盾双方共同需求的对象，所以中介方是对立双方共同的养护对象。在原有辩证思维体系的固有观念里，人们通常认为中介方是处于矛盾之外的，因为中介方通常把自己融于矛盾双方，所以我们不易发现。但我们没有认识到并不意味着它不存在。事物内部的协调机制只有在动态下才能更充分地体现，所以，也许当我们研究解决矛盾时才能看清矛盾的真实面貌。出于中介方在解决矛盾过程中的主导作用，我们应给予中介方以合法的地位。

在这一模式中，作为主导方的中介方对于矛盾双方有三种境况：第一种，中介方高于矛盾双方所处的层面，是矛盾双方发展的共同目标，中介方通过对矛盾双方的引导，促使矛盾解决；第二种，中介方与矛盾双方处于同一层面，是矛盾双方向对立面发展的中间状态，通过对矛盾双方的联合，促使矛盾解决；第三种，中介方低于矛盾双方所处的层面，是矛盾双方发展的必需要素，通过与矛盾双方的结合，促使矛盾解决。由于万事万物都处在不断的发展变化中，处在矛盾双方中介地位的中介方也处于发展过程当中，所以，对于处于某一具体矛盾中的中介方来说，它可能经历以上所论及的一种、两种或全部情况。

这种思维方式之所以能够体现协调并举、多赢共生的特性，在于它的内在机制："主介基反"。这种"主介基反"的机制使由矛盾双方与中介方所构成的整体的主导方向显得非常突出。这是因为两个基点方始终服务、服从于主导方，使整体表现出以主导方为主的发展方向。两基点方服务、服从于中介方，因为中介方总是一分为二地处于对立的两基点中，基点方要想补充和完善自己，就需要获取中介方在对方的那一部分。双方都因为缺乏中介方的一部分，就要追求，就需要服务于它。对立面的统一是以中介方为发展契机、从中介方起步并以中介方为桥梁的。在"主介基反"的机制中，作为中介的主导方在促使对立的基点方共同服务于自己的同时，也使矛盾双方各自实现向对立面的发展，从而实现三方的协调统一。

"一元三半"，指一个完全的整体是由三个相互区别的元素共同构成的。这与"一分为二"的观点并不相悖。"一分为二"是从系统的高度来看的：一个系统分为两个相对的整体。"一元三半"是从具体的角度来分析的：一个整体分为三个部分。把"一元三半"和"一分为二"合在一起看，则是"一元、两点、三半"：一元分两点，两点相交叉，重叠的部分为第三方，从而两点变三半；反过来看，则是三半合两点，两点合一元。因此，"一元三半"不是对"一分为二"的否定，相反，是对"一分为二"的补充。称之为"半"，是从矛盾发展全程而论的。矛盾是"一分为二"的，但矛盾又需要从三面来协调、解决。半，既包含二分之一，也包含三分之

一、三分之二。"占三分之二"古称"大半"，今称"一大半""一多半"。同时用半而不用点，是为了避免被误认为是一元两点的对立。因为这三半是两点交叉而得来的，三半是两点下的三半，新增的这一部分与原来的两点不一定是同一级别。这个第三方虽然可以蕴含在矛盾双方之中，但我们发现在矛盾双方运动发展过程中，双方正是通过不断交换蕴含在自身内部的一部分而向对立面发展的。这个被双方不断交换的部分既属于此又属于彼，正是双方的中介。中介在矛盾双方运动发展过程中的特殊性，使我们有必要将中介作为单独的一方列出。

以"一元三半"的观点来看待矛盾，矛盾由三方构成，即矛盾双方与中介方，中介方是矛盾双方扭结在一起的纽带，这个中介方是独立的第三方，是矛盾双方的公共中介，是对立双方的共同需要。中介方是一分为二的：中介方的一部分属于矛方，另一部分属于盾方。矛盾的对立性是指矛方与盾方的对立，矛盾的统一性是指矛方中的那部分中介方与盾方中的那部分中介方的统一，矛盾的"亦此亦彼"是指中介方。"一元三半"观点提醒我们：矛盾自身存在一个"共用"的媒介，正是这个"公共媒介"使矛盾双方扭结在一起。这种使事物实现统一的"共同中介"是否存在呢？这个答案只有通过人们的深入探索才能给出。但"共同中介"这一设想从根本上解决了矛盾双方为什么会扭结在一起，既对立又统一，以及对立面为什么向对方发展，而不是向其他方向发展的问题。

由此可见，"一主二基"的思维方式不是对"一分为二"辩证思维的否定，而是对"一分为二"思维方式的动态深化和发展；它不认为"一分为二"的观点是错误的，而是认为它对事物的分析不够深入细致。"一分为二"的思维方式把矛盾双方看成既相区别又相联结且相互转化的不可分割的统一体，矛盾双方构成一个整体，它把整体分为矛方、盾方两个部分来看待，没有把中介方单独列出作为独立的一方，因而"一分为二"是"从二辩证"的辩证思维方法。而"一主二基"的思维方式在内涵上与"一分为二"思维方式的最大不同是，多出一个中介方，是"从三辩证"。由"二"相交叉而形成"三"，并不是对"二"的否定，而是在肯定"二"的基础上，将"二"进一步细化为"三"，从而使人们的认识从"事物是既对立又统一的"深入到"事物为何是既对立又统一的"。

"一主二基"与现在人们所讨论的"一分为三"有所不同。虽然在现象上，两者都是三个部分，但在根本理论上，"一分为三"是把中介方看作与矛盾双方处在同一层面的第三方来看待，中介方与矛盾双方必定处于同一层面；而"一主二基"思维方式是从矛盾双方运动发展需要通过中介、离不开中介这个角度提出中介为主、矛盾为基的观点的，中介方由矛盾双方相交叉而来，它可能与矛盾双方不在同一层面，即高于或低于矛盾双方所在的层面。

(二)"一主二基"思维方式的特征

一是从人类对世界认识的历史阶段来讲，"对立统一"及以前的思维方式主要针对"世界是怎样的"这一问题来认识世界，而"一主二基"思维方式则在此基础上进一步深入到"世界为何这样"这个问题上。在实际操作中，它不再满足于知道世界是怎样的，而要探究世界为何这样，并据此控制、指导事物的发展，实现事物的和谐。现有的辩证思维告诉我们，对立统一规律是宇宙的根本定律，在看到事物对立的同时要考虑到它的统一，在考虑到事物统一的同时又要注意到它的对立。"一主二基"思维方式则在此基础上继续告诉我们：正是由于争夺中介，存在差异的矛盾双方才表现出对立性，由此双方都力图更多地拥有中介；同时，中介的存在，使得矛盾双方又表现出统一性。

二是从这种思维方式所分析的对象的数量来说，它是一种分析三者间关系的方式。随着社会的发展，事物的复杂性日益增加，我们遇到的多者关系也越来越多，人们迫切需要从思维方式上得到指导。其中，首先就是怎样解决三者关系。"对立统一"的思维方式主要是用来分析"两者"之间的关系的，对于解决"三者"之间的关系，往往得不到明确具体的指导。"一主二基"这种解决"三者"之间关系的思维方式，正是在这种条件下应运而生的。当然，这种思维方式是在分析"两者"关系的基础上产生的，同时也是解决"两者"矛盾的方法。以"一主二基"思维方式来看，解决三者之间关系的关键，在于使其中之一成为另外两者的中介，来实现三者的协调。

三是从这种思维方式所体现的整体旨向来看，它所呈现的是一种协调并举的态势。三方中主、基分明，使得整体呈现出明确的发展方向，解决了矛盾双方的混乱，也使整体呈现出有序的状态，实现了三方的协同并举。这种思维方式弥补了原有思维方式的不足，为实现事物的协同并举指出了一条新路。现有的辩证思维虽然既讲对立又讲统一，但由于历史环境的影响，人们过多强调了"两极对立"，这在注重和平与发展的今天当然失之偏颇。我们应在寻求矛盾的统一上下功夫，"一主二基"的思维方式正是这样一种探索。

"一主二基"思维方式体现的是一种协同并举的"协举思维"，它与强调"统一是相对的而斗争是绝对的""两极对立"思维有以下区别。

（1）"两极对立"思维是一方的发展以另一方的淘汰为前提，"协举思维"则是一方的发展以另一方的发展为前提，注重的是一种双赢共生的效果。

（2）"两极对立"思维是一方的先进以另一方的落后为根基，"协举思维"是一方的先进以另一方的落后向进步的转化为根基。由于"两极对立"思维是两点论，兼容不了非敌非友的第三方立场，故总是把先进与落后对立看待，己方为了争先进总是要想方设法使对方处于落后地位。在"协举思维"中，己方为了争先进总是想方设法使对方转向自己方一边，或使对方转化到与己不敌对的第三方。

（3）"两极对立"思维是一方的创新以另一方的守旧为必需，"协举思维"则是一方的创新以另一方的辅助为必需。由于"两极对立"思维认定发展就是"你死我活"的过程，当认为自己是新生事物时，就以为对方一定是旧事物，所以要把对方打倒。而在"协举思维"中，创新是从借鉴对方的优势、克服自己的不足开始的。

（4）"两极对立"思维是一方的胜利以另一方的失败为代价，"协举思维"是一方的胜利以另一方同样胜利为动力。由于"两极对立"思维认定路线问题上没有调和的余地，总是把异己的一方当作对立面而打倒，以异己一方的失败作为自己胜利的代价。而在"协举思维"中，把异己理解为竞争对手而非敌人，竞争对手可直接促进自己的持续发展，故而"协举思维"认为损害竞争对手就等于损害自己的持续发展之路，因此乐意奉献自己的一部分胜利作为对手胜利的动力。

四 "一主二基"思维方式存在的合法性与解释力

"一主二基"的思维方式在自然科学和社会科学领域，都具有存在的合法性。

（一）"一主二基"思维方式在自然科学领域存在的合法性

在微观领域，质子和中子靠相互交换介子维持平衡是一个很好的证明。如果没有介子作为中介，质子和中子所构成的矛盾将难以调和，也就没有原子核的稳定状态，自然也没有原子的稳定状态，而且物质也将难以保持平衡状态，世界将难以想象。正是作为中介的介子的存在，才避免了这一切的发生。作为现代科学重要内容的信息论、系统论、耗散结构论、协同学等，也为"一主二基"思维方式提供了基础。

在信息论中，维纳认为：信息这个名称的内容，就是我们对外界进行调节并使我们的调节为外界所了解时，而与外界交换来的东西。由此可见，信息表明主体与客体之间互相交流，存在着某种主体客体化与客体主体化的双向关系，而这一特征正是中介融于主、客体之间时的表现。如果我们认真思考一下思维与存在的关系问题就可以发现，思维之所以能反映存在，正是因为信息的存在，人的思维是通过信息这个中介来反映存在的。事物即使存在，如果人没能接收到事物的信息，思维就不能反映存在，人如果接收到错误的信息或不完全的信息，就不能正确反映存在。所以"一主二基"的思维方式也适用于思维通过信息反映存在这一过程。

再来看系统论。系统论揭示了复杂事物都是作为系统而存在的。系统作为要素相互作用的复合体，由平衡结构向耗散结构，再由低级的耗散结构向高级的耗散结构发展。系统与系统之间构成一个相互联结的层次发展，仿佛内在地具有一种合目的性。系统发展越高级，合目的性就越强，它对环境的适应、调节和控制能力就越强。如果把矛盾双方看作一个系统，矛盾的中介就是其存在的第一环境，中介与系统间不断进行着物质、能量、信息的交换，促使系统向更高级状态发展，逐渐增强系统的合目的性，促进矛盾的解决，最终实现协调。

再看耗散结构论。耗散结构论得出了与经典理论截然不同的结论，指出物能耗散具有非常积极的作用，高级有序系统的形成和发展都依赖于物能的耗散。所以要使矛盾系统与其中介进行联系，形成开放系统，释放多余的"负熵"，最终达到系统的有序和协调。

此外还有协同学。协同学的研究成果指出，任何一个巨系统，如果它的子系统各行其是，互不合作，整体上必定是无序的。只有当子系统之间相互合作、协同，才能在整体上形成有序的结构或行为模式。矛盾双方正是通过中介彼此发生联系，形成互补，进行合作，而使整个系统呈现出有序状态的。这些自然科学领域的最新成果，都为"一主二基"思维方式存在的合法性、合理性提供了强有力的论证。

（二）"一主二基"思维方式在社会科学领域存在的合法性

第一，在人类与自然的关系上所要建设的生态文明，正是兼具了物质文明与精神文明的一种文明形态。物质文明与精神文明统一于生态文明的发展过程之中，生态文明的缔造需要通过物质文明与精神文明的发展来实现，而且生态文明应融于物质文明与精神文明之中。这就要求我们在发展物质文明时，要符合生态文明的大方向，不能以对生态平衡的破坏来发展物质文明；在发展精神文明时，也要符合生态文明的方向，不能以人与自然的对立为前提，而应以人与自然的和谐为指导。生态文明的出现，使我们的物质文明与精神文明不致在大方向上偏离正轨，对我们的文明发展具有现实的指导作用，这实质上是"一主二基"思维方式在整个社会文明领域的应用。

第二，在我国经济领域的经济体制改革中，股份合作制作为解决公有制与私有制矛盾的中介，兼具了两者之长而更富活力，为我国经济体制改革指出了一条新路。公有制能够积聚雄厚的资产，企业规模较大，但往往制度呆板、灵活性差，员工积极性不高；私有制虽制度灵活，员工积极性高，但一般资金不够雄厚，企业规模较小，难以实现规模效益。股份合作制集两者之所长，几方共同出资，按股分筹，既解决了资金不足问题，又不影响企业的灵活性和员工的积极性。也正因如此，股份合作制在我经济体制改革中不可替代地充当了主力军，使经济体制改革顺利进行。这也是运用"一主二基"思维方式的典范。

第三，在政治领域，党的指导思想中充分体现了"一主二基"的思维方式。

例如，"三个代表"重要思想蕴含着"一主二基"思维方式。"三个代表"形成了一个整体，但又主、基分明。中国共产党要想长期执政，就必须得到中国最广大人民的拥护，这就要求它必须代表中国最广大人民的根本利益，所以代表中国最广大人民的根本利益在"三个代表"中，处于主导地位，属于主导方。但一个政党要代表中国最广大人民的根本利益，就必须通过实际措施来实现，这就是"三个代表"中的另外两个基点——代表中国先进生产力的发展要求，代表中国先进文化的前进方向。只有通过代表中国先进生产力的发展要求和代表中国先进文化的前进方向，才能实现代表中国最广大人民的根本利益这个目标。一个政党能代表先进生产力的发展要求，就使它能够看清楚与之相适应的先进文化是什么，从而确定先进文化的前进方向；而代表了先进文化的前进方向，就能够促使人们不断接受和创造先进文化，进而激发出更大的热情去创造先进的生产力。在中国最广大人民的根本利益、先进生产力的发展要求和先进文化的前进方向三者的关系中，"人民的根本利益"为主，"两个先进"为基，两基点方服务于主导方，以主导方为目标，主导方依靠于基点方，以基点方为手段，主导方与两基点方之间相互影响、相互促进。三者所形成的整体以主导方的方向即最广大人民的根本利益为整体方向。这意味着在规定整体方向的同时，也规定了两基点方的方向，即先进文化的前进方向也应指向最广大人民的根本利益，不符合最广大人民根本利益的文化前进方向必定不是先进文化的前进方向；不符合最广大人民根本利益的生产力发展要求必定不是我们党所代表的先进生产力的发展要求。这对于我们在实际操作中界定先进生产力的发展要求与先进文化的前进方向，具有直接的指导意义。

与"三个代表"重要思想有关的理论也蕴含着"一主二基"的思维方式。

党的十六大报告指出："贯彻'三个代表'重要思想，关键在坚持与时俱进，核心在坚持党的先进性，本质在坚持执政为民。"[①]当我们运用"一主二基"思维方式进行思考时，主体是其环境和服务对象的中介，党处在其所处环境与其服务对象的中介地位。我们把党作为主体来看待它与周围事物的关系，党本身构成一点，党所处的现实环境是一点，党的服务对象是一点。党的发展问题就是要处理好党与这两者之间的关系问题。当我们研究党的发展时，就必须把党放在其所处的历史环境中，使其发展符合历史的发展，与现实环境相适应。同时又必须密切关注它的主要服务对象——广大人民。党的十六大报告中指出的贯彻"三个代表"重要思想，关键在坚持与时俱进，核心在坚持党的先进性，本质在坚持执政为民，正是从这三者关系上来进行论述的。坚持与时俱进，明确了党与其所处的现实环境的关系；坚持党的先进性，明确了党自身所具备的条件；坚持执政为民，明确了党与其服务对象即广大人民的关系。站在党的发展角度上看，应以坚持党的先进性为主导方，以与时俱进和执政为民为两基点方。要想保持党的先进性，首先，要与时俱进，与社会历史大环境相适应，不能与当时社会历史环境相适应的党根本无法保证其生存，更不要提及保证其先进性。其次，要想保证党的先进性，必须

---

① 中共中央文献研究室编：《改革开放三十年重要文献选编》(下)，1245 页，北京，中央文献出版社，2008。

坚持执政为民。任何事物，只有服务于它的服务对象，才能保证它自己的存在和兴旺。对于一个政党更是这样。只有坚持为民服务，才能保证其得到民众的支持和拥护。而一个政党要做到执政为民、与时俱进，就必须保证它的先进性。这是一个优秀政党所具备的一种内在品质，没有这一点，这个政党就不可能做到与时俱进，也没有能力去执政为民。同时，执政为民和与时俱进也是相互促动的。执政为民保证与时俱进的顺利进行，与时俱进能提高执政为民的水平。

党的十六大报告指出："一切妨碍发展的思想观念都要坚决冲破，一切束缚发展的做法和规定都要坚决改变，一切影响发展的体制弊端都要坚决革除。"①这样的提法有其思维方式的根据。"一切妨碍发展的思想观念"，是针对主体而言的；"一切束缚发展的做法和规定"，是针对主体作用于其具体作用对象而言的；"一切影响发展的体制弊端"，是针对主体作用于其对象时的外部环境而言的。这些都是围绕主体、主体所处的环境和主体作用的对象三者之间的关系进行论述的。主体是其所处环境与作用对象的中介。在人认识社会这个事实中，人，即主体，处在主导方，主体所处环境与主体作用对象处于两基点方。当我们从主体本身的性质或要求，从主体与其所处环境以及主体与其具体作用对象三方面来看待问题时，我们就在运用"一主二基"的思维方式。而对于两基点方的结合点，即主体适应环境的要求与主体作用于具体对象的要求的结合点，正是主体所必须具备的内在品质或努力方向。当我们明白了主体所必须具备的内在品质和努力方向时，我们便有了明确的发展方向，矛盾的结合点和解决点也就找到了。同时主体内在的品质也只有通过主体与环境的关系，以及主体作用于其对象时才能表现出来。主体所处的环境与主体作用的具体对象之间也是相互影响的，环境可以影响主体对具体对象作用的方式，具体的作用对象发展到一定程度可以使环境发生局部变化。

---

① 中共中央文献研究室编：《改革开放三十年重要文献选编》（下），1247 页，北京，中央文献出版社，2008。

我们可以运用"一主二基"思维方式来解释"一个中心、两个基本点"的基本路线。坚持四项基本原则与坚持改革开放都服务于经济建设这个中心；而要把经济建设搞好，就要坚持四项基本原则和改革开放。经济建设作为中介第三方，把坚持四项基本原则与改革开放的矛盾统一起来，既解决了两者的矛盾，也实现了三方的协调发展。坚持四项基本原则为经济建设提供稳定的政治环境，坚持改革开放为经济建设提供有利的社会环境和市场环境，没有这两者做保证，经济建设将难以进行。

第三章　实践生成论
以"实践生成"分析框架解释马克思哲学

1978年以来，我国哲学界就生成论这一论题展开了学术探讨，有些学者提出了一些独到而又有启发的见解，深化了马克思主义哲学研究。至今，有些学者不大了解马克思主义哲学的生成论思想及其实质，导致在某些重大理论和实践问题上存在一些模糊认识。这表现在：有的学者从本本主义出发，有的学者从西方标准和范式出发，来剪裁中国实践，对我国改革开放和社会主义现代化建设实践进行主观裁定，并对我国改革开放和中国特色社会主义产生某种质疑。产生这种模糊认识的深层根源之一，在于对马克思所实现的哲学变革及其本质特征缺乏全面深入的理解，没有深刻认识到马克思哲学的生成性本质。

一　马克思实现哲学变革的实质

自从古希腊哲学家苏格拉底提出"认识你自己"这一重大论题以来，西方一些哲学家就一直在追问"人是什么"并给出了诸多答案。这些答案有一个共同点，即按照"是"和"是其所是"的思维方式来回答：它首先预先抽象地设定人人都具有某种共同的本质，然后认为现实的人都是这种本质的具体体现。这里，人被预先规定为一种确定性、既成性的存在，人是由某种抽象的共同的"是"来规定的。这实质上是一种预成论或既定论的思维方式。这种思维方式的合理性在于：注重"确定性""普遍性""共同性""稳定性"。然而，这种思维方式的根本缺陷，就在于它忽视事物和对象的"不确定性""特殊性""历史性""未完成性""开放性"，要言之，忽视其生成性。它注重"是"却忽视"成为"是；它注重"成"却忽视"生"成；它注重"非此即彼"，即在"是"与"非是"的两极对立中进行思考，是就是是，不是就是不是，不能既是又不是，却忽视了"历史生成"；它注重"固定性"却忽视了"发展性""未完成性""开放性"；它注重"普遍性"却忽视了"特殊性"。大体来说，近代西方的知识论和形而上学大都属于这种思维方式。正如恩格斯所指出的：形而上学的思维方式，"不是从运动的状态，而是从静止的状态去考察；不是把它们看做本质上变化的东西，而是看做固定不变的东西；不是从活的状态，而是从死的状态去考察"①。

德国古典哲学虽然具有"生成性"思维方式的因素，如黑格尔的作为推动原则和创造原则的否定性的辩证法的伟大之处，首先在于把人的自我产生看作一个过程，他抓住了劳动的本质，把现实的因而是真正的人理解为他（她）自己劳动的结果。黑格尔还指出，真理就是它自己的完成过程。但是，他只看到劳动的积极方面，而没有看到它的消极方面，他唯一知道并承认的劳动是抽象的精神劳动。②

在西方，生成性思维是一个哲学范畴，它首先是针对知识论、形而上学所蕴含的既定性思维而出场的。马克思实现哲学变革的实质，就是从预成性思维方式或既成性思维方式转向生成性思维方式。这种变革，实质上就是哲学变革。马克思在继承唯物主义的前提下，把实践、历史和辩证法引入哲学，引入唯物主义，把运动、发展、变化引入哲学思

---

① 《马克思恩格斯选集》第 3 卷，396 页，北京，人民出版社，2012。
② 参见《马克思恩格斯全集》第 3 卷，316~320 页，北京，人民出版社，2002。

维，注重哲学的实践性、历史性和辩证性，强调事物和对象的实践性、历史性和辩证性，认为不存在永恒不变的共同的普遍的本质，一切事物都处在实践的、历史的、辩证的生成过程之中，并在实践、历史、现实展开的运动发展过程中生成自身。这正是实践唯物主义、历史唯物主义、辩证唯物主义的实质所在和本质特征。就是说，马克思所实现的哲学变革，主要在于在继承唯物主义的前提下，把实践原则、历史原则和辩证原则引入唯物主义，所实现的是对唯物主义的哲学变革。这里，实践的本质，就是人类在改造世界中不断推进创新，其实质就是一种"生成性"；历史的本质，就在于它由一个个连续的"生成"构成，其实质也是一种"生成性"；辩证法的本质，在于它是批判的、革命的，在于它是在超越、否定现存的事物中不断推进事物的发展、变化的，其实质还是一种"生成性"。概言之，"生成性"或"生成性思维"，就是实践唯物主义、历史唯物主义、辩证唯物主义所共有的实质和本质，或者说，实践唯物主义、历史唯物主义、辩证唯物主义的共同实质和本质特征，就是"生成性"或"生成性思维"。

二　马克思哲学的生成性本质之证明

马克思哲学的生成性本质，在他的学说体系中充分地呈现出来了。

（一）哲学：从形而上学走向实践的、历史的、辩证的哲学

马克思哲学的生成性思维，较早呈现于《1844 年经济学哲学手稿》，主要是通过对"劳动"的阐述来展现的。马克思指出："历史的全部运动，既是它的现实的产生活动——它的经验存在的诞生活动，——同时，对它的思维着的意识来说，又是它的被理解和被认识到的生成运动。"①这里，"运动""产生""生成"表达的都是历史的生成，尤其是直接、明白地

---

① 《马克思恩格斯全集》第 3 卷，297 页，北京，人民出版社，2002。

使用了"生成"的概念。马克思又进一步明确强调指出："对社会主义的人来说，整个所谓世界历史不外是人通过人的劳动而诞生的过程，是自然界对人来说的生成过程。"①这里，马克思直接且鲜明地使用"通过人的劳动而诞生的过程""生成过程"，来更为明确地表达人的活动的生成性与世界历史的生成性。显然，在马克思那里，他明确使用"生成"概念，来揭示和表达历史的生成性本质。就是说，在马克思看来，历史的全部运动在本质上就是其现实的生成的过程，世界历史就是人的劳动的诞生过程，人就是其全部活动和历史的全部运动的结果。

在《关于费尔巴哈的提纲》中，马克思强调："社会生活在本质上是实践的。凡是把理论诱入神秘主义的神秘东西，都能在人的实践中以及对这种实践的理解中得到合理的解决。"②就是说，要理解和把握社会生活，从本质上要理解和把握人的实践。而人的实践，既是一种感性的、对象化的活动，又是一种历史过程，在这种生成性过程中，具有神秘主义性质的神秘的东西能得到合理的解释和解决。这里实际上讲的是"实践的生成"。

在《德意志意识形态》中，马克思对生成性思维作出更为明确而深入的阐述。马克思强调："个人怎样表现自己的生命，他们自己就是怎样。因此，他们是什么样的，这同他们的生产是一致的——既和他们生产什么一致，又和他们怎样生产一致。因而，个人是什么样的，这取决于他们进行生产的物质条件。"③其中所讲的"生命""生产"，就是一种生成性过程，人就是在这种生成过程中得以表现和实现的。马克思又指出，他研究历史的基本前提是人，"但不是处在某种虚幻的离群索居和固定不变状态中的人，而是处在现实的、可以通过经验观察到的、在一定条件下进行的发展过程中的人。只要描绘出这个能动的生活过程，历史就不再像那些本身还是抽象的经验主义者所认为的那样，是一些僵死的事实

---

① 《马克思恩格斯全集》第3卷，310页，北京，人民出版社，2002。
② 《马克思恩格斯选集》第1卷，139～140页，北京，人民出版社，2012。
③ 《马克思恩格斯选集》第1卷，147页，北京，人民出版社，2012。

的汇集，也不再像唯心主义者所认为的那样，是想象的主体的想象活动"。"在思辨终止的地方，在现实生活面前，正是描述人们实践活动和实际发展过程的真正的实证科学开始的地方。"①这里，马克思反对"固定不变"和"僵死的事实"，"绝不提供可以适用于各个历史时代的药方或公式"，注重历史的"发展过程"和"生活过程"，这种"发展过程"和"生活过程"，实质上讲的就是历史的生成性本质。

在讲到"人"的时候，马克思强调：人的解放"是一种历史活动"②。这是从"历史活动"角度来理解人的解放，是一种生成性思维。马克思还指出："哲学家们在不再屈从于分工的个人身上看到了他们名之为'人'的那种理想，他们把我们所阐述的整个发展过程看做是'人'的发展过程，从而把'人'强加于迄今每一个历史阶段中所存在的个人，并把'人'描述成历史的动力。这样，整个历史过程就被看成是'人'的自我异化过程，实质上这是因为，他们总是把后来阶段的一般化的个人强加于先前阶段的个人，并且把后来的意识强加于先前的个人。借助于这种从一开始就撇开现实条件的本末倒置的做法，他们就可以把整个历史变成意识的发展过程了。"③这里，马克思用"历史发展阶段"来理解人的生成性本质，体现的也是一种生成性思维方式。

在讲到共产主义的时候，马克思又强调："共产主义对我们来说不是应当确立的状况，不是现实应当与之相适应的理想。我们所称为共产主义的是那种消灭现存状况的现实的运动。这个运动的条件是由现有的前提产生的。"④这里讲的是共产主义的生成性。

概言之，马克思运用生成性思维，揭示了历史发展、人的发展、共产主义运动的生成性本质。关于历史的"生成"，他强调历史发展的过程性；关于"人的生成"，他反对固定不变状态中的人，反对把整个发展过

① 《马克思恩格斯选集》第1卷，153页，北京，人民出版社，2012。
② 《马克思恩格斯选集》第1卷，154页，北京，人民出版社，2012。
③ 《马克思恩格斯选集》第1卷，210～211页，北京，人民出版社，2012。
④ 《马克思恩格斯选集》第1卷，166页，北京，人民出版社，2012。

程看作"人"的发展过程，主张把人看作通过其进行生产的物质条件而生成的，从而注重在一定条件下进行发展的过程中的人；关于"共产主义的生成"，他把共产主义看作由现实的运动而生成的，强调共产主义是由现有的前提产生的现实的运动。总之，马克思要建立的唯物主义历史观，就是一种注重实践活动和实际发展过程的科学，这种科学反对适用于各个历史时代的药方或公式，认为一切从人类历史发展的考察中抽象出来的最一般的思想观念，若离开了现实的历史就没有任何价值。可以说，《德意志意识形态》是马克思、恩格斯关于生成性思维的一部代表性著作。

(二)经济学：从抽象公式到具体过程

马克思在经济领域创立政治经济学，同样确立了生成性思维，运用的是生成论。在《1844年经济学哲学手稿》中，马克思明确指出：国民经济学"把私有财产在现实中所经历的物质过程，放进一般的、抽象的公式，然后把这些公式当做规律。它不理解这些规律，就是说，它没有指明这些规律是怎样从私有财产的本质中产生出来的"[①]。显然，这里，马克思明确反对的是"削足适履"，即用一般的、抽象的、凝固不变的公式来剪裁私有财产在现实中所经历的物质过程，鲜明地强调要"根据脚选择合适的鞋"，即建立一种从经济事实出发说明"私有财产在现实中所经历的物质过程"，再从私有财产在现实中所经历的物质过程来揭示私有财产的运动规律的经济学，进一步说明私有财产的运动规律是从私有财产的本质中产生出来的。显然，马克思强调，在现实的物质过程中生成了私有财产的运动规律。

在《德意志意识形态》中，马克思、恩格斯把历史的生成原则引入经济学，从历史生成角度，分析了生产、生产力、交往形式、分工、所有制形式等经济学的基本问题。马克思、恩格斯强调：生产、生产力、交往形式、分工、所有制形式等，都是从现实个人的物质生活过程中产生

---

① 《马克思恩格斯选集》第1卷，49～50页，北京，人民出版社，2012。

或生成的，都要从现实个人的生活过程中得到说明。他们说，他们确立的历史观的前提是现实的个人，现实的个人是有生命的个人，有生命的个人是具有肉体组织需要的个人，为了满足个人肉体组织的"衣食住行"等物质生活资料的需要，人们才去从事物质生产，物质生产不仅是有分工的，而且蕴含着生产力和交往形式（后来确定为生产关系）。因此，分工不过是现实个人的活动的社会形式，社会结构是从一定的个人的生活过程中产生的。这里，马克思、恩格斯是从现实个人的物质活动的生成过程来说明经济学的一些基本事实和基本范畴的。

在《共产党宣言》中，马克思、恩格斯运用唯物史观的历史原则和历史生成思维，解释和分析了资本和劳动内在矛盾的历史发展过程，揭示了资本占有劳动并控制社会的现实逻辑和历史逻辑，揭示了人类历史发展的一般规律和资本主义社会发展的规律，得出了资本主义必然灭亡、社会主义必然胜利的结论。

马克思的《资本论》首先揭示了历史的逻辑，从历史的逻辑来把握经济学问题与经济学范畴。其总体思路就是从具体的、历史的经济活动发展过程中抽象出经济学范畴、理论，而不是相反。这就是说，在马克思的政治经济学中，一切经济问题及反映经济问题的经济学范畴、理论，都要放在历史发展过程中来理解和把握，而不是相反，即用某种固定不变的经济学范畴和理论来裁定经济发展过程。马克思首先从"商品"这一资本主义社会最基本的细胞出发，历史地和逻辑地揭示出商品的使用价值和价值的矛盾，这是由商品"生成"出来的；接着，马克思从商品的使用价值和价值的矛盾中，历史地和逻辑地揭示出具体劳动和抽象劳动的矛盾，认为使用价值和价值的矛盾是由劳动"生成"的，具体劳动"生成"使用价值，抽象劳动"生成"价值；接着，马克思从具体劳动和抽象劳动的矛盾中，历史地和逻辑地揭示出私人劳动和社会劳动的矛盾，再从私人劳动和社会劳动的矛盾运动中，揭示出生产资料私人占有和生产的社会化之间的矛盾，进一步揭示出无产阶级和资产阶级的矛盾。显然，在这里，马克思运用历史生成和逻辑生成，来分析和揭示资本主义社会的内在矛盾运动过程。正因如此，马克思说，历史从哪里开始，逻辑就从哪里开始。

（三）社会主义学说：把社会主义建立在现实的基础上

空想社会主义之所以是空想主要在于：它既不是根据对现实社会和历史发展进程的考察提出"理想目标"，也不是根据现实社会和历史发展规律来提出理想目标的"实现路径"，而是从抽象的人性出发设定社会主义的一般原则，再用这种抽象的一般原则来剪裁具体的历史，把历史看作这种抽象的一般原则发展的历史。要言之，空想社会主义之所以是"空想"，就在于它提出的理想目标和实现路径不是基于"历史的生成"，而主要是基于"抽象人性"。马克思、恩格斯把生成性原则和生成性思维引入对社会主义的考察、理解和把握中，力求克服空想社会主义的历史局限，把社会主义建立在"现实"的基础上。恩格斯指出："为了使社会主义变为科学，就必须首先把它置于现实的基础之上。"[1]这里的"现实"，就是现实的人、现实的物质生产、当时资本主义社会发展的现实境况、人类历史发展的进程和规律。显然，这里的"现实"是生成性的现实，而不是抽象的现实。

恩格斯在 1890 年 8 月写给奥托·冯·伯尼克的信中指出："所谓'社会主义社会'不是一种一成不变的东西，而应当和任何其他社会制度一样，把它看成是经常变化和改革的社会。"[2]这就是说：社会主义并非"某个天才头脑的偶然发现"，而是"无产阶级和资产阶级之间斗争的必然产物"；社会主义的任务不仅是构想完美的社会体系，社会主义者还要"研究必然产生这两个阶级及其相互斗争的那种历史的经济的过程；并在由此造成的经济状况中找出解决冲突的手段"；[3] 社会主义不是一成不变的社会，而是经常变化和改革的社会。这就是说，社会主义社会是处在"不断生成过程"中的社会。

---

① 《马克思恩格斯选集》第 3 卷，394 页，北京，人民出版社，2012。
② 《马克思恩格斯文集》第 10 卷，588 页，北京，人民出版社，2009。
③ 《马克思恩格斯文集》第 9 卷，388 页，北京，人民出版社，2009。

恩格斯批评形而上学那种"既成性"的思维方式，指出："他们在绝对不相容的对立中思维；他们的说法是：'是就是，不是就不是；除此以外，都是鬼话'。在他们看来，一个事物要么存在，要么就不存在；同样，一个事物不能同时是自身又是别的东西。"①这种思维方式将事物看成固定不变的"存在"，却忘记它们在"生成和消逝"。就是说，形而上学的思维方式是排斥"生成性"思维的，而与之对立的辩证思维在本质上是确立"生成性"思维的。

恩格斯指出，辩证法在考察事物时，本质上是从它们的产生和消逝方面去考察的，它不断地注视生成和消逝之间、前进的变化和后退的变化之间的普遍相互作用，它把整个自然的、历史的和精神的世界描写为一个过程。现代唯物主义也把历史看作人类的发展过程。这里所讲的"产生和消逝""生成和消逝""前进的变化和后退的变化""过程"，本质上就是"生成性"思维。为说明这一点，恩格斯引用赫拉克利特的观点："一切都存在而又不存在，因为一切都在流动，都在不断地变化，不断地生成和消逝。"②"既在又不在""流动""变化""生成和消逝"，实质上讲的就是事物的"生成性"过程，甚至恩格斯就直接使用了"生成"这一概念，而且多次使用这一概念。显然，恩格斯是从生成性思维来理解和把握社会主义的。

晚年马克思着重思考关于跨越"卡夫丁峡谷"问题，所提出的东方社会道路理论，也充分且鲜明地运用了生成性思维。1867年，在《资本论》第一卷出版后，俄国学者正在考虑俄国废除奴隶制后向何处去的问题。他们对《资本论》中所提出的由封建生产方式向资本主义生产方式转变的历史必然性与俄国农村公社的命运，以及俄国社会的发展道路等问题，展开了激烈争论。1881年年初，俄国革命民主主义者查苏利奇致信马克思，希望马克思能说明对俄国农村公社的发展命运，以及世界各国由于历史必然性，都应经过资本主义生产各阶段的理论的看法。马克思为

① 《马克思恩格斯全集》第25卷，388页，北京，人民出版社，2001。
② 《马克思恩格斯选集》第3卷，395页，北京，人民出版社，2012。

给查苏利奇回信，先后写了第一稿、第二稿、第三稿和第四稿，最后把第四稿作为给查苏利奇的正式回信。在第三稿中，马克思对能否不通过资本主义制度的"卡夫丁峡谷"，基本上作出了"肯定性"回答，即可以不通过资本主义制度的"卡夫丁峡谷"。但这种肯定是有前提条件的，即"暂且不谈俄国公社所遭遇的灾难，只来考察一下它的可能的发展"①。由于这种"可以不通过"只是一种可能性，这表明马克思在该问题上还没有作出最后的肯定性结论。再经过认真深入的思考，马克思在正式回信的最后一稿中，就根本没有提及"可以不通过资本主义制度的卡夫丁峡谷"②问题，而只是根据俄国农村公社当时的公有制基础，作出了这种农村公社是俄国社会新的生长点的判断。这就表明以下几点。

第一，马克思对俄国农村公社可以不通过资本主义制度的"卡夫丁峡谷"问题确实作过认真思考，但最后一稿并没有作出俄国农村公社可以不通过"卡夫丁峡谷"的判断。应当说，最后一稿，是马克思所形成的最终思想的真实表达。这说明马克思对该问题的考虑是特别慎重的。马克思逝世后，针对"跨越论"者、俄国农民社会主义的代表人物赫尔岑，恩格斯指出："较低的经济发展阶段解决只有高得多的发展阶段才产生了的和才能产生的问题和冲突，这在历史上是不可能的。"恩格斯还指出："每一种特定的经济形态都应当解决它自己的、从它本身产生的问题；如果要去解决另一种完全不同的经济形态的问题，那是十分荒谬的。"③恩格斯的论述蕴含着深刻的历史生成性思维。

第二，根据马克思致查苏利奇回信的第一稿到第四稿可以看出，马克思所思考的不通过资本主义制度的"卡夫丁峡谷"思想是有前提条件的。一是俄国农村公社土地公有制的存在，即俄国农村公社"可以通过发展它的基础即土地公有制和消灭它也包含着的私有制原则来保存自己；它能够成为现代社会所趋向的那种经济制度的直接出发点，不必自

① 《马克思恩格斯选集》第 3 卷，837 页，北京，人民出版社，2012。
② 《马克思恩格斯选集》第 3 卷，825 页，北京，人民出版社，2012。
③ 《马克思恩格斯选集》第 4 卷，312、313 页，北京，人民出版社，2012。

杀就可以获得新的生命"①。这是可以不通过"卡夫丁峡谷"的基础和前提。二是资本主义现代化大生产的存在，即俄国农村公社"和资本主义生产的同时存在为它提供了集体劳动的一切条件。它有可能不通过资本主义制度的卡夫丁峡谷，而占有资本主义制度所创造的一切积极的成果"②。这是可以不通过"卡夫丁峡谷"的充分且必要的直接条件。

这两个条件十分重要，没有土地公有制的前提条件，没有资本主义现代化大生产所提供的集体劳动的充分且必要条件，所谓的"不通过"就无从谈起。这实际上就是说，俄国农村公社不具备跨越资本主义"卡夫丁峡谷"的历史生成性条件。因为这两个条件是基于历史生成性思维提出的，是历史生成出来的条件。这充分表明：关于俄国农村公社能否跨越资本主义的"卡夫丁峡谷"问题，马克思是直接运用生成性思维来进行思考分析并得出结论的。

三　马克思哲学的生成性本质的基本内涵

那么，究竟什么是"生成性思维"？生成性思维的基本内涵是什么？我们先从本体论谈起。

要理解和把握生成性思维，首先要理解和把握任何事物和对象所具有的基本规定。任何事物和对象都具有三种基本规定：自在规定、关系规定和过程规定。

事物的"自在规定"，是指任何事物和对象都具有其原初的质的规定或本质规定，离开本质，这一事物就不能成为这一事物了。本质，就是一个事物成为这一事物的根据，这一根据存在，这一事物就存在，这一根据不存在，这一事物也就不存在了。但这种本质只是抽象的设定，它

---

① 《马克思恩格斯选集》第 3 卷，826 页，北京，人民出版社，2012。
② 《马克思恩格斯选集》第 3 卷，828～829 页，北京，人民出版社，2012。

既是在具体的历史发展过程中抽象出来的（从具体到抽象），又要在具体的历史发展过程中得以展现和实现（从抽象到具体）。一个人是"人"，他（她）既然是"人"，就具有作为"人"的原初规定性，如从事生产劳动，是一切活动的主体或主体承担者，进行思考，有思想，等等。这就是他（她）作为"人"的自在规定。这样的人，实质上是一种抽象的人，其规定性是从具体的人的历史发展过程中抽象出来的，离开具体的人的历史发展过程，这些抽象毫无意义。不仅如此，这种规定性都是抽象的一般，都只有在具体的人的历史发展过程中才能实现。其实现方式、实现程度和实现状态，取决于具体的历史发展过程及其实现条件。本质，只规定存在发展的方向，但存在决定着本质的实现方式、实现道路与实现程度、实现状态。

事物也具有"关系规定"。任何事物和对象都处在这样或那样的关系中，在不同的关系中具有不同的规定性。关于人，马克思认为，就其现实性来讲，人的本质是一切社会关系的总和。就是说，社会关系是什么样的，人就是什么样的；人处在什么样的社会关系中，就是什么样的人。因为人在不同的社会关系中承担不同的社会角色，具有不同的社会身份。你处在与上级领导的关系中，你就是下属，就要履行下属职责；你处在与下属的关系中，你是领导，就要发挥领导作用；你是父亲，就要带好孩子；你是丈夫，就要关爱妻子；等等。关系规定实质上是一种"现实性"规定，表明你是现实的人，你作为现实的人，受各种社会关系规定，被各种社会关系制约。

事物还具有"过程规定"。"过程规定"，是指任何事物都是未完成的、开放性的，都处在历史发展变化过程中，都是在其历史发展过程中获得其规定性的，历史方位和历史阶段不同，其规定性就有所不同。比如同一个"人"，他（她）具有"人"的规定性，不管多大岁数，他（她）都是"人"，但2岁的这个人、20岁的这个人、50多岁的这个人、70多岁的这个人，是具有不同历史内涵的这个人。70多岁的这个人是一位著名专家，而2岁的这个人还在牙牙学语。

生成性思维注重事物的过程规定，事物的过程规定是生成性思维存在的本体论依据。

具体展开来说，生成性思维具有七个层面内涵。

第一，生成性思维关注现实生活世界及其现实发展逻辑，反对主观主义和本本主义。生成性思维不忽视理想的世界，但更注重现实生活世界及其现实发展逻辑。现实生活世界，就是具有时间、空间、条件且可感的世界。理想的世界难以用时间、空间来把握，具有不可感性，而现实生活世界是可以用时间、空间、条件来理解和把握的。生成之"生"是出现和发展的过程，生成之"成"是结果，因而生成是在现实生活世界及其现实逻辑中的生成，可以用时间、空间和条件来衡量。一切生成，首先是在现实生活世界及其现实发展逻辑中的生成。生成性思维关注现实生活世界及其现实发展逻辑，这就使生成性思维建立在坚实的现实的基础上，其实质就是遵循事物发展的现实逻辑，强调现实是研究事物的出发点，原则只是研究事物的结果，注重生活公式高于书本公式，注重从现实出发，即从时间、空间、条件出发规定事物。

第二，生成性思维注重实践进程及其实践发展逻辑，反对以抽象设定理解和把握事物发展。社会生活在本质上是实践的，现实生活世界在本质上也是实践的。生成性思维绝不轻视理论发展进程，但更重视实践进程及其实践发展逻辑。现实生活世界具有自身的现实进程及其发展逻辑，不过这是自发的，人的实践活动参与其中，现实生活世界的现实进程及其发展逻辑就显示出自觉性。因为现实生活世界是人的实践活动的人化、外化、对象化。人的实践活动是一种感性活动，因而实践发展进程便具有感性直观性；人的实践是一种活动，它总是在推动事物发展，因而实践发展进程便具有生成性。生成，是实践发展进程的生成，理解和把握了实践发展逻辑，也就找到了生成的逻辑。生成性思维注重实践进程及实践发展逻辑，其实质就是遵循事物发展的实践逻辑，强调事物是在人的实践发展过程中生成的。所以，我们应注重从人的实践出发规定事物，用实践生成规律取代所谓预定的先验规律。

第三，注重历史进程及历史发展逻辑，反对历史虚无主义。人类历史是人类活动的历史，人是历史的剧作者。注重人类实践活动，就必然重视人类历史。"历史"本身就是一种生成，没有生成便没有历史。历史是可以衡量和把握的，它可以从"时间"（如历史时间，即历史阶段、历史方位、历史时期等）、"空间"（中国、西方等）来衡量和把握。历史发展进程是连续性和阶段性的统一，其连续性和阶段性蕴含着"生成"。历史发展进程蕴含着历史发展的逻辑即历史逻辑。生成性思维的核心，就是要理解和把握历史发展进程所蕴含的历史逻辑，其实质就是遵循事物发展的历史逻辑，注重从历史出发规定事物。

第四，注重事物存在发展的现实条件，反对脱离现实条件抽象地谈论事物的存在发展。注重事物的现实性、实践性、历史性，实际上是说事物的存在和发展都是有现实条件的，是受现实条件制约的，是以现实条件为转移的。事物不仅在时间、空间中存在和发展，也在条件中存在和发展。"时间""空间""条件"的存在使事物的存在和发展具有了现实性、实践性和历史性，使事物具有具体性而不是抽象性。条件，是研究事物的生成性所必须考虑的。我们讲生成性思维，其实质就是要注重事物存在、发展的现实条件。

第五，注重实现理想的现实基础、现实条件和现实运动，反对空想主义和先验主义。理想和现实是一种范畴，谈现实定会联系理想。生成性思维谈论理想，注重的是实现理想的现实基础和现实运动，注重的是理想的生成、理想的规定和理想的实现。不谈理想的生成、理想的规定和理想的实现，理想就是空想。要谈理想的生成、规定和确定，就必须把它置于现实发展的内在必然性之中；要实现理想，就必须把它建立在现实的基础上，依靠现实的运动来推动和实现理想。要言之，理想属于"应然"，只规定"实然"所应达至的方向，并不具体确定"实然"所走的具体道路，"实然"的具体道路是根据现实条件、实践条件和历史条件确定的。因而，要把"应然"建立在"实然"的基础上。空想社会主义之所以是空想，就在于它离开了现实的基础。马克思、恩格斯之所以把社会主义由空想变为科学，就在于他们把理想以及共产主义理想建立在现实的基础上，把共产主义看作由现实条件决定的现实的运动，根据现实条件、实践发展和历史进程确定理想目标和实现路径。注重实现理想的现实基础、现实条件和现实运动，其实质就是注重基于现实逻辑和现实基础来理解和把握理想的生成和实现。

第六，注重事物在其历史发展进程中的内在的自我生成，反对教条主义。形而上学强调"是"，马克思哲学的生成性思维也注重"是"，但更注重"成为是"的过程，注重"是"的生成和"是"的发展。形而上学强调"是"就是"是"，"不是"就是"不是"，不能说既"是"又"不是"。这种既定性或既成性思维方式否认事物的存在和发展有一个生成过程，否定事物作为过程而存在。这样来看待事物，事物就永远是静止的、永恒的、一成不变的。生成性思维对事物的理解，是从运动和静止、连续性和阶段性的统一进行的。它既从相对确定性、阶段性角度理解和把握事物，认为事物有相对静止的一面，有其质的规定性；同时又从不确定性、连续性角度理解和把握事物，认为事物又具有运动的一面，任何事物时时刻刻都处在运动、发展、变化过程之中，没有绝对静止不动和永恒不变的事物。生成性思维认为，事物的静止是运动中的静止，"人不能两次踏进同一条河流"。生成性思维认为，事物的相对"静止"的"质"的规定性，都是在过程中被确定并赋予新的内涵的，离开历史过程，事物的"静止性"的"质"的规定性都是抽象的、不可具体感知和不可捉摸的。因而，生成性思维注重事物的自我"生成性"，它不否认"是"，但其实质是更注重事物自身"成为是"的过程，即注重事物自身如何生成。

第七，注重事物之间的环环紧扣、因果关联和内在生成。生成性思维注重实践、现实、历史发展过程中各个环节在生成性上的环环相扣或环环相扣的生成性，这种环环相扣的内核是因果关联、因果关联的内核是内在生成。如注重教育有助于解决就业，解决就业有助于解决吃饭、住房和看病问题，等等。

总体来讲，生成性思维所主张的"生成"，主要包括实践生成、历史生成、辩证性生成、自我生成和因果生成。由此，生成性思维可从五个层面来理解：一是实践生成，即在实践过程中生成，可称之为"实践即生成"；二是历史生成，即在历史过程中生成，可称之为"历史即生成"；三是辩证性生成，即在超越现实、交互作用、发展过程中的生成，可称之为"辩证即生成"；四是自我生成，即事物自身是在自我超越、自我发展过程中的生成，可称之为"自我即生成"；五是因果生成，即事物因必生果的生成，可称之为"因果即生成"。实践、历史、辩证法、自我发展、因果，都属于生成性思维的核心范畴。生成性思维强调事物的实践存在、历史存在、辩证性存在、自我发展的存在和因果性存在，把实践、历史、辩证性、自我发展、因果当作解释原则，用实践原则、历史原则、辩证原则、自我发展原则和因果原则解释事物、存在和发展，把事物的存在作为实践中的生成、历史中的生成、辩证性的生成、自我发展的生成和因果生成，尤其强调实践地、历史地、辩证地、自我发展地、因果联系地看待历史，其实质就是将实践原则、历史原则、辩证原则、自我发展原则、因果原则引入世界观和方法论。其核心和精髓就是要在特定的具体的时间、空间和条件中理解具体的实践、具体的现实、具体的历史的内生性，理解事物和对象的历史内的逻辑；它强调并注重具体的存在先于抽象的本质，抽象的本质都是在具体存在之发展过程中内在提升出来的，是从实践发展逻辑、历史发展逻辑、现实发展逻辑中得到确定的，更是在具体存在之内的发展过程中实现的；它不否定"是"，但更注重"成为是"的过程；它不反对抽象，但更注重具体的历史发展规律；它注重现实基础、环环紧扣、因果关联、历史过程和内在生成，把任何事物自身的发展看作一个具有现实基础、环环紧扣、因果关联和内在生成的自然历史过程。

第四章 人的本质四维论

以"需要—能力—关系—个性"分析框架解释人的本质

以往思想家之所以不能正确解决人的问题，其首要原因，就在于没有正确认识和理解人。所以，要分析和理解人的问题，首先必须分析和理解人的存在和本质。当马克思把人的本质理解为自我意识时（"博士论文"），他就用自我意识来理解人的一切问题；当把人的本质理解为自由时（《莱茵报》时期），他就用自由来说明人的一切问题；当把人的本质理解为自由自觉的活动时（《1844年经济学哲学手稿》），他就用自由自觉的活动来说明人的一切问题；当把人的本质理解为社会关系的总和时（《关于费尔巴哈的提纲》），他就用社会关系来分析人的一切问题。正因为如此，马克思非常注重对人的存在和本质的研究，目的是通过这种研究，实现对以往人学的超越，为自己的人学理论提供一个科学的前提和基础。

马克思关于人的本体论，主要包括人的存在形态、人的存在特征、人的本质三方面的基本内容。其中，人的存在形态回答"人是什么"的问题，人的存在特征回答"人表现为什么"的问题，人的本质回答"人成为什么的根据"问题。在马克思那里，往往是先指出他所谈的"人"的具体存在形态，分析人的存在特征，然后从人的存在现象中，揭示出人的本质。所以，我们先阐述马克思关于"人的三种基本存在形态"的思想。

一　人的三种基本存在形态

人这一概念是一种总称，人在现实中以三种基本形态存在：人类作为种属的一般形态；群体作为不同社会类型的特殊形态；个人作为有个性的人的个别形态。这一思想散见于马克思的不同著述中。

（一）人作为人类及其意义

在社会历史上，人首先是作为群体来规定的，但在人对自身的认识上，人首先是作为"类"来规定的。因为在马克思看来，"我们越往前追溯历史，个人，从而也是进行生产的个人，就越表现为不独立，从属于一个较大的整体"①。这个集体，在原始社会就是部落。但是，人们开始对自身进行反思时，首先出现在人的意识中的，是与动物相区别的"人"这个类。因为在马克思看来，人一旦有了自我意识，他（她）首先需要做的，就是把自己和自然界区别开来，同其他动物区别开来。马克思在探索人的问题时，首先就是从谈论人的类特征开始的。

在马克思那里，人类具有如下一些特点。

第一，类的共同性。人类，即人之所以为人在于同属于一个"类"，说的是人之所以为人或与其他动物不同所具有的人这个"类"的质。凡人都具有人这个"类"的质，在这一点上是共同的。换言之，从"类"的观点来看人，注重的是人与人之间的共同性，即在属"人"这个类上的共同性。这表明，人与人之间有共同的"人性"。在马克思看来，这种类的共同性或共同的"人性"，就是活动的自由自觉性。他指出，生命活动的性

_____
① 《马克思恩格斯选集》第 2 卷，684 页，北京，人民出版社，2012。

质包含着"一个种的全部特性、种的类特性"，"而人的类特性恰恰就是自由自觉的活动"。①

第二，自由平等性。人与人之间既然具有"类的共同性"，那么，凡为人所具有的东西，都应该为人这个类中的每一个人所具有，每个人都具有自由平等地实现自己类特征的权利。因此，每个人都具有"人的类特性"，并且在实现这一类特性上，也是自由平等的。尽管资产阶级的自由、平等和博爱的口号有其局限性，但它的人性论根据，就是人类的"自由平等性"。马克思在他早期的著述中，曾认为自由是人的类特性。他在回答女儿的提问时，说自己最喜欢的格言就是："人所具有的我都具有。"②

第三，规定的抽象性和"具体的统一性"。人作为人类，其规定是抽象的。但是，马克思认为，人类是社会化了的人类，是从个人和群体中抽象出来的人类，因而它又是包含多样性或具体性的统一的概念，是一个"具体概念"。

第四，整合性或联合性。人类既不是孤立的个人的机械相加，也不是互相分离的群体的机械组合，而是个人和群体的"合力"，因而它具有整合性或联合性，具有整体力，而且这种整合性、联合性，能使人结合成一个有机的社会。马克思在指责资本主义社会人与人之间的对立状态以及个人主义和利己主义时，在谈到人们之间的合力时，在对共产主义社会的人的发展前景进行展望时，他往往指出人类的联合性。他的"自由人联合体"的思想，就表明这一点。在《德意志意识形态》和《共产党宣言》中，马克思多次谈到"自由人联合体"问题。

第五，无限永恒性。一定的个人和群体，在一定的条件下都有一个产生、发展和消失的过程，但人类要一代代延续下去。由于人类是一个整体，具有整合力，所以人类是人的无限永恒的表现形态，具有至上性。马克思指出，历史不过是人类本性的不断改变而已，是一个自我不

① 《马克思恩格斯全集》第42卷，96页，北京，人民出版社，1979。
② 《马克思恩格斯全集》第31卷，589页，北京，人民出版社，1972。

断诞生和创造的过程。

人作为人类所具有的如上特性，对于马克思来说，具有十分重要的意义。

第一，它是马克思对人的价值充分加以肯定的根据。在马克思看来，人的类特性，不仅是指人和动物相比有哪些类特性，而且是指在这类特性中，包含着对人性或人的价值的反思和肯定。因为人的类特性是人区别于动物并且有利于人类自身的特性，这种特性的实现，表明人优越于动物的价值所在。马克思所说的人的根本就是人本身的思想，就包含这层意思。

第二，它是马克思批判资本主义社会中非人性现象的根据。在马克思那里，关于人的类特性的观念，是人的理想的价值的观念，也是"人应当是怎样的人"的观念，它是同人的动物特性和有害于人的社会相对立的。这表明，那些有害于或不利于人的非人性的社会（如资本主义社会），是必然会受到批判的，因为它扼杀和压抑人性的发展，使人不成为人。实际上，马克思之所以对资本主义社会展开批判，一是因为它阻碍着生产力的发展，二是因为它压抑着人性的充分发挥。马克思指出："对宗教的批判最后归结为人是人的最高本质这样一个学说，从而也归结为这样的绝对命令：必须推翻使人成为被侮辱、被奴役、被遗弃和被蔑视的东西的一切关系。"①

第三，它是马克思对共产主义社会进行展望的一个根据。共产主义社会，在马克思看来，将是人性和人的个性得到充分发挥的社会，因而它要求人们必须认真考虑人的类特性和人的个性问题。因为这个社会将使人性在最适合于人的类特性的情况下得到充分实现。因此，当马克思在对未来共产主义社会的人的前景进行展望时，总是回到对人的类特性的问题的思考上来。

第四，它是要求人与人之间和谐相处的根据。在现实社会中，尤其

---

① 《马克思恩格斯选集》第 1 卷，10 页，北京，人民出版社，2012。

是在马克思当年所处的资本主义社会中，人和人之间的关系是不和谐的，个人主义和利己主义的观点也应运而生。为反对这种利己主义，马克思往往更多地强调人类的共同性方面，主张人与人之间要按人性的方式和谐相处，主张人与人之间的平等、合作和友爱。在他看来，人与人本是同类，应该过一样的生活。《1844年经济学哲学手稿》中的"社会主义""社会性"的概念，表达的就是这层意思。

第五，它是理解人的一切问题的前提。从逻辑上认识人，首先应认识人的类特性，然后去认识人的社会特性和人的个性。马克思对人的认识进程便是如此。在他看来，对人的类特性的认识是对人的认识的逻辑出发点，其意义在于，它概括地确定了人这个类与动物的不同特征。这就为马克思进一步具体化地研究人提供了前提。因为为了认识这一现实社会性，就必须首先认识人这个一般形态，人的现实社会性只是在"你是人"这一抽象共同性的前提下的一种现实性，是人的类特性的现实化和社会化。对人的个性的认识也是如此。

第六，它为理解和继承一些思想家关于人的某种学说提供了理论根据。资产阶级思想家提出自由、平等、博爱的口号，并且主张回到"自然等同状态"中去，马克思提出人道主义的一些思想，提出社会化的人类是新唯物主义的立脚点等，其理论根据都可以从人类所具有的上述特性中去寻找。在马克思看来，资产阶级思想家基于人的类特性提出的一些人道主义原则，不具有阶级性，是可以加以适当继承的。在马克思的著述中，我们可以发现他所继承的资产阶级思想家所提出的人道主义原则，如"人所具有的我都具有""人在本性上是自由的"，等等。

(二)人作为群体及其意义

在马克思那里，群体是指由某种共同纽带和社会关系联系起来进行共同活动的人组成的共同体或集体。这种超越个人的共同纽带的联系的存在，就使得群体(集体)不等于个人的机械相加而异于个人；又由于各种群体有自己的独特性，群体又不同于人类。

在马克思那里，群体有如下特点。

第一，共同纽带或共同规范性。群体必须首先具有共同的联系纽带和共同规范。马克思的民族、家庭和阶级等概念便是如此。这样来看，就不能认为任何一定数量的个人都能构成群体。

第二，共同目的性。由一定数量的个人组成的群体，有着共同的目标或目的。如无产阶级，就有着消灭私有制和阶级剥削、实现全人类解放的共同目的。

第三，共同意识或群体意识性。一个群体中的任何一个成员，都清楚地意识到自己是这个群体中的一员，认识到自己与这个群体的其他成员有着一致的东西，并且也意识到与其他成员的区别。如马克思所指出的无产阶级对他们共同面临的生活条件、社会地位（没有财产的群众）的意识和共产主义意识等，就是如此。

第四，稳定的社会关系中的频繁互动性。群体内人与人之间有较稳定的社会关系，在这种社会关系中，人与人之间进行经常的交往和联系。这里的交往，包括他们之间的来往、思想沟通和联合等。马克思所指出的工人阶级成员之间的社会交往，就含有这层意思。

第五，共同活动性。群体内的人们的活动具有共同性。这里的活动，当然指作为群体内的每个成员的主要活动，如无产阶级的革命和联合活动，对无产阶级来说就具有共同性。

第六，共同的需要和利益。属于同一群体的成员，是由于具有共同的需要和利益而联合成一个群体的，没有任何共同的需要和利益，人们是不能构成群体的。

由上可见，在马克思那里，群体最根本的特征，就是"一定的社会的共同性"。

马克思非常注重对人的群体这一基本存在形态给予考察，主要有以下几点原因。第一，人作为群体，有利于人们之间的协作、团结。因为群体中的人们有着共同的需要和利益。第二，群体对个人具有重大的意义。在真实的群体中，人们之间进行共同的活动以达到共同的目标，这种力量是个人力量无法比拟的。由于人们在群体中进行共同的活动，人与人之间也进行交往。这样，群体中的每个人既可以克服和超越单个人的有限性，又可以通过集体的力量来改造外部世界，使其为个人服务，个人还能在群体中获得表现、发展自己的才能和自由的手段。第三，群体对个人和人类社会的联结起到"黏合剂"的作用。社会通过群体而将无数个人集结成各种社会阶层。其中，个人和社会的交互作用是通过群体实现的。在马克思看来，社会和群体都是人的社会存在的具体形式，个人的一切社会活动与经常性的社会生活，都是在这种形式中进行的，他们与整个社会发生关系并感知和体验社会，是通过他们所属并生活于其中的群体来实现的。因此，群体是个人和社会发生交互作用的中介。第四，群体是划分"社会类型"的根据。由于不同的群体具有不同的需要、利益、目的、意识、活动和规范，所以可以由此来划分不同的群体，使它们归属于不同的社会类型，从而有利于把握不同社会群体活动的实质、目的和规律。

(三) 人作为个人的含义、特点及意义

在马克思看来，通过经验观察，首先和直接看到的，是现实个人的存在，而"人"就其现实性来讲，只能通过个人而存在，离开现实的个人，"人"不过是一种空洞的抽象，只存在于人们的头脑中。因此，个人是人的一种最现实、最直观的存在形态。

关于个人这一概念，人们的理解不尽相同。有些人认为，个人是纯社会的概念，由此否认生物特征对规定个人的意义。有些人把人的生物特征列入个人结构中去，同时承认社会特征在个人结构中的决定作用。有些人把人的自然生物特征和社会特征看作在规定个人方面具有同等地位的概念，认为个人是生物-社会规定性的总和。有的人认为，个人是指"个人的全部特质"，包括外显的行为特征、内在的心理倾向和身体的生理特征。有的人认为，个人是一个完整的系统，其要素包括社会特征、心理特征和生物特征，它形成于作为个体的人的自然属性基础之上。也有的人指出，个人是指从具体的历史和社会联系中抽象出来的单个的有生命的个人。还有的人把个人概念和人的本质概念联系起来，认

为个人是人的本质在具体个体身上的显现，是人的一般本质的个别形态，是个体特征和普遍特征的总和。

由此可以看出，在个人概念上，分歧的焦点，主要在于如何理解人的自然性和社会性的关系以及人的个体特征和普遍特征的关系。

那么，马克思是如何看待个人的呢？

在马克思那里，在规定个人概念时遵循如下方法论：一是明确个人与人类、群体的关系，二是弄清个人与个性的关系，三是弄清个人与人的关系，四是弄清个人的自然特性和社会特性的关系。遵循这样一些方法论，马克思对个人概念的内涵和特征有如下规定。

第一，个人是独特性和完整性的统一。在马克思看来，个人是一种在自身中把人的本质的各种规定结合为一个整体的存在物，同时又是具有某种具体和独特个性的个人，即他（她）不仅表现着人的社会和历史的特性，而且也表现着他（她）的自然（生理和心理）的特点以及他（她）的个人经历的特殊性，总之，表现着社会成员之间的个性差异。关于这一点，马克思指出，在个人中有人在发展；① 又指出，个人是一种合群的动物，而且是只有在社会中才能独立的动物。这种独立的个性是个人的性质和状态，它包括自律性、自主性、自觉性和独立性几个含义。

第二，个人具有发展变化的多样性，即在"社会关系的丰富性"的基础上能够表现各种能力、天赋、才干的差异，能够克服因循守旧的生产方式的闭塞性和地方性。

第三，在承认人的社会性的前提下，个人的肉体生命和精神是相当重要的。与人类、群体、个性不同，个人首先是一个自然实体，具有肉体生命，同时又是一个具有意识或思维的精神存在物。马克思指出：人首先是一个有生命的个人。有生命的个人是具有自然属性（肉体组织和需要）的个人。"全部人类历史的第一个前提无疑是有生命的个人的存在。因此，第一个需要确认的事实就是这些个人的肉体组织以及由此产

---

① 参见《马克思恩格斯选集》第 1 卷，198 页，北京，人民出版社，2012。

生的个人对其他自然的关系。"①

第四，现实可感性。肉体生命和精神的相互作用、相互制约，使个人成为可以通过经验观察来确定的感性存在物。不仅如此，个人的现实可感性还在于：他（她）是在一定社会关系条件下从事一定的物质活动并能动地表现自己的存在物。所以马克思说，现实的个人"可以用纯粹经验的方法来确认"②。

基于上述思考，马克思把个人定义为：从事活动的，在一定的物质条件下能动地表现自己的生命和个性的存在物。

这一定义把个人和个性区别开来了，因为它把个人看作一个表现自己的过程；这一定义也把个人和群体、人类区别开来了，因为它把个人看作有生命的、有个性的个人；这一定义也把个人和人的本质既区别又联系起来，因为它把个人和个性联系起来进行规定，同时又从人的本质出发；这一定义又体现了人的自然性和社会性在劳动过程中的辩证统一，因为它既强调个人的"生命性"，又强调个人的"个性"，同时把这二者放在人的劳动中加以规定。

这一定义也有其思想史的根据。马克思以前的思想家要么把个人看作有生命的自然的个人，要么把个人看作具有精神属性的个人，要么只把个人看作感性对象，而没有看作感性的活动，更没有联系其周围的社会物质生活条件来理解个人。马克思在批判继承前人成果的基础上，把个人看作现实的个人，而这种个人是从事活动的，进行物质生产的，因而是在一定物质条件下能动地表现自己生命和个性的存在物，从而对个人进行了科学的规定。

马克思之所以对个人问题予以关注，是因为人作为个人，无论在现实社会中还是在理论上，都具有重要的意义。

第一，它具有人道主义的意义，即要把人当作个人来对待和肯定。

---

① 《马克思恩格斯选集》第1卷，146页，北京，人民出版社，2012。
② 《马克思恩格斯选集》第1卷，146页，北京，人民出版社，2012。

个人有其自身的独特性或个性，与作为人类和群体的人是不同的。这就要求人们不能只关注作为群体和人类意义上的人，而且还要关心个人，只有这样，对人的关注才具有普遍性和真正的彻底性。不仅如此，在马克思看来，每个人能力的全面发展还是社会历史发展的最终目的，是共产主义社会的基本原则，而且人只有以个人的名义参与社会，他（她）才具有主体性和个性。所以，对个人的关注，表现出人的问题上的人道主义精神。

第二，承认人的个人存在形态，才能坚持人的自然物质性，并使对人的考察具有实证性。在马克思看来，虽然处于社会历史中的个人是一种不同于一般生物个体的社会存在，但并不是一种反自然的存在，而只不过是自然存在于人的活动中的社会化而已。否认人的个人存在形态，必然把人类、群体和社会看成反自然的抽象存在物，最终必然导致思辨的、神学的唯心主义，而承认人的个人存在，就必然要对人进行唯物的、实证的考察，因而，必然在人的问题上坚持唯物主义。正因为如此，马克思才把有生命的个人存在看作人类历史的第一个前提。

第三，从人中区分出个人，能使人的问题具有现实性和具体性。因为在马克思看来，人的种种问题（类和群体的问题）主要是通过个人问题表现出来的，比如人的社会关系、独立自主性、能动性和创造潜力等，就是通过"个人"表达和实现出来的。舍去个人，人的问题就会陷入空洞抽象。

人作为个人、群体和人类不仅彼此有别，而且还具有内在的联系。在马克思那里，这种联系表现在：个人对群体的隶属；个人在群体中获得自由，个人从属于群体或群体对个人的制约；个人对群体的自主和自决性；虚幻的群体对人的限制和真实的集体对个人自由的维护；个人对群体的能动作用，人类的发展以个人、群体的片面发展为代价；个人、群体的发展状况制约着人类的发展状况。这些思想，将在后面展开论述。

二 人的存在的基本特征

马克思不仅从人的存在形态来考察人，而且还从人的存在的一般特征来分析人。

在马克思那里，人的存在这一概念，一方面是指人的本质的表现、实现的现实，它的内容比"本质"丰富具体；另一方面是指人表现和实现自己现实生活的方式（和过程），或者是人的现实生活的表现样式，它体现着人的一般特性和属性。

人的存在是多种多样的，马克思把它主要归结为四种基本存在：自然存在、类存在、社会存在、个性存在。

（一）人的自然存在

马克思指出，人要生活，首先就需要衣、食、住以及其他东西来满足其肉体需要，这些东西都需要到自然界去寻找（自然界是人的无机的身体），而且人本身的肉体组织也是自然界的一部分，所以，人首先是一个自然存在物。人的自然存在，是马克思确定人的存在特征的出发点，在马克思看来，人作为自然存在物，首先以他（她）的对象性存在和有生命的存在为内容。人作为有生命的存在物，是指自然赋予他（她）自身以自然力和生命力，这些力量作为禀赋和能力，作为情欲，存在于人自身之中（自身中的自然）。"激情、热情是人强烈追求自己的对象的本质力量"①，是满足自己需要的力量，同时又是使人改造对象的力量，因而它又使人成为能动的存在物。正由于情欲是人追求自己对象的本质力量，在他（她）之外必须有对象，并借此来表现自己的内在本质力量和生命，这就使人成为一个对象性的存在物。

人作为对象性的存在物是指，外部自然界为他（她）自身的自然而存

---

① 《马克思恩格斯文集》第1卷，211页，北京，人民出版社，2009。

在(自然界成为人的无机身体,人靠自然界而生活),他(她)也同样为外部自然界而存在;在他(她)之外有外部自然界来表现自己的本质力量和生命(参与自然过程之中)。人作为对象性的存在物,是现实的、有生命和有需要的存在物,人的生命和本质力量的表现需要外部对象,而需要的满足方式和满足状况,使人感觉到外部对象对他(她)有着客观制约和客观影响,感觉到外部对象不以他(她)的意志为转移,感觉到他(她)必须遵循自然的规律,因而他(她)感觉到自己又是一个受动的存在物。马克思在分析人是自然存在物时指出:人作为自然存在物,而且作为有生命的自然存在物是能动的自然存在物;人作为对象性的、感性的存在物,是一个受动存在物。①

由以上简要分析可以看出,人作为自然存在物,在马克思那里,其含义和内容包括生命性、需要、能动性、对象性、感性和受动性这些人的属性。换言之,这些人的属性是从对自然的人的分析中得出的。

这就是人的概念中的部分内容,这一部分可以看作自然主义的组成部分。在马克思看来,这部分内容在人的概念中,具有前提和基础的地位。

这些人的特性或属性表明了人的存在的相对性范围。人的生命性,规定了他(她)同自身的自然和自身之外的自然的关系;人的需要,规定了他(她)同外部对象的关系;人的能动性和受动性,规定了他(她)同那些既影响人又受人影响的感知对象之间的关系;人的对象性特征,规定了他(她)的存在同那些与他(她)不同、是人的对象的东西之间的关系;人的感觉特性,规定了他(她)同那些感知物、影响物以及感觉所选定的对象之间的关系。

(二)人的类存在

马克思指出,一方面,当一个人和自己以外的外部对象发生对象性和能动性关系时,别人也在和他(她)身外的外部对象发生对象性关系和

---

① 《马克思恩格斯文集》第 1 卷,211 页,北京,人民出版社,2009。

能动关系；另一方面，单个人自然能力的有限性，决定他（她）必须与别人联系合作而同自然界发生关系。这样，个人之间必然要发生关系，即必然把人自身作为自己的关系对象。这就是说，人不仅把自然界作为自己的对象，而且还把人自身作为自己的对象，人不仅为自然界而存在，而且还为人自身而存在。马克思这样说："人是类存在物……人把自身当做现有的、有生命的类来对待，因为人把自身当做普遍的因而也是自由的存在物来对待。"①

人的类意识，是把自己作为类存在并使类成为他（她）自己对象的一个关键；正是在人和人的关系中，人才通过他人意识到自己，意识到自己和他人同属一个类，都具有"人"这个类的共同性，意识到自己是人这个类即"人类"的一分子，意识到自己是和动物不同也和自然界不同的存在物。马克思指出："人不仅仅是自然存在物，而且是人的自然存在物，就是说，是自为地存在着的存在物，因而是类存在物。"②正是由于人是有意识的存在物，人才是类的存在物。"类存在"这一抽象概念夷平了个性化，使人们的存在具有类似之处。

自由自觉的生产实践活动也是人作为类存在的一个重要内容。在马克思看来，由于人自己的意识，他（她）能把自己本身、自己的生活以及生命活动当作自己意识的对象，即他（她）能意识到自己本身、自身生活以及自己的生命活动，因而他（她）就有可能自己掌握自己，自己掌握自己的生活，自己支配自己的活动，而这就是自由自觉。正如马克思所说的，人"是有意识的存在物，就是说，他自己的生活对他来说是对象。仅仅由于这一点，他的活动才是自由的活动"③。

由上可见，马克思把关系的共通性、类意识和自由自觉的生产实践活动看作人的类存在的基本内容。这些内容构成人的概念中的人类学的组成部分。这一部分在人的概念中，构成人本主义的本体论基础、根据

---

① 《马克思恩格斯选集》第 1 卷，55 页，北京，人民出版社，2012。
② 《马克思恩格斯文集》第 1 卷，211 页，北京，人民出版社，2009。
③ 《马克思恩格斯选集》第 1 卷，56 页，北京，人民出版社，2012。

和出发点。

不同的思想家对人的类存在持不同的看法。对"关系的共通性"，可以说，历代思想家几乎都是无可否认的。分歧的关键，在于如何看待人的"意识性"和"自由自觉的活动"二者的关系。一些唯心主义和存在主义思想家往往片面注重人的意识性这一特性，马克思则正确地把人的自由自觉的生产实践活动作为类存在的根本内容和自己理论的基础，而把人的意识作为人的自由自觉的生产实践活动中的一个内在因素，比前人前进了一步。

(三)人的社会存在

人的类存在的内容中包括"关系的共通性"和"自由自觉的生产实践活动"。在生产实践活动中，人不仅意识到人与人之间关系的共通性，而且也意识到人与人之间关系的差异性和相互限制性；不仅意识到自己的活动应是自由自觉的，而且现实地感到自己是受社会制约的。这样，以人的类存在为中介，又必然把人看作社会存在物。

马克思就是通过"类存在"而从理论上引出"社会存在"的。众所周知，费尔巴哈把人自然联系起来的共同性当作人的"类本质"或"类存在"。这里，费尔巴哈已觉察出"类存在"概念中具有"人生来就是社会性动物"的含义。但在马克思看来，人类不是自然地联系起来的抽象的共同性，而是社会地即有差别地联系起来的具体的共同性。换言之，人的类存在的本质是人的社会存在，这种社会存在是人与人之间的差别性和共同性的统一。这里，马克思的独到之处在于，他指出了人与人之间的社会差别，承担不同的社会职能和社会关系。正是以人的这种社会差别为根据，人与人之间才发生社会联系和关系，才进行社会合作和交往，才意识到人与人之间的共同性。

人作为社会存在物，既能使人和其自然存在区别开来，也能使人和其类存在区别开来。人的自然存在以人自身的自然和人之外的自然为关系对象，而人的社会存在则以他人以及社会关系为对象。人的类存在以人与人之间的共同性为对象，而人的社会存在不仅以人与人之间的共同性为对象，而且更重要的是以人与人之间的差别性为对象。质言之，人的社会存在表明在社会关系方面的个人存在，表明人的社会生活过程，表明人是社会的一部分，因而表明人受社会关系的制约和影响。把人和社会联系起来，意味着人不再是作为类存在的那种抽象的存在。个人之间在社会存在中不再具有抽象的共同性，而是具有具体的差异的共同性；人的意识不再是抽象的意识，而是具有社会性质（或以社会为意识对象）的社会意识；不再把人看作抽象的活动着的存在物，而看作从事具有社会性质的具体劳动的存在物。总之，人不再是一个抽象的形式上的人，而是一个现实的个人。

由此可见，在马克思那里，社会关系是人的社会存在以及整个存在的根本内容，这一内容是人的概念中的社会学的组成部分，它在人的存在概念中具有决定性的根本地位。

不同的思想家对人的社会存在的理解是不同的。18 世纪法国唯物主义者把人的社会存在看作其自然本性的派生物；黑格尔则把人的社会存在看作其精神或意识发展的一个环节，是精神或意识发展的派生物；存在主义认为，人的社会存在是混乱的、偶然的和捉摸不定的，是人的非本真的存在，而其纯意识的存在是人的一种纯本真的存在，它使人的社会存在具有意义。马克思与前三者不同，把人的社会存在看作人的根本存在，而认为人的自然存在和意识存在从属于人的社会存在。在他看来，社会存在决定人的社会意识，而人的自然存在只有通过其社会存在才能成为人的存在，才能实现自身。

（四）人的个性存在

人的社会存在是人的类存在过渡到人的个性存在的中介。人的类存在表明人与人之间关系的共通性，它已把个人之间的关系提了出来。正是在个人的类生活即生产生活中，个人间的关系作为社会关系才出现。个人间的社会关系以个人间的差异为起因。马克思指出，个人以及他们的商品之间的天然差别成为这些个人联合起来，建立起他们之间的社会关系的动因。这就是说，社会关系的存在意味着个人间的差异存在，而这就意味着个人的个性存在。这里，个人的社会存在是其个性存在的基础。

不仅如此，在马克思看来，个人作为社会存在物，还受社会或社会关系制约，因此，个人与他（她）所处的社会或社会关系是一致的。这就是说，有不同的社会关系或社会，就会有不同的个人的个性存在。个人不仅作为社会存在而出现，而且还作为个性存在而出现。既然个人之间发生的一定社会关系是客观的和必然的，那么，他们就是"社会存在物"，或是这些关系的"化身""承担者"；但由于个人又是一个"自我"，由于具有自我意识、一定的天生特征（天资）和独特能力，所以同时又是有个性的个人，表现着自己的个性。

在马克思那里，个人的个性存在包含两方面的基本内容：一是与类存在相对应的个人与个人间的差异性、独一无二性、不可取代性和自我性；二是与个人的社会存在相对应的个人的独特性、独立自主性和自由自觉性等主体性。前者多为心理学所研究，后者多为社会学或历史唯物主义所研究。

对人的个性存在，不同的思想家有不同的态度。一些资产阶级思想家往往夸大和抬高人的个性存在，否认或贬低其社会存在；马克思以后的许多马克思主义者往往忽视人的个性存在，而把人的社会存在绝对化，淹没了人的个性存在。在马克思那里，人的社会存在和个性存在实际上是统一的，人的个性存在不是生来就有的，而是在人的活动和社会化过程中，随着人所处的社会文化、活动和交往形式，承担特定的社会职能而形成的。因此，人甚至在自己的个人的最特殊的存在中，也是社会的存在。个性存在既是人的社会存在的个别表现，又是对它的补充，离开人的个性存在，其社会存在就是抽象的。个人就其存在的内容来说是社会的，就其存在、表现的形式来说则是个性的。在马克思看来，只有将人的社会存在和个性存在统一起来才是较为全面的，才能达到对现实的、具体的人的完整理解。

综上所述，人的种种存在中包含着人的种种一般属性：自然属性、类属性、精神或意识属性、社会属性、个性属性、能动性和受动性、有生命性和对象性，等等。这些属性构成一个结构系统，其中每个属性都有自己的独特功能，并且只有和其他属性联系在一起，才有可能被理解。

三　人的本质

马克思关于人的本体论研究的另外一个重要内容，就是对人的本质的探讨。

(一)揭示人的本质的方法

以往，人们对马克思关于人的本质问题的研究，大多集中在他对人的本质内容之规定上，而对他关于人的本质问题之研究方法及理论意义缺乏探讨，结果使这种研究难以把握问题的真谛。

实际上，马克思对人的本质的探究采取了多种方法。他主要采取三种方法。

1. 寻找人成为现实的个人的根据

这也可以说是从人和动物、人和社会、人和他人的关系中探寻人的本质，其中还体现出马克思从人的抽象到人的具体的研究方法。

在旧哲学家看来，人之所以成为人，就在于他（她）有理性、意识和思想。把理性、意识和思想当作人的本质，当然能把人和动物区别开来，但它们不能产生出人的各种属性并使之逐步得到发展，即并不能使人成为人，并且其本身也是产生出来的东西，把它们作为人的本质，必然导致唯心主义。

正因为如此，马克思指出："可以根据意识、宗教或随便别的什么来区别人和动物。一当人开始生产自己的生活资料……人本身就开始把自己和动物区别开来。"①就是说，既能把人和动物从最后的本质（或类）上区别开来，又能产生人的各种属性并使之得以发展，即使人成为人的根据或类本质的，是人的生产劳动。因为在马克思看来：首先，通过生产劳动，能确证人是有意识和自由自觉的类存在物，这种存在物把类看作自己的本质；其次，生产劳动产生了人及其语言、意识、社会性和对自由的追求，并使人及其属性得以发展，思想和意识则不能；最后，劳动是"人同其他动物的最终的本质的差别"②，因为这些个人使自己和动物区别开来的第一个历史行动在于他们开始生产自己所必需的生活资料，同时也就间接地生产着他们的物质生活本身。这样，马克思就彻底改变了强调思想是人的本质的旧哲学传统，把人的本质建立在辩证唯物主义基础之上。

马克思的思路并没有到此为止。在马克思看来，物质生产劳动只能把人和动物从类上区别开来，它只是使人成为人的根据，因而它只是人的类本质。但最重要的是，人是社会中的现实的人，现实社会中的人是有社会差别的，只用生产劳动并不能把不同社会群体中的人区别开来，也不能作为使人成为社会的人（现实的人）的根据，而能做到这一点的，只能是把人归结为一切社会关系的总和的观点。马克思说："人的本质不是单个人所固有的抽象物，在其现实性上，它是一切社会关系的总和。"③这就是说，人的特殊的社会本质或现实本质是一切社会关系的总和，是人的物质生产劳动的现实性或社会性。因为在不同社会关系条件下具有不同性质的物质生产劳动中，人才同其他群体中的人区别开来，才成为现实的人。"个人是什么样的，这取决于他们进行生产的物质条件。"④

由于现实的人是在特定的社会关系条件下从事不同性质的劳动，再

① 《马克思恩格斯选集》第 1 卷，147 页，北京，人民出版社，2012。
② 《马克思恩格斯选集》第 3 卷，998 页，北京，人民出版社，2012。
③ 《马克思恩格斯选集》第 1 卷，139 页，北京，人民出版社，2012。
④ 《马克思恩格斯选集》第 1 卷，147 页，北京，人民出版社，2012。

加上每个人原有的自然特质，所以，最终出现在现实生活中的人都是与他人不同的独特个人。这种使个人同他人区别开来，并使个人成为有个性的具体个人之根据，或单个人的本质，在马克思看来，是每个人的独特性或个性。

这样，马克思运用上述方法，弄清了人的本质的内容：人是在特定社会关系条件下从事物质生产，从而能动地表现自己独特个性的人。

2. 分析人的存在

这实际上也是从人的生活中揭示人的本质。此方法的特点是：首先确定人的基本存在，然后从中揭示出人的本质。

人的存在是多方面的，马克思主要把它归结为四个基本方面：自然存在、类存在、社会存在、个性存在。

个人的自然存在即有生命的个人存在，它包括人自身的自然存在和人身外的自然存在。个人的自然存在要成为人的自然存在，在马克思看来，在于人的物质生产劳动和社会关系。他指出，饮食男女等也是真正人类的机能，然而，如果把这些机能同其他人类活动割裂开来并使它成为最后和唯一终极目的，那么，在这样的抽象中，它们就具有动物的性质。他说，只有在社会中（主要指社会关系——笔者注），人的自然存在才成为属人的存在，人才能发展自己的真正天性。这样，马克思就从人的自然存在中揭示出人的本质——物质生产劳动和社会关系。

人的类存在是人的又一基本存在，其本质是自由自觉的生产劳动。马克思指出：第一，实际创造一个对象世界，改造无机的自然界，这是人作为有意识的类存在物的自我确证；第二，正是通过对对象世界的改造，个人才实际确证了自己和他人关系的共通性，在这种关系中，个人通过他人意识到自己和他人同属一个类，都具有"人"这个类的共同性。意识到自己和动物不同，是具有自由自觉地从事创造性活动的能力的存在物。这里，马克思是把类意识和人类关系的共通性这些类存在的内容放到人的自由自觉的生产劳动中来说明的，换言之，是从人的类生活中揭示出人的自由自觉的生产劳动这一类本质。

人又是社会存在物，其本质是一切社会关系的总和。在马克思看来，人以自己的需要和活动为中介而成为社会存在物，因为人与人之间由于相互需要的依赖性和生产活动而发生社会联系。在这种联系中，个人不仅意识到人与人之间的共同性，而且还意识到他们之间的差异性和相互制约性，不仅意识到他（她）的活动应是自由自觉的，而且也感到在现实中是受社会制约的。之所以如此，其根据不是别的，正是人与人之间所承担的不同的社会关系，正因为这一点，个人间才具有不同的社会生活方式和表现，从而才具有不同样式的个人以及他们之间的相互制约。

个人还是有个性的存在。马克思指出，人由于他（她）的特殊性而成为个体，成为单个的即有个性的个人。在他看来，个人是社会关系的承担者，但他（她）自身并不能完全被溶解在社会关系中，他（她）的存在不能仅被归结为社会存在。个人由于自身还具有独特的个别性，所以也拥有个人生活过程，这一过程是不能被他（她）的类生活和社会生活所取代的。这样，有个性的个人之存在的本质，即在于他（她）的独特个性。

这里，马克思从人的基本存在入手，揭示出了人的本质的内容：人是在一定社会关系条件下从事生产活动，进而能动地表现他（她）的个性的人。

3. 分析人的物质实践活动

人是具有多种属性的存在物。马克思以前的思想家往往片面夸大其中某一属性，忽视其他属性。如18世纪法国唯物主义者把人的本质归结为某种人的自然属性，而德国古典哲学家则把人的理性看作人的本质。之所以如此，在马克思看来，在于他们没有看到人的所有属性得以统一的基础——物质实践活动。

马克思从物质生产活动中发现了人的本质的秘密。他通过对这一活动的分析，揭示了人的本质的丰富性、历史具体性和完整性。这一方法贯穿于马克思所有著述的始终。归结起来，可分为以下三个基本逻辑层次。

一是从分析人的实践活动本身的性质入手揭示人类本质。马克思指出："一个种的整体特性、种的类特性就在于生命活动的性质，而自由的有意识的活动恰恰就是人的类特性。"①

这里，就人的本质而言，实际上表达了三层含义：其一，人的类本质在于人的生命活动的性质；其二，这一性质在于自由自觉；其三，人的全部本质都内含在人的活动之中。在这一论断之后，马克思从人与动物在生产性质上的区别入手论证人的这一类本质。恩格斯在谈到人和动物在最后本质上的区别时，也从人的生产劳动性质（能动性、有计划性、创造性和自由性）来说明人的本质。

二是从人的物质生产劳动的社会性质——物质生产方式或物质生活方式出发揭示人的社会本质。马克思指出："人的本质……在其现实性上，它是一切社会关系的总和。"②这实际上说的是：人的本质（自由自觉活动这一类本质）就它在现实社会中的表现、确证、实现和存在方式来讲，就它的社会现实性的基础和根据来说，是一切社会关系的总和。这样的理解，在《德意志意识形态》中得到了证明和进一步发展。马克思指出，物质生产方式在更大程度上"是这些个人的一定的活动方式，是他们表现自己生命的一定方式、他们的一定的生活方式。个人怎样表现自己的生命，他们自己就是怎样"③。

三是从人的物质生产劳动的个人性质入手揭示人的个人本质。在马克思看来，人的物质生产活动不仅属于人类和社会，具有类的性质和社会性质，而且也属于个人，具有个人性质。这就是说，人的物质生产的根据或动因根植于人的个人需要之中。除此之外，人的物质生产活动便无从谈起。每个人的需要不同，他们的理想、目的和任务也就不同，从而他们得以进行的物质生产活动的形式或方式一般来说也可能不同，因此也就可能成为不同样式的人。马克思指出，任何人类历史和物质生产

① 《马克思恩格斯选集》第1卷，56页，北京，人民出版社，2012。
② 《马克思恩格斯选集》第1卷，139页，北京，人民出版社，2012。
③ 《马克思恩格斯选集》第1卷，147页，北京，人民出版社，2012。

的第一个前提，都是有生命（具有肉体组织和需要）的个人存在。马克思又指出，"在现实世界中，个人有许多需要，正因为如此，他们已经有了某种职责和某种任务"①，他们才可能成为不同的"我"。这样，个人独特的需要便是人的个人本质。

总之，马克思通过分析人的物质生产劳动揭示的人的本质是：人是个人需要、实践活动的自由自觉性和社会关系三者完整统一的人。

马克思运用以上三种基本方法揭示了人的本质的完整内容，因此他得出结论说：现实中的个人在本质上，"是从事活动的，进行物质生产的，因而是在一定的物质的、不受他们任意支配的界限、前提和条件下活动着的"②。马克思还指出，"如果使这个我脱离他的全部经验生活关系，脱离他的活动，脱离他的生存条件，脱离作为他的基础的世界，脱离他自己的肉体，那末他当然就不会有其他职责和其他使命"③，不会成其为现实的个人了。

（二）人的本质的内容

要弄清马克思关于人的本质的内容，首先应对他的人的本质概念加以了解。因为在对马克思人学理论的研究中，人们对马克思的人的本质的内容的理解存在较大分歧，其主要原因，就在于人们没有弄清楚人的本质与人的本性、人性、人的属性的区别和联系。

1. 人的本质与人的本性、人性、人的属性

在马克思那里，人的本质相对于本质的表现而言，是人成为人，并区别于其他动物的根据或最根本的属性。也就是说，人的本质有两个相互联系的含义或标志：一是人区别于其他动物的根据或最根本的属性；二是产生出人和人的各种类特性并使之得以发展的根本属性。

仅有前一种标志，还不能算是人的本质，人的本质的根本含义或标志，是产生出人和人的各种类特性并使之逐步得到发展的根本属性。

① 《马克思恩格斯全集》第 3 卷，326 页，北京，人民出版社，1960。
② 《马克思恩格斯选集》第 1 卷，151 页，北京，人民出版社，2012。
③ 《马克思恩格斯全集》第 3 卷，326 页，北京，人民出版社，1960。

在传统唯心主义哲学家们看来，人之所以成为人，就在于他（她）有理性、有意识、有思想。费尔巴哈从人的"感性存在"出发，把个人放在与自然的关系中进行抽象，因此，他把人的本质理解为仅仅是由单个的人所组成的类，理解为一种内在的、无声的、把许多个人纯粹自然地联系起来的共同性，即理性、爱情和意志，这并没有跳出唯心主义的泥沼。与费尔巴哈等思想家不同，马克思认为，既能和动物区别开来，又能使人成为人的根据是生产劳动，即自由自觉的活动或有意识的生命活动。因为在马克思看来，首先，生产劳动，能确证人是有意识的和自由自觉的类存在物，这种存在物把自己看作类存在物；其次，人的自我产生有一个从潜在的人到现实的人的过程，其结果便是使人成为人，而使人成为人的根据在于劳动，因为劳动产生了人及其语言、意识（思维）的社会性和对自由的追求，并使人及其属性得以发展；最后，这些个人使自己和动物区别开来的第一个历史行动并不在于他们有思想，而在于他们开始生产自己所必需的生产资料，而人们生产他们所必需的生产资料，同时也就生产着他们的物质生活本身。

这样，马克思就彻底改变了强调"思想"是人的本质的哲学传统，找到了人成为人的真正根据——物质生产劳动，这就把人的本质建立在历史唯物主义基础之上。这是马克思的根本贡献。由上可见，人的本质的第二种含义是人的本质的根本。在马克思看来，与人的本质不同，人性并不是人成为人的真正根据。它的含义或特征是人区别于其他动物的全部类特性，这种类特性是由人的本质表现出来的，这种类特性有理想和现实之分。

人性主要侧重于人区别于动物的全部类特性，而人的本质则主要着眼于揭示人与动物区别的根据，并对人之所以成为人给予说明。换言之，人性没有指出造成人与动物之间不同的内在根据；当然，人的本质虽然深刻地指出了人和动物相区别的内在根据，但它不能完全表现人的复杂而丰富的特性，而人性则基本上能全面揭示人和动物的区别。

人性和人的本质在马克思德文原著中的表示方法不同。"人性"一词为 Die Humahitat，而"人的本质"一词则为 Das Wesendes Menchns。这就是说，它们并不是同一词语的不同翻译方法，而是两个完全不同的词，人性表现着人的本质，人性和人的本质既有联系又有区别，脱离人的本质的人性和脱离人性的人的本质都是抽象的。既然人性为人的本质所决定，是人的本质的表现，那么人性的内容就不止一个。在马克思那里，人性的内容都是具体的，都内在地蕴含着人的本质，但人性并不等于人的本质。这是马克思的一个贡献。

马克思以前的许多哲学家往往把人性中的某一特性当作人的本质，有的把理性当作人的本质，有的把自我意识当作人的本质，还有的把道德看作人的本质，等等。其实，在马克思看来，这些都是人的本质即生产劳动的不同表现。理性和自我意识是在生产劳动的基础上产生的，是人的生产劳动表现出来的基本性质。因为人的生产劳动使人和环境、人和人发生关系，而"我对我的环境的关系是我的意识"①。人与人之间交往的需要也使意识得以产生。在我国学术界，也有一些学者把人性等同于人的本质："我们把人性理解为在根本上、一般哲学意义上把人和动物区分开来的东西，仅仅在这个意义上，本书把人性与人的本质当作同义词使用，但不是把它们完全等同起来。"②这些学者虽然指出了人性和人的本质的区别，但没有看到人的本质的一个根本含义是指人所以成为人的根据，而人性主要是人的本质表现出来的、区别于其他动物的全部类特性。

在马克思看来，人性有理想和现实之分，而人的本质从其本来意义上讲，不能说它有理想的本质，而只能说它自身中包含有理想因素和现实因素。在马克思那里，理想的人性是对动物性和非人性的否定，是对人的个性或主体性的肯定，是人的类特性在人的道德精神中表现出来的、有利于个人的一系列优秀品质和完美特性。这种人性不是从现实出

---

① 《马克思恩格斯选集》第 1 卷，161 页，北京，人民出版社，2012。
② 王锐生、景天魁：《论马克思关于人的学说》，249 页，沈阳，辽宁人民出版社，1984。

发的，它所规定的不是人性的现实状况，而是对美好人性的向往，是一种被精神净化、美化了的人性范型，因而带有规范性。这种人性有其深刻的根源，它根植于人的生产劳动过程中。

人在生产劳动中，通过自己的理性而产生对自己在自然中的独一无二的地位的觉识，对自己的自我创造本质的一种意识，对自己未来的坚定信念，这种信念确认，不论人间现在多么不理想，但作为一个"类"，他（她）总是自觉地向往理想境界。这种在生产劳动过程中通过理性而形成的觉识、意识和信念，就观念地凝结为理想化的人性规范。理想人性这一概念，在马克思那里常在下述情况下使用，即当他批判资本主义制度的非人性后果时，当他展望共产主义社会美好的未来时，他常在上述意义上使用理想人性概念。与理想人性不同，在马克思那里，现实的人性则是从现实的社会关系出发，对人性的现实状态所作的规定。它说的是人性在现实中实际上是怎样的，因而不带有任何理想成分和评价成分，是一种客观描述。不言而喻，这种人性根植于现实的生产劳动和社会关系中。

在马克思那里，人的本性既与人的本质不同，又与人性不同，它主要是指受人的肉体组织制约的、人与生俱来的和人本身不可或缺的规定性，是自然而然地制约人的一切行为的原初类特性。在马克思的德文原著中，人的本性和人的本质、人性含义不同。人的"本性"是和"天性"一词的含义等同的，而人的本质指的是人的"根本特性"。在《德意志意识形态》中，马克思明确地把人的本质和人的本性区别开来：交往形态以及个人的关系和社会关系"在意识中表现为从人的概念中、从人的本质中、从人的本性中、从人中产生的规定"[1]。此外，当马克思谈到人的本性时，往往与人的自然欲望和生理需要以及天性联系在一起[2]，而当谈到人性时，又常和人的美好品质相连。可见，人的本性与人的本质、

---

[1] 马克思、恩格斯：《德意志意识形态（节选本）》，84页，北京，人民出版社，2018。

[2] 参见《马克思恩格斯全集》第23卷，99、669页，北京，人民出版社，1972。

人性是有区别的。那种把人的本性等同于人的本质、人性的观点，容易把人的本质、人性抽象化，把人的本性夸大化。

在马克思那里，人的本性与人性、人的本质还有联系的一面，这就是：人的本性是人性的逻辑前提和根源，离开人的本性就无所谓人性。但须注意的是，承认人的本性并不等于承认人性，因为人性还是人的本性在人的生产劳动或社会实践中的表现，是历史地变化了的人的本性，这种本性与前文所言的人的本性，也就是人的一般本性是不同的。人的一般本性只是一种形式上和本体上的抽象规定性，而人的历史地变化了的本性即人性，则是现实具体的，是一种具有特定社会内容的具体规定，是由人的生产劳动或社会实践决定的。

在马克思看来，人的一般本性的内容大致来讲有自然本性、精神本性、劳动本性和社会本性。但从形式和逻辑次序来讲，最基础的本性是受人的肉体组织制约的自然本性，而人的主要的自然本性是人的需要，其原因有以下几点。第一，人之所以要结成社会，是由于个人在其自然性上是有限的，单靠个人无法从自然界获得满足自己生存的生活资料，更谈不上发展，为了生存和发展，人就需要和他人合作交往即结成社会。人之所以必须劳动，必须和自然界发生关系，就其原初目的来讲，是为了满足个人的自然需要。至于人的精神，也是附着于和服务于人的自然需要的。马克思指出，人们的肉体组织和需要制约着他们与自然界的关系，决定着他们的物质生产即劳动，也决定着人们之间的物质联系或社会关系。第二，在自然主义那里，人是自然的一部分，自然就是人的"王国"。人的身体、各种需要和感觉，把人与自然紧紧联结在一起。人与自然的这种关系对于人来说是本质的，是不可摆脱、不可弃之不顾的，人的各种行为受人的肉体欲望支配。第三，马克思批判地继承自然主义的上述思想，鲜明地把人的需要作为人的本性，比前人进了一步。第四，人的需要之所以是人的本性，还在于人的需要是人本身固有的、不可缺少的规定性，是制约人的一切行为的基质，离开人的需要，人就什么也不是，人的行为也就无从谈起。

在关于人的问题的讨论中，有人不同意把人的需要看成人的本性，而把人的需要看成人性。如有的人认为，人性就是人的由社会关系决定的通过自由自觉的活动产生的社会需要。实际上，人的需要不是人性，因为人性由生产劳动即人的本质决定，并反映在人的社会性上，而人的需要则是人的生产劳动的内在动机。

这是不是说人的本性比人的本质更根本？不是的。人的需要只不过构成"生产的观念上的内在动机"，构成"生产的前提"，生产和需要"总是表现为一个过程的两个要素，在这个过程中，生产是实际的起点，因而也是起支配作用的要素"，而需要"本身就是生产活动的一个内在要素"。① 离开了生产劳动，我们就不能解释需要的内容及其满足方式。这就是说，生产是需要的现实起点，而需要则是生产的观念上的起点，任何需要都受生产限制。但是，绝不能因为需要受生产限制就得出结论说，生产受需要限制或曾经受它限制，生产永远不能超出需要。在现实中，需要受生产限制和决定，而在观念中，需要又超越生产的限制决定生产。由于谈论生产劳动和人的需要的关系时，我们的出发点和立脚点是现实的，所以，生产劳动（人的本质）才是比人的需要（人的本性）更根本的东西。

在这个意义上，那种把人的需要看作比人的生产劳动更根本的观点是错误的。人的最根本的东西是能把人和动物区别开来，并使人成为人的根据。人的需要再重要，也不能把人和动物从根本上区别开来，不能成为人性的最终根据，也不能直接使人成为人，而能做到这些的，只能是人的生产劳动。

至于人的属性，则是一个外延最大的概念，是指人的全部属性，也就是指人在与他人和他物发生关系时表现出来的人的属性，它只能在关系中存在。人在与他人或他物发生关系时，他（她）表现出来的应是人的种种社会属性；在人作为自然的一部分的意义上，他（她）表现出来的是

————————

① 《马克思恩格斯选集》第2卷，694页，北京，人民出版社，2012。

人的自然属性；等等。实际上，人的本质、人性和人的本性，都会在不同程度和不同意义上，通过人的种种属性（其基本属性是人的自然属性和社会属性）表现出来。

总之，在马克思那里，人的本质是人成为人的根据；人性是为人的本质所决定的，且表现和反映在人的精神或观念中的特性；而人的本性则是由人的肉体组织所决定的、人所固有的、不可缺少的规定性，是自然而然地决定着人的一切行为的根据；至于人的属性，它是人与他人和他物发生关系时表现出来的属性，它主要有人的自然属性和人的社会属性。其中，人的本质对人来说是最根本的东西，离开人的本质来谈人性、人的本性和人的属性，必将陷入抽象。

2. 人的本质的结构

在马克思那里，不仅可以从内涵上来分析人的本质与人性、人的本性、人的属性的区别和联系，而且还可以从结构上来考察所包含的内容。

在马克思看来，人的本质是人的生产活动。人的生产活动可以从多方面来考察，因而人的本质可以从多方面来规定。换言之，人的本质的规定是多层次的。

（1）人的本质的主体性规定。

仔细追究起来，说人的本质是生产劳动是不严密的，因为动物也进行"生产"。实际上，马克思认为，人的生产与动物的生产的区别在于生产的性质不同。因此，说人的本质是生产劳动，是指具有某种性质或特性的生产劳动。对人的生产劳动即人的本质，也可以从它的性质或特性方面来说明。

马克思认为，人的生产劳动的性质或特性可以从人和动物的区别方面来考察。人的生产劳动与动物的生产不同，具有自觉的性质或特性。"自觉"是相对于"盲目"和"自发"而言的，它有如下几点含义：意识自身；确立目的或目标；自觉的计划性，这里的"计划性"是指制订一定的方案和措施。研究表明，动物的生产是盲目自发的，它意识不到自己在生产，它的生产没有明确的目的或目标，并且是无计划的。与动物的生产不同，人的生产劳动是自觉的，人意识到自己在生产，而且知道生产什么、怎样生产和为何生产。

与动物的生产不同，人的生产劳动还具有自由的性质或特性。这里的"自由"是相对于"受限制"或"强制"而言的，它主要是指自主性和选择性。动物的生产受肉体需要和本能欲望支配，并且不能自由地对待自己的产品。动物饿了就去捕食，冷了就去造窝，它不能给自己创造一个"理想"的世界，而只能被动地接受自然直接给予的"事实"，只能按照自然界给予它的各种"信号"行事，只是"按照它所属的那个种的尺度和需要来构造"。因此，动物的生产是没有自主选择的。而人的生产劳动首先具有自主性，人可以不受肉体需要的支配而按照自己的种种目的进行生产，并且有可能自由地对待自己的产品；其次具有选择性，人"懂得按照任何一个种的尺度来进行生产，并且懂得处处都把内在的尺度运用于对象；因此，人也按照美的规律来构造"。①

人的生产劳动的自由自觉性只表明人的生产劳动的性质，但不是生产劳动的根本性质（本质）。在马克思看来，人的生产劳动的性质是自由自觉的活动，但其深刻的内涵，乃是通过这种自由自觉的活动来实现其创造性的本质（这里的"创造性"被理解为创新、改造、建造、建立和积极能动性等含义）。这里劳动的"自由自觉性"和"创造性"，包含对"自由自觉"和"创造性"生产劳动的追求，其原因主要有以下几点。第一，人类生活的根本特征在于他们能够永远向着"未知领域"行进，在于他们永远地连续不断地"创造"世界，不这样，人类就无法生存和延续下去。第二，环境、文化和历史都是人的活动的创造性的产物，人在创造环境、文化和历史的同时，也在创造人自身。第三，活动的自由自觉的性质只是实现活动的创造本质的一种条件，后者才是活动的根本特征。第四，人的活动的自由自觉的性质还是人的创造性活动的一种表现或体现，换

---

① 《马克思恩格斯全集》第 3 卷，274 页，北京，人民出版社，2002。

言之，人的创造性活动是人的活动自由自觉性的根源。马克思写道："任何一个存在物只有当它用自己的双脚站立的时候，才认为自己是独立的，而且只有当它依靠自己而存在的时候，它才是用自己的双脚站立的。靠别人恩典为生的人，把自己看成一个从属的存在物。但是，如果我不仅靠别人维持我的生活，而且别人还创造了我的生活，别人还是我的生活的泉源，那么我就完全靠别人的恩典为生；如果我的生活不是我自己的创造，那么我的生活就必定在自身之外有这样一个根源。"①第五，正是由于人的创造性活动，人才能"超越"其本能和自身有限性的限制，才能成为人。正如黑格尔和马克思所说的，人是自我创造活动的结果或产物。

既然人的生产劳动的本质特征是人的创造性劳动，那么在马克思那里，人（或个人）的本质规定之一，就是他（她）的创造性劳动或劳动的创造性。这一规定撇开了个人的一切现实差别性，是从人和动物的根本区别上，对个人的主体性的概括。因为在这一规定中，自由自觉和创造性充分显示出个人的主体性，同时，人被看作优越于动物而按照自己的目的建设人的世界的主体，被看作劳动实践的主体，被看作外部世界和自身的主体。由此可以说，马克思青年时期关于人的本质就在于人自身，以及人的类特性就在于自由自觉的活动的思想，是从一个侧面即人的主体自身，来规定人的本质的。因为在马克思看来，当人们谈到劳动时，实际上也就是在谈论人本身。有些人不去理解马克思这些论断的真义，一味否定人的本质在于人自身这一命题，这是片面的。

（2）人的本质的客观现实性规定。

在马克思看来，人的生产劳动的性质或特性不仅要从人和动物的根本区别方面来考察，而且还要从人和人的区别方面来分析。因为要说明人的生产劳动的性质或特性，就必须回答这样一个问题：既然自由自觉的创造性劳动是人优越于动物的根本和依据，那么为什么在一定的社会

---

① 《马克思恩格斯全集》第 3 卷，309 页，北京，人民出版社，2002。

现实中越是劳动，反而越是变得如同动物一样，甚至不如动物呢？用马克思的话来说就是：为什么会产生出异化劳动呢？

马克思指出，原来人的生产劳动并不是孤立进行的，它必须借助于一定的社会形式和社会关系，离开一定的社会形式和社会关系，就根本不存在什么生产劳动。其主要原因有以下两点。第一，社会关系是人的生产劳动得以存在、表现和实现的必然形式，就是说，单个人的有限性使他（她）无法进行生产劳动，只有在一定的社会关系条件下，他（她）才能生产自己的物质生活以及与这种物质生活有关的东西。第二，生产有生产什么、怎样生产和为谁生产的问题，这实质上就是生产的社会物质条件问题。而生产的社会物质条件最主要的就是社会关系中的基本关系——生产关系。既然人的社会关系是人的生产劳动赖以存在和实现的条件或社会形式，那么就必须从人的社会关系的总和方面（尤其从生产关系方面）来分析人的生产劳动，来揭示人的生产劳动的社会性质。

这实际上是一个必须依赖"社会关系的尺度"进行生产的问题，也就是说，人的生产劳动要受社会关系制约，要适合社会关系的发展规律。

在马克思看来，既然人的生产劳动必须放到一定的社会关系中来理解，那么，人（或个人）的本质也就必须从一定的社会关系出发来规定，即从后者出发来理解人（或个人）的本质的具体内容。因为这种具体内容与人们进行生产劳动的社会物质条件即社会关系是一致的。如果说人的创造性生产劳动是人的类本质，那么，在一定社会关系总和条件下的人的现实具体的生产劳动，则是人的本质的具体内容或具体体现，是个人的现实具体的本质。由于人的社会关系的总和是人的生产劳动的对象化或客观现实化的产物，是人的生产劳动的现实性，在其中可以直观地表现人的本质，所以，社会关系的总和既是个人本质的具体内容（或具体体现），即个人的具体现实的本质，同时又是研究个人本质的具体方法论。马克思的"人的本质……在其现实性上，它是一切社会关系的总和"①的论断，实质上说的是，人的本质就其具体化为现实过程来讲，就其实际存在的客观差别性的根据来讲，是一切社会关系的总和。这里，他讲的是个人在客观现实中的现实具体本质以及研究个人的现实具体本质的根本途径或方法，是从客观现实中人与人实际存在的客观差别性上，对个人的客观现实性的概括。显然，它不是人的本质的唯一规定。那种关于人的社会关系的总和是人的本质的唯一科学规定的说法是片面的，而那种离开人的社会关系来谈论人的本质的做法则是抽象的、不现实的。

（3）人的本质的内在规定。

在马克思看来，人的本质不仅可以从社会关系的总和，从人的创造性生产劳动来规定，而且还要从人的需要出发来加以说明。

人的需要，从它与人的生产劳动的关系上来考察，可分为人的自然肉体的需要和由人的创造活动引起（或产生）的"新的需要"。人的自然肉体需要是指由人的肉体组织决定的，用以维持其生命的对生活资料（吃、穿、住等）的需要，质言之，是人的最直接的生理需要，而"新的需要"，则是指由人的创造性社会活动决定的，用以保证人进一步发展的社会性需要。

人的这两种需要具有不同的意义。人的自然肉体的需要是人的生产劳动的原动力或内在根据。马克思、恩格斯指出，人为了生活，首先就需要吃喝住穿等以及其他一些东西。因此，第一个历史活动就是生产满足这些需要的资料，即生产物质生活本身，同时这也是人们仅仅为了能够生活就必须每日每时都要进行的（现在也和几千年前一样）一种历史活动。人的"新的需要"除了是人的生产劳动的新的动力外，它的另一个意义在于表现、体现着人的本质——生产劳动。

第一，生产劳动是满足人的需要的手段。这样，人的生产劳动如何，人的需要也就如何，就是说，人的生产劳动的状况决定着人的需要

---

① 《马克思恩格斯选集》第1卷，135页，北京，人民出版社，2012。

状况。由此可以得出一个结论：在人的需要的状况中，可以直观人的生产劳动的状况，前者像一面镜子映照着人的生产劳动，即人的本质。因此，人的需要状况是人的本质状况的一种体现和证实。

第二，人的需要既使人的生产劳动具有创造性，又使其具有社会制约性；既使人成为能动的、主体性的存在物，又使人成为受动的、客观性的存在物。在马克思看来，人的需要一方面使人具有自然力和生命力，这些力量是作为禀赋和能力，作为欲望或情欲在人身上存在的，而欲望或情欲是引起人的积极能动的活动和强烈地追求自己的对象的本质力量，因而它使人表现为或成为能动的、主体性的存在物；另一方面人的需要的满足方式和满足状况使人感觉到人又是受动的、受制约的和受限制的存在物。也就是说，他（她）感觉到自己的需要受外部对象的限制，因而人的需要又使人表现为受动的、客观性的存在物。

第三，人的需要从最初意义或其本性来讲，必然引起人们改造外部自然的生产活动以及在活动中发生联系，即构成社会关系。人们为了满足自己的需要，就必须从事一定的生产活动，而要使生产活动得以进行，就必须结成一定的社会关系。因此，马克思指出，"他们的需要即他们的本性，以及他们求得满足的方式（能动的生产活动——引者注），把他们联系起来"[①]。

第四，人的现实需要既体现着生产劳动的状况，也体现着社会关系的状况。

由此可以得出一个结论：人的需要的状况，可以反映出人的生产劳动的状况（性质和水平），即人的主体本质的状况——既体现出人的本质的力量，又体现出人的本质的性质。不仅如此，人的需要由于受社会关系状况的制约，所以它也像一面镜子反映出社会关系的状况。如当人的需要具有利己和拥有的性质时，它就能反映出社会关系的狭隘性质，而当人的需要充分表现人的本质力量时，它就能反映出社会关系的属人性

---

① 《马克思恩格斯全集》第 3 卷，514 页，北京，人民出版社，1960。

质。马克思指出，"在社会主义的前提下，人的需要的丰富性具有什么样的意义，从而某种新的生产方式和某种新的生产对象具有什么样的意义。人的本质力量得到新的证明，人的本质得到新的充实。而在私有制范围内，这一切却具有相反的意义"①。

由上可见，"人的需要"这一规定，一方面统一了生产劳动和社会关系对人的两种规定性，另一方面又必须以二者的制约为条件。人既需要使自己成为主体，又需要使自己成为客体；既需要改造社会，也需要社会来改造自我。因此，人的需要对说明和规定个人的本质同样是不可缺少的。

个人本质的这一规定是从个人与自身的关系即需要和对需要的满足的关系上，从个人的内在必然性上，对其内在本质的概括。它提供了人本身作为主客体统一的内在根据，提供了人不断追求、不断发展的根据。

此外，个人的个性也是个人本质的一个内容，这一本质使个人成为具体的人，把不同的个人区别开来。个人本质的如上三个基本规定不是孤立存在的，而是构成一个密不可分的关于个人本质的结构系统，构成马克思所说的"现实的个人"。换言之，现实的个人的本质就是：从事创造性生产劳动的，因而是在一定的社会关系总和的条件下能动地表现、实现和确证其自由个性和满足其需要，因此现实的个人的本质"既和他们生产什么（满足需要的劳动及其产品——引者注）一致，又和他们怎样生产（活动方式及其关系——引者注）一致"②。这个定义的正确性可由认识史来检验。马克思以前的许多思想家往往从人的本性方面来理解人的本质，而且离开人的生产劳动和社会关系来理解人的本质，因此无法说明人的产生及其发展，也无法说明人的社会历史性，只能把人理解为抽象的、孤立的、自然的人。马克思在吸取前人认识的经验教训的基础上，把人的本质和人性、人的本性区别开来，并且抓住了人的生产劳

① 《马克思恩格斯文集》第1卷，223页，北京，人民出版社，2009。
② 《马克思恩格斯全集》第3卷，24页，北京，人民出版社，1960。

动、社会关系、人的需要和人的个性这四者来理解人的本质，从而能够说明人的产生及其发展，说明人的现实性或社会历史性，使人的本质问题的解决成为科学。

这个定义表明，人是目的与手段的统一。它把表现、实现和确证人的自由个性和满足人的需要作为人的目的，而把创造性生产劳动作为达到其目的的手段。

这个定义体现着人本学规定和社会学规定的统一。把表现、实现和确证人的自由个性和满足人的需要作为目的，这是以人为本；而把这种目的的实现放在一定的社会关系条件下来考察，这是以社会关系为本。

这个定义还包含着价值成分与科学成分（或客观成分）的统一。人的需要意味着外部世界对人的服从，因而它意味着人是目的，是主体，人的创造性生产劳动则体现着人对理想目的的追求，这是人的本质中的价值成分。人的个性意味着尊重个人，意味着对个人价值的肯定，这也是人的本质中的价值成分；而人在一定的社会关系中从事生产劳动则意味着人对社会关系的服从，因而意味着人是客体，这是人的本质中的客观成分即科学成分。

然而，在对人的本质问题的讨论中，一些人只把自由和自由自觉的活动看作人的本质，这只是抓住了人的本质的人本学规定，看到了其中的价值成分。另一些人只把社会关系的总和看作人的本质的唯一规定，这只是抓住了人的本质的客观规定或社会学规定，看到了其中的客观成分或科学成分。这两种观点都是片面的。人的本质应是人本学规定和社会学规定的统一，是价值成分和客观成分的统一，只有这样，人的本质规定才是全面的。

3. 对马克思人的本质思想的歧解及评点

人的本质问题，在马克思的著作里得到了详细的研究和阐述，但马克思的前期著作与后期著作在论述的侧重点上有所不同，这造成了人们在人的本质问题上的一些认识的分歧。

有些学者认为，马克思在其早期著作中对人的本质的理解，并没有克服费尔巴哈人本主义的影响，因而他对共产主义的论证仍具有抽象性和思辨性，对无产阶级历史使命的阐述还不是建立在对资本主义社会的历史的经济的科学分析之上，而是诉诸人的本质及其异化理论，这种历史观与成熟时期的马克思主义历史观是不能相提并论的；马克思后来也对自己过去的哲学信仰进行了清算。所以我们不能把马克思本人早已历史地超越了的观点当作永恒真理。另一些学者认为，马克思早期关于人的本质的思想并非一概是不成熟的，他在其成熟时期也并没有放弃对人的本质的考察。所以，我们不能对马克思关于人的本质的一贯思想进行人为割裂。双方分歧的焦点，在于如何看待马克思前后期著作中对人的本质问题的论述，在于如何看待人的自由自觉的活动和社会关系的关系。

我们认为，马克思早期是从理想的类本质即自由自觉的活动出发来衡量一切的，其中深受费尔巴哈人本主义的影响。晚年的马克思"扬弃"了早期关于人的本质的思想，将对人的本质问题的研究建立在对人的一切社会关系总和的科学认识基础之上，但他并没有抛弃关于理想的类本质的思想，因为这一思想有它存在的合理性和必要性。

马克思早期关于人的本质的思想，集中在《1844年经济学哲学手稿》中，尤其是集中在"自由的有意识的活动恰恰就是人的类特性"①这一论断上。马克思的这部手稿和这一论断，无论从哲学的出发点和归宿来看，还是从哲学论证的方法来看，确实都深受费尔巴哈人本主义的影响。马克思从理想的类特性即自由自觉的活动出发来衡量资本主义社会中的劳动，认为这是异化劳动，而共产主义应是人的本质的复归，即对人的本质的重新占有。这显然是费尔巴哈关于历史是"人的本质—人的本质异化—人的本质复归"的历史的抽象公式的套用。但是，就其思想内容来说，它已超出费尔巴哈。马克思把劳动看作人的类本质，这与费尔巴哈把理性、意识、心看作人的本质是不同的。马克思将人的本质复

---

① 《马克思恩格斯选集》第1卷，56页，北京，人民出版社，2012。

归在性质上看作彻底地、自觉地保存以往发展的全部丰富成果的复归；在途径和手段上，看作扬弃观念生活的异化和人的现实生活的异化，认为要做到这些，只有借助人的实践和共产主义的实际运动。这显然与费尔巴哈的人的复归的思想有根本区别。

随着认识的发展，马克思逐渐认识到，单从个体和类、本质与存在的矛盾出发不能科学说明社会历史的发展，要科学说明人和历史及其发展，应深入劳动的内部。马克思借助"分工"对人的生产劳动活动进行分析，发现了人的生产劳动活动的两个本质内容——生产力和生产关系；又通过对这二者的辩证关系的研究，找到了社会历史的现实基础和运动规律；从此出发，马克思又反过来研究人的本质，认为生产力和生产关系是人的本质的现实基础，指出人是什么样的是与他们的社会物质生活条件一致的，是与他们的社会关系一致的。

但是，马克思在晚年并没有抛弃人的理想的类本质的思想，只是抛弃撇开生产力和生产关系来抽象地谈论人的类本质的方法。不仅如此，马克思还把"人的本质"置于现实的科学基础之上，并将其限制在一定的使用范围。马克思的早期著作着重从价值观方面考察人的本质，后期著作则着重从世界观或科学观方面说明人的本质。这种表面现象使一些人认为马克思晚年不再谈论人的本质问题，尤其是不再谈论自由自觉的活动这一人的本质。例如，美国的利奥格兰德在他的《对"青年马克思"争论的考察》一文中指出，马克思在第六条提纲中否定了人类本质和类存在的主张。在《关于费尔巴哈的提纲》以后，马克思没有再使用过类存在的概念，也没有再无批判地提到过人类本质的概念。现存的状况就不能再按其是否与人的本质相一致来做出评价，而只能对照另一种真实的现存状况来评价。① 我国也有学者认为，无论是马克思、恩格斯还是列宁，都反对从所谓人类天性出发去说明和评价社会。《1844 年经济学哲学手稿》所说的自由自觉的活动是对未来共产主义可能出现的理想的劳

---

① 参见［美］W. M. 利奥格兰德：《对"青年马克思"争论的考察》，朱狄译，载《哲学译丛》，1978(5)。

动的绝对化，从它出发去说明历史，必然忽视历史的现实基础，这种历史观显然具有人本主义性质。①

这种看法显然是片面的。第一，马克思在晚期并没有从人的本质即自由自觉的活动出发去说明历史，而是将其限制在一定的使用范围，即用它来评价历史，这是他早期的局限。上述观点没有注意这种限制和区别，因而是欠考虑的。第二，马克思晚年之所以还用人的类本质来评价社会历史，是因为对社会历史的评价是必要的。人是历史的目的和主体，人总要从历史满足自己的需要的程度出发来评价历史进步的状况，来激发人们的热情。这是人和历史关系中的不可缺少的一个方面，舍此，人只能充当历史的玩偶。第三，《资本论》及其前后的著作，是马克思历史观的完整形态。在这些著作里，马克思并没有放弃对人的本质的人类学方面的阐述。

首先，马克思在《资本论》第一卷中引用了工厂视察员的报告的大量摘录，在这些摘录中，马克思引用了大量成年人、老年人、妇女和儿童被强制去做非人劳动的事实。

其次，马克思在强烈谴责了资本主义雇佣劳动制度的非人性时，还不时使用人的本质概念。这里，马克思心中的尺度仍然是自由自觉的劳动。因为雇佣劳动是与人的自由自觉活动相对应而存在的。

再次，马克思关于自由时间的论述，关于自由王国和必然王国关系的论述，就包含着人的自由自觉的劳动的观点。在马克思看来，劳动时间可基本上分为必要劳动时间和剩余劳动时间。在资本主义条件下，人在必要劳动时间内，其劳动相对来说是不自由的，而且必要劳动时间占去了工人的大量劳动时间。这样，工人劳动的剩余（自由）时间受到限制，因而人的全面发展也受到限制。到共产主义社会，人们的必要劳动时间缩短了，这样，人们可以在自由时间内自由自觉地进行劳动，从而发展其多方面的能力。当然，这种自由自觉的劳动也是相对的。在这些

---

① 参见赵常林：《马克思主义与人本主义、人性论是两种对立的世界观》，载《国内哲学动态》，1982(10)。

论述中，包含着人的自由自觉活动的思想。

最后，在《资本论》中，马克思提及了社会由资本主义向共产主义过渡的问题。在马克思看来，由资本主义向共产主义过渡，既是生产力和生产关系矛盾运动的客观必然结果，同时也是符合人性发展要求的必然结果。但是马克思后期对自由自觉的活动这一人的本质规定的阐述，是建立在对社会关系科学认识的基础之上的。他一方面从前者出发来评判社会关系，另一方面从社会关系出发来说明人的自由自觉的活动。马克思关于自由王国和必然王国的关系的思想就充分证明了这一点。

（三）人的本质的方法论意义

马克思把对人的本质问题的研究看作研究人、自然和社会历史等问题的出发点和前提，是为达到某种目的提供的方法论。

1. 为揭示社会历史的本质提供方法论

在马克思看来，人是社会历史的主体或"剧作者"，因而整个历史也无非是人类本性的不断改变而已。既然如此，要想认识社会历史，就必须对人的本质有所认识。从揭示人的本质入手认识社会历史，是马克思人学研究中采用的一种方法。

在"博士论文"中，马克思把自我意识看作人的类本质，他从此出发说明社会历史，认为社会历史是自我意识的表现和实现。《莱茵报》时期，他认为人的类本质是"理性和自由"，与此相应，他把理性和精神作为社会的本质。在《黑格尔法哲学批判》中，他把理性和自由看作人的社会本质，从此出发，他把国家看作理性和自由的产物和表现，进而又把家庭、市民社会和国家看作人的本质的实现和客观化，并从此出发批判了封建王权和等级制，认为后二者是人的活动脱离人的本质的结果。在《德法年鉴》时期，马克思把人本身和人的存在看作人的本质，并从此出发说明宗教、国家和社会，认为它们都是人的本质异化。在《1844 年经济学哲学手稿》中，他认为自由自觉的活动是人的类本质，因而他的整个社会历史观和共产主义学说便建立在对人的本质的这种认识上。

在《关于费尔巴哈的提纲》以及以后的著作中，马克思把有生命（有个性)的个人、物质生产实践活动和社会关系看作人的本质的规定，从此出发，他把这三者看作社会历史的基本前提、出发点和本质内容（因素），并以此来说明社会历史发展：社会历史是个人本身力量发展的历史，是物质生产劳动的发展史，是生产力和交往形式（生产关系）矛盾运动的历史。

2. 为说明人的问题提供方法论

人的本质是人得以存在和发展的根据，因此，马克思对人的本质内容之揭示，必然为他分析人的问题提供一把钥匙。他从有个性的个人、实践活动和社会关系三者统一出发，来分析说明人的全面发展、人的自由、人的平等、人的权利和人的解放的内容和条件，来批判以往的人的学说。例如，他把人的全面发展的基本内容和条件归结为三个基本方面：一是人的生产实践活动达到充分的丰富性、变动性和完整性，消灭旧式分工和发展社会生产力；二是人的社会关系充分达到全面、和谐一致的发展，消灭私有制；三是人的本质力量、能力、潜能和个性的充分发挥，唤醒个人自我意识。这显然与他对人的本质内容的认识有关。

他从有个性的个人、实践活动和社会关系三者的统一出发，来分析和说明人的自由的内容及实现条件。马克思从如下三个基本方面来分析人的自由：一是人作为人类一员所享有的自由，即自由自觉的活动是人作为人的一种权利和追求（这方面在他的早期著作中得到了说明）；二是人作为社会和社会关系中的一员的自由，即人从社会关系中解放出来（认识和驾驭社会关系），做社会和社会关系的主人；三是人作为有个性的个人的自由，即个人自由地发挥其个性、能力和本质力量。后两方面在马克思的成熟著作中，尤其是在《共产党宣言》和《资本论》等著作中，得到了详尽阐述。

马克思从有个性的个人、实践活动和社会关系三者的统一出发，来分析和说明人的解放：首先，他从社会关系方面谈论人的解放，指出这种解放是消灭狭隘陈旧的社会关系或私有制，使社会关系成为有利于人的发展和自由的社会关系，使人在社会中自由而全面地发展其能力；其次，他从实践活动方面论述人的解放，认为这种解放是消灭异化劳动，使异化劳动成为自主劳动；最后，从个人的个性方面阐述人的解放，强调人的解放还是个人自己支配自己，做自己的主人。可以说，这三方面大致概括了马克思关于人的解放思想的基本内容。

他还从有个性的个人、实践活动和社会关系三者的统一出发批判以往的人的学说。在马克思看来，以往的人的学说抽象地谈论人和个人，其根本原因在于忽视了人的实践活动和社会关系。国民经济学只关心劳动的经济学意义，忽视劳动的属人性质；黑格尔虽看到劳动的属人意义，但他所谓"劳动"是精神劳动，而且他也很少从社会关系出发来考察个人；费尔巴哈的"人"亦是如此，他只把人看作直观的感性对象，而不看作感性活动，他撇开历史的进程，孤立地、抽象地观察人类个体，只把人的本质理解为类，理解为一种内在的、无声的、把许多个人纯粹联系起来的共同性。总之，他不把人作为在现实中行动的人来研究，而是脱离开人周围的生活条件来考察。针对以往人的学说的缺陷，马克思主张从有个性的个人、实践活动和社会关系三者的统一来研究人，从而实现了人学观上的变革。

3. 为说明"自然"提供方法论

"自然"是马克思学说中的一个重要概念，对这一概念的揭示和分析，马克思是从有生命的个人、实践活动和社会关系三者的统一出发的。在他那里，关于"自然"的概念有三种基本含义：一是从人的实践活动的对象性出发来说明自然，认为自然是"人化的自然"；二是从社会关系出发来考察自然，认为自然是"历史的自然"或"社会中的自然"，自然只有在社会和社会关系中才成为人和人联系的纽带，成为人生存的基础；三是从有生命的个人出发来理解自然，指出自然是有生命的个人的无机身体。

4. 为分析社会经济现象提供一把钥匙

作为社会经济现象的社会经济关系是人与人之间的经济关系，既然如此，对人的本质内容之揭示，无疑对分析社会经济现象具有重要的意义。

马克思就是从有生命的个人、实践活动和社会关系三者的统一出发，来分析说明社会经济现象，阐明政治经济学原理的。他在《1844年经济学哲学手稿》中，第一次集中分析了"劳动者与劳动产品相异化"这一基本的社会经济现象（或事实）：一方面从人的自由自觉的活动出发说明这一现象，认为这一现象表明人的劳动产生了异化；另一方面从社会关系出发分析这一现象，指出这一现象表明人与人之间存在着私有财产关系，存在着资本家对工人的占有关系。另外，他还从有个性的个人出发来考察这一现象，认为这一现象表明人的个人价值、尊严和幸福的丧失，表明个人需要和发展受到压抑。在《资本论》中，马克思又对社会经济现象（主要是资本家对工人的剥削）进行了深入而系统的分析，指出他对资本主义社会的经济现象的分析，首先是从人与人之间的社会关系的一种特殊表现形式即商品交换关系出发的，并且力图在物与物的关系中揭示出人与人的关系，尤其是资本家对工人的剥削关系。同时又指出，他在分析社会经济现象时在某些方面陷入困境，其原因在于没有把人看作有个性的个人。所以，在分析和解决问题时，他又力图从有个性的个人出发，认为有个性的个人是未来共产主义社会应确立下来的基本原则，并由此出发，谴责资本主义社会经济关系和制度对个性发展和自由的非人性压抑。另外，马克思还从实践活动的一种特殊社会形式——雇佣劳动出发，来分析社会经济现象，说明资本家对工人的经济剥削和压迫的秘密，说明资本和私有财产。他指出："共产党人可以把自己的理论概括为一句话：消灭私有制"，即消灭私有财产，而"这种财产是在资本和雇佣劳动的对立中运动的"。① 从这里可以看出，通过对雇佣劳动的分析来说明社会经济现象，在马克思的理论中占有十分重要的地位。

5. 为制定科学共产主义学说提供线索

科学共产主义学说是马克思理论体系的核心，从他对共产主义学说

---

① 《马克思恩格斯选集》第1卷，414、415页，北京，人民出版社，2012。

的阐释中可以看出，其中贯穿一条基本线索，这就是始终对有个性的个人、实践和社会关系的深切关注。

首先是对有个性的个人的关注。这一点充分体现在《德意志意识形态》《共产党宣言》《资本论》等著作中。其基本思想是："共产主义所造成的存在状况，正是这样一种现实基础，它使一切不依赖于个人而存在的状况不可能发生，因为这种存在状况只不过是各个人之间迄今为止的交往的产物。"①个人能力的全面发展是共产主义社会的最大财富，自由个性的实现是它的最高成果，在共产主义社会这一自由个人的联合体中，每个个人的自由而全面的发展将与人类社会的发展取得和谐一致；因此，共产主义应使有个性的个人和个人自由而全面的发展作为一种基本原则确立下来。

其次是对实践的关注。马克思把实践的唯物主义看作他的共产主义学说的一个中心内容。这一内容包含两个方面：一是通过人的实践改造活动，实际地批判和改变事物的现状，使现存世界革命化；二是共产主义实质上是通过实践消灭现存状况的现实运动，是通过革命实践改造旧世界的运动过程。

再次是对社会关系的关注。马克思指出，共产主义是通过消灭陈旧狭隘的社会关系实现的，是私有财产关系的积极扬弃，它的理论可概括为一点，这就是消灭私有制这一社会关系。②

最后，在做了以上阐述之后，我们不应忘记，马克思对人的本质的揭示，是离不开他对实践、社会历史和社会经济关系的分析和认识的。实际上，他对人的本质的认识过程同他把这一认识作为方法加以运用的过程是一致的，也就是说，二者是同一过程的两个不同方面。

---

① 《马克思恩格斯选集》第 1 卷，202 页，北京，人民出版社，2012。
② 《马克思恩格斯选集》第 1 卷，414 页，北京，人民出版社，2012。

第五章 社会层级结构论

以"社会层级结构"分析
框架解释中国传统社会

从中国历史看，政治对人们生活的渗透是广泛的；在当今全球化给我国带来的挑战日渐严峻和我国改革开放日趋深入的情境下，人们发觉现在出现的一些问题大都与政治因素有关；用未来眼光审视，中国化时代化的马克思主义政治理念和政治制度将会对我国经济、社会、文化产生深远影响。这就使当代中国马克思主义政治哲学研究必须承载这样的使命：既要全面梳理"中西马"政治哲学的思想资源和前沿理论，又必须以唯物史观为指导，从马克思主义政治哲学视域研究当代"中国问题"，从而在学术上为分析解决当代"中国问题"提供理论框架，为中国政治体制改革提供建设性理念。

一 当代中国马克思主义政治哲学的路径选择

古希腊时期，政治哲学的主题是城邦国家治理及其基本政治原则，政治哲学本质上是对实现这一原则提出规范性的社会秩序安排；近代市场经济出现后，在霍布斯、洛克和卢梭那里，政治哲学的主题是探讨国家构成结构的政治理念及其合法性根据，政治哲学本质上就是反对封建专制权力对个人权利的压抑，消除封建专制的世俗基础，使资本主义市民社会摆脱专制控制，就是合理处理国家、政府与个人权利的关系。之后，国家机器的运行机制问题凸显出来，它使政治哲学的价值维度退出，实证主义维度出场，进而使政治哲学演变成作为科学的政治学。19 世纪 40 年代后，马克思基于唯物史观探讨政治解放和人类解放的现实基础与条件，实现了政治哲学主题的转移。其政治哲学本质上就是批判资本主义市民社会中人的异化，并通过无产阶级革命消灭私有制，建立自由人联合体，以在人的全面发展基础上确立自由个性，实现人与人之间的实质平等为最高价值目标。20 世纪 30 年代，随着西方经济危机的出现，西方政治哲学研究的主题发生重大转变，注重研究当代资本主义政治秩序的合法性根据。20 世纪 70 年代以来政治哲学不断升温，尤其是罗尔斯《正义论》的发表，标志着当代西方政治哲学的复兴。罗尔斯政治哲学的主题是探究政治秩序的合法性根据，试图将政治秩序的合法性建立在一种公平正义的社会分配秩序与制度的安排上。如果说马克思主要是通过无产阶级暴力革命消灭私有制来寻求实质平等的途径的话，那么罗尔斯则主要是通过建立一种公平正义的社会分配秩序来寻求实质平等的途径。总体来讲，西方政治哲学主要解决的是西方问题，对发展中国家的政治发展持公正与客观态度的学者较少，其中有的学者明确主张发展中国家的政治应该"西方化"。

　　当今中国哲学界就政治哲学概念、中外思想史上主要的政治思想流派、近十几年国外学界讨论的主要政治哲学议题等展开了研究，为深化政治哲学研究奠定了一定基础。然而理性地看，当今中国政治哲学研究仍处在初级阶段，虽然研究数量很多，但高质量的研究不多。大多数研究很少涉及中国传统政治哲学的内容，虽然大量引用西方政治哲学话语，却对西方政治哲学流派的思想实质缺乏真正把握，尤其是没有真正认清当代中国政治哲学所要分析和解决的问题与当代西方政治哲学所分析和解决的问题有很大不同。一方面，有的学者对建构政治哲学体系抱着浓厚兴趣，热衷于讨论政治哲学的性质、研究对象、功能作用及学科归属问题，却对中国现实问题兴趣不大；另一方面，政治哲学的非哲学化倾向也较为突出，一些学者只为不具正当性的政治事务作无度辩护而缺乏应有的科学批判精神。

由上可得到两点启示：第一，必须确定当代中国马克思主义政治哲学所要分析与解决的"根本问题"，这涉及当代中国马克思主义政治哲学的主题选择；第二，需要确定分析与解决这一根本问题的思路，这涉及当代中国马克思主义政治哲学的思路选择。我把这两种选择归结为当代中国马克思主义政治哲学的路径选择。

一些学者常把当代西方政治哲学探究的主题看作当代中国马克思主义政治哲学的主题。笔者认为，当代中国马克思主义政治哲学与当代西方政治哲学面临的历史方位和根本问题不同，因而主题也不尽相同。这可从当代中国所处的历史方位及人性的发展状态来理解。人性发展状态很大程度上影响政治发展状态。在马克思那里，政治解放就是使人从一切封建等级特权的束缚中解放出来，确立平等独立的人格，他主张用市民社会反对封建专制对人的压抑，消解"人的依赖"。这种解放虽然具有某种资产阶级的性质，但其积极意义在于消解具有封建专制色彩的人身依附关系，把人当作具有独立人格的主体，其历史局限性则是把人变成利己主义的个人。由此，马克思进一步提出人类解放的任务，即使人从资本主义市民社会的物役与利己主义中解放出来，确立人的全面发展基础上的自由个性。这种解放的实质是批判资本主义市民社会，消解"物的依赖"。①

当今西方一些发达国家主要处在后工业社会与福利社会，它所反思的主要是现代性带来的问题。因此，当代西方政治哲学的主题就是探究

---

① 《马克思恩格斯全集》第 3 卷，167～189 页，北京，人民出版社，2002。

资本主义危机的根源与建构当代资本主义社会的合理秩序。从生产力发展状况来讲，当今中国在总体上处于走向社会主义现代化的工业化社会的历史阶段，它所呼唤的主要是反思性的现代化。实事求是地说，我们所面临的"中国问题"，总体讲主要是缺乏合理现代性而产生的问题，是市场经济不完全成熟，以及民主法制建设与扩大人民民主和经济社会发展的要求还不完全适应而带来的问题。当代中国人性的发展状态总体上处于消解作为封建主义残留的"人的依赖性"、确立具有平等独立人格的主体的阶段，因而在某些方面"形似于"马克思所谓的"政治解放"时期。当然，这与马克思所谓的"政治解放"有质的不同，我们是在社会主义条件下，且以社会主义的方式推进并完成马克思所谓的"政治解放"的。这是我们经过实证研究和依据大量研究成果而得出的切合中国实际和历史过程的认识。①

　　党的十五大报告指出：社会主义初级阶段至少需要一百年时间，在这一阶段，封建主义在社会上还有广泛影响。② 由此，正如马克思所说的，"人类始终只提出自己能够解决的任务，因为只要仔细考察就可以发现，任务本身，只有在解决它的物质条件已经存在或者至少是在生成过程中的时候，才会产生"③。同时，当代中国人一定程度上、在某些方面也具有"形似于"马克思所谓的消解"物的依赖"而追求"人类解放"的某种要求。这样，建构当代中国马克思主义政治哲学，必须基于当代中国人性的发展状态及其语境，而不能直接把当代西方政治哲学的话语当作当代中国马克思主义政治哲学建构的话语。这样，从哲学角度探究当今"中国问题"，为当代中国政治活动的合理秩序提供哲学理念，首要的是使人从传统社会形成并残留下来的等级特权的束缚中解放出来，成为具有平等独立人格的主体，同时，尽力消解市场经济带来的物役与利己

---

　　① 参见赵剑英、陈晏清主编：《马克思主义政治哲学——阐释与创新》，198～203页，北京，社会科学文献出版社，2007。

　　② 参见《中国共产党第十五次全国代表大会文件汇编》，16、17页，北京，人民出版社，1997。

　　③ 《马克思恩格斯选集》第2卷，3页，北京，人民出版社，2012。

主义，就成为当代中国马克思主义政治哲学的主题。①

特别需要充分说明的是，社会主义基本制度建立之后，尤其是改革开放以来，在中国共产党领导下，中国社会发展和人的发展取得了巨大的历史进步。然而，正如邓小平所指出的：在社会主义社会，人身依附关系依然存在，这与我国历史上封建专制主义残余的影响有一定关系，如果不坚决改革现行制度中所造成的人身依附关系等各种弊端，过去出现过的一些严重问题今后就有可能重新出现。只有对这些弊端进行有计划、有步骤而又坚决彻底的改革，人民才会信任我们的领导，才会信任党和社会主义，我们的事业才有无限的希望。

改革开放以前，肃清思想政治方面的封建主义残余影响这个任务没有能够完成，现在应该明确提出继续肃清思想政治方面的封建主义残余影响的任务，并在制度上作出一系列切实的改革，否则国家和人民还要遭受损失。改革党和国家的领导制度，不是要削弱党的领导，而正是为了坚持、加强和完善党的领导。改革并完善党和国家各方面的制度，是一项艰巨的、长期的任务，这个任务，我们这一代也许不能全部完成。当然，要划清社会主义同封建主义的界限，绝不允许借反封建主义之名来反社会主义，也不能借肃清封建主义残余影响之名来宣扬资本主义思想。②

在当代中国马克思主义政治哲学的主题及思路上，研究者存在不同看法及理论选择：一是在宏观层面与微观层面，有的学者强调当代中国应建构微观政治哲学，研究内在于所有社会活动层面和日常生活层面的弥散化的、微观化的权力结构和控制机制，关注日常生活实践，主张在生活风格、话语、交往等方面进行革命，以此为新社会提供先决条件，并将个人从社会压迫和统治下解放出来；二是在理想层面与现实层面，

---

① 这一主题既包含在事实层面揭示当代"中国问题"的世俗政治基础，也包含在价值层面确立建构当代中国政治活动新秩序所需要的核心理念。

② 参见《邓小平文选》第二卷，332、333、335、337、341、342、343 页，北京，人民出版社，1994。

有的学者强调应建构现实性的马克思主义政治哲学;① 三是在西方政治哲学话语与中国政治现实上,有的学者用西方政治哲学话语解读中国政治现实;四是在权力与能力方面,有的学者注重围绕权力来建构中国政治哲学;五是在学术意识与问题意识上,有的学者陶醉于纯粹的学术探讨,对当代"中国问题"不屑一顾。

我们所选择的思路是:就当代中国而言,国家制度的安排、国家权力的运作、政府的治理及其政治体制这些宏观政治因素对人的微观日常生活世界产生着广泛而深远的影响,宏观政治问题不解决,微观政治问题也解决不了,因此首先应关注当代中国政治哲学的宏观问题;虽然不能轻视当代西方政治哲学所提供的思想资源,但更应当以当代中国马克思主义为指导,注重建构面向"中国问题"的马克思主义政治哲学;可以围绕权力来思考当代中国政治哲学,但更要强调用能力原则扬弃权力原则;纯粹的学术探讨固然重要,但"问题意识"更重要;应力求从政治哲学的视野,深度分析当代中国所处的"历史方位"、呈现的"中国问题"、产生的"世俗基础",并提出可行的"解决方案"。马克思指出:"哲学是在研究之后才谈论的。"②强烈的"问题意识"是马克思哲学出场的基本路径。诺曼在评论德沃金的《生命的自主权——堕胎、安乐死与个人自由的论辩》一书时,赞扬了从事政治哲学研究的这种方法:"从具体问题开始,试图阐述其意义并阐发使我们能够办到这一点的理论观点。"在诺曼看来,几乎所有经典作家都采取了这种研究方法。③

---

① 参见赵剑英、陈晏清主编:《马克思主义政治哲学——阐释与创新》,387～397页,北京,社会科学文献出版社,2007;王南湜、王新生:《现实性马克思主义政治哲学的建构》,"马克思主义理论创新机制"学术研讨会论文,2007。

② 《马克思恩格斯全集》第1卷,222页,北京,人民出版社,1995。

③ 参见[英]杰弗里·托马斯:《政治哲学导论》,顾肃、刘雪梅译,69～70页,北京,中国人民大学出版社,2006。

二 "中国问题"的世俗基础之政治哲学追问

这里注重的是学理分析。

任何国家都有自己所面临的问题，我们必须立足当代中国的历史方位，追问属于中国特有的（这是地域特征，蕴含着中国特有的价值观念）、历史形成的（这是本源性特征，浸润着中国历史和文化的传统元素）、普遍存在的（这是时空特征，这种问题无时不在、无处不有）、根深蒂固的（这是生存性特征，存在于人的社会意识深层）、影响深远的根本问题（这是作用性特征，深刻影响中国的长远发展命运），即"中国问题"。建构当代中国马克思主义政治哲学，我们愿借罗素的"中国问题"这一概念，来提升和追问政治哲学视域（我们把政治哲学理解为对政治活动的世俗基础进行哲学反思，并为政治活动的合理秩序提供哲学理念）中当代中国存在的根本问题。

当今中国在整体上所处的历史方位是社会主义初级阶段，处于现代化的征途中。在这种历史方位中，经济建设的主题是转变经济增长方式和推动高质量发展，经济领域存在的根本问题是某些地方在现实的实践中，权力的某种市场化和粗放的经济增长方式、推进高质量发展有许多卡点瓶颈；当今中国政治建设的主题是发展全过程人民民主、提高执政能力，政治领域存在的根本问题是某些地方在现实的实践中，权力对权利的某种背离、能力恐慌和政府职能的某种缺位越位，一些党员、干部缺乏担当精神，斗争本领不强，实干精神不足，形式主义、官僚主义现象仍较突出，铲除腐败滋生土壤的任务依然艰巨；当今中国社会建设的主题是社会活力与社会和谐，是增进民生福祉，提高人民生活品质，社会领域存在的主要问题是某些地方在实践中，群众在就业、教育、医疗、托育、养老、住房等方面面临不少难题，城乡区域发展和收入分配差距仍然比较大；当今中国文化建设的主题是人的价值取向、思维方式的引导和人格类型的培养，文化领域存在的主要问题是某些地方在日常生活层面，依附性人格有余主体性人格不足，意识形态领域存在不少挑战。

产生以上"中国问题"的世俗基础，主要是传统社会形成并作为残余遗留下来的自上而下的、逐级管制的"金字塔式"的传统社会层级结构及权力运作体制。后者是一个政治问题。加藤节指出："在现代社会，由于政治权力不断扩大其支配的对象，加深对人们的生活的渗透程度……因而大概可以算是人类历史上'政治化'程度最高的时代"，而政治又是"一种全面决定着人的生存方式或者说人的命运的力量"。① 如果"资本统治"属于"马克思的总问题"的话②，那么，传统社会形成并作为残余遗留下来的"权力统治"（邓小平所讲的官僚主义、权力过分集中而对其又缺乏有效制约、家长制和形形色色的特权等现象）就是中国面临的问题。这一问题本质上与当代中国的政权性质和本质无关，关涉的只是邓小平所谓的"具体工作制度"，是权力的具体的社会运作机制和方式。邓小平指出，权力过分集中的官僚主义不仅是一种长期存在的、复杂的历史现象，而且也是我们党和国家政治生活中广泛存在的一个大问题。③

我们非常高兴地看到，改革开放以来，尤其是党的十八大以来，我们党在指导思想上并积极在实践中注重解决权力过分集中而对其又缺乏有效制约的"官本位"或"官僚主义"问题，注重解决"为人民掌好权、用好权这个根本问题"，注重市场对资源配置的决定性作用，更好发挥政府作用，且取得了可喜成就。④ 然而正如党的十七大报告所讲的"社会主义市场经济体制"只是"初步建立"，而在实践中，"影响发展的体制机

---

① ［日］加藤节：《政治与人》，唐士其译，9 页，北京，北京大学出版社，2003。
② 参见张盾：《问题意识——马克思主义哲学研究的创新路径》，载《天津社会科学》，2006(3)。
③ 参见《邓小平文选》第二卷，327、328 页，北京，人民出版社，1994。
④ 参见虞云耀、李君如等：《加强党的执政能力建设专题讲稿》，87～101 页，北京，中共中央党校出版社，2004；《中共中央关于加强和改进党的作风建设的决定》，14、23 页，北京，人民出版社，2001。

制障碍依然存在，改革攻坚面临深层次矛盾和问题"①。

从学术上，我们认为，这里的"体制机制障碍"和"改革攻坚面临深层次矛盾和问题"，主要就是传统社会形成并遗留下来的"具体工作制度"与权力的具体社会运作机制和方式。正因为如此，党的十七大报告、十八大报告、十九大报告特别强调并注重坚定不移发展社会主义民主政治，扩大人民民主，对干部实行民主监督，强调并注重加快行政管理体制改革，完善制约和监督机制，建立健全决策权、执行权、监督权既相互制约又相互协调的权力结构和运行机制，让权力在阳光下运作，确保权力正确行使。尤其是党的二十大报告强调要积极发展全过程人民民主。其实质，就是不断推进社会主义政治制度自我完善和发展。② 近代以来，用西方的历史轨迹和文明标准来衡量甚至剪裁中国的历史和文明、蔑视中国的历史和传统成为一种时髦，中国问题及其特性被严重遮蔽。针对这种倾向，我们提出社会层级结构理论，来分析解释"中国问题"。

社会层级结构本义，是指在传统社会的国家领域中，依据权力大小，自上而下、逐级管制所形成的权力级别阶梯和权力层级结构，后延伸为在经济、社会和文化的运行机制层面，根据人和人之间的权力大小、地位高低、身份有别而建立的层级关系结构。权力大小、地位高低和身份有别是其基本依据。其中，无论是地位层级、身份层级还是关系层级，本质上都是一种权力层级结构，即一切层级均源于权力层级，权力层级造成了社会层级的普遍存在。

我们的文献中有社会层级结构概念，但没有形成社会层级结构理论。考虑对中国政治的哲学分析的需要，我们从政治哲学视野阐释这一

---

① 胡锦涛：《高举中国特色社会主义伟大旗帜　为夺取全面建设小康社会新胜利而奋斗——在中国共产党第十七次全国代表大会上的报告》，13 页，北京，人民出版社，2007。

② 参见《中国共产党第十七次全国代表大会文件汇编》，13、27～32 页，北京，人民出版社，2007；《邓小平文选》第三卷，163、164 页，北京，人民出版社，1993。

概念。社会层级结构是广义社会结构的组成部分，以一定社会结构为依托，并体现了中国传统社会政治至上的特性。在现有学术资源中，层级概念，如管理学中的管理层级概念，行政学中的行政层级概念，文化学中的文化层级概念，社会学中的社会层级概念，政治学中的政治层级概念，实际上指同一事物因大小、高低等不同而形成的差别，表示事物的结构可分、过程连续。根据汪业周的考察，殷海光是国内使用这一概念的第一人。殷海光在《中国文化的展望》中明确论及："每个社会都有社会层级（social stratification）和依之而行的社会流动（social mobility）。社会层级是社会分类和社会价值及社会地位由之而划分的架构。"①从殷海光先生文本及所引用的英文看，他所指的社会层级相当于我们今天所说的社会分层。

社会层级结构不同于社会阶层结构。社会阶层结构划分的依据是结果而不是群体的结构性位置②，是在社会学意义上使用的、对结构主体与生产资料占有关系的性质与区别的一种表达；社会层级结构则是对权力大小、地位高低和身份有别及由此形成的层级社会关系网络的表达，它既不是政治结构的翻版，也不是社会阶层结构的别名，更不是经济、文化、社会结构的简单叠加，而是对这些结构的"层级性"的一种抽象概括，它强调的是中国传统社会中政治权力的主导性、层级性。正如汪业周所说，社会层级结构是一个与中国传统政治国家所代表的政治权力高度相关的概念，具有鲜明的政治性；它是在政治哲学意义上使用的一个典型的中国式概念，强调的是传统中国社会基于权力大小而形成的不同的生存方式和生存状态。在传统中国农业社会，每个个体的力量是有限的，要生存，就必须依附于一个共同体，把自己的一部分权利让渡给共同体。共同体需要通过运用公共权力并集中各种资源进行管制。由此，

---

① 殷海光：《殷海光文集（第3卷）：文化篇》，86页，武汉，湖北人民出版社，2001。

② 参见李友梅、孙立平、沈原主编：《当代中国社会分层——理论与实证》，发刊词2页，北京，社会科学文献出版社，2006。

集中与统一、服从是历史的必然逻辑。由于强调集中与统一、服从，所以，权力的运作方式必然是自上而下的，是按权力的等级控制来进行的。这种强调集中与统一、服从以及权力管制必须通过一种社会结构及其权力运作机制来体现，因此就逐渐形成了权力至上的、自上而下的、"金字塔式"的社会层级结构。封建社会的专制统治和等级文化又进一步固化了这种社会层级结构。封建专制统治需要运用国家政治权力，创造一种只属于并且服从于权力统治的社会组织的层级体系和关系层级网络。这里，每个个体力量的有限性与脆弱性，以及农业社会个体对共同体的依附关系和特殊的社会组织方式，是形成传统社会层级结构的基础。

社会层级中的社会是广义的，包括经济、政治和文化，类似于社会有机体中的"社会"。传统中国社会与现代西方社会都存在着层级，但结构、方式不同。在现代西方社会，市场经济领域无明显的层级结构，政府权力运作领域存在层级结构，但这种层级不完全意味着权力至上、绝对管制、人格依附和缺乏制衡。在传统中国社会，基本上是国家之外无市场、无市民社会；传统中国社会存在着"金字塔式"的权力层级结构，这种层级结构以不同方式与程度向经济和文化领域辐射，形成层级经济、层级文化和层级思维；这种层级一定意义上意味着等级身份、管制、人格依附，以及对特权制约不力。

传统社会层级结构具有"金字塔式"的鲜明特征。

第一，在传统权力结构上，以权力为本的政治力量过大且挤压经济力量、社会力量、文化力量，从而使经济力量、社会力量、文化力量微弱。恩格斯所用的"合力"概念来自物理学，这里的"力"发生在施力物体与受力物体之间，具有作用点、方向和大小三个核心要素；"经济状况是基础"，既表明经济是施力物体，推动社会发展的力量根源于经济基础，同时又说明，政治、文化等其他力作为平行四边形的边线，不仅是经济这个底边的施力对象，是受力体，而且它们对社会发展的作用点、作用方向、作用大小都离不开经济这个底边；每个四边形的两条边线表示两种力量，历史就是由经济、政治、文化及个人意志等各种因素造成的无数个平行四边形的共同作用来获得发展的。归根结底，经济运动的必然性起着决定性作用。恩格斯关于平行四边形的"合力论"反映的是近代西欧的社会结构状况。在传统中国的"金字塔"的三角形社会层级结构及权力结构中，处于"金字塔"顶层的政治权力，是唯一的至大施力源；三角形的基本边线代表经济、社会、文化等力量，处于三角形底端的社会底层，是受力物体和作用点；政治权力无法完全直接地作用于庞大的社会肌体，最高统治者需要通过各种层级自上而下逐级控制、逐级作用并渗透到社会各个领域，直至三角形底边；在这样的层级结构里，政治权力决定经济、社会、文化等力量，这些力量按政治权力规则运作，支撑和服务于政治权力，最终形成经济、社会、文化等领域的层级化结构。

第二，在传统的权力运作方式上，政治权力至上、权力自上而下运作、逐级管制而对其缺乏有效制约。"权力至上"属于权力运作的动力源，"自上而下"是权力运行的轨迹。一切资源向上聚集相对容易，一切指令向下贯彻相对容易，自上而下传达上层指令相对通畅，自下而上反映基层意见一定程度上会遇到某种阻力；"逐级管制"属于权力运行的方式，统治者因位居统治地位而享有他人必须服从的权威，统治的合法性来源于历代相传的权力和神圣规则，被统治者一方面受上一等级控制，另一方面又控制下一等级；"缺乏有效制约"，属于权力运行的反馈方面，表现为缺乏制约力量和制约体制。

第三，在传统的思维方式、行为方式上，权力本位意识浓厚，权利意识缺乏；推崇身份，注重资历；人治高于规则，服从高于自立；一元排斥多样。只讲一元排斥多样必然导致僵化，而只讲多样排斥一元必然导致分化，二者应相互依存。然而，传统社会层级结构却使二者互相排斥。

在传统社会，各领域不同程度上存在的这种社会层级结构对控制和稳定社会秩序具有一定积极作用，对此应充分肯定，并加以创造性转化和创新性发展，做到古为今用。然而也有消极影响。从历史上看，它不仅阻碍中国从农业文明向工业文明、计划经济向市场经济、传统社会向现代社会的转变，而且使社会特别是政治呈现某种非理性、非逻辑的特征。从现实来看，一切先进理念一旦通过这种传统社会层级结构及其机制来运作，就会在不同程度上被这种传统社会层级结构及其机制扭曲、阻碍从而影响其落实，而且也使人在潜移默化中形成以等级、身份为特征的价值取向、思想观念、文化心理和思维方式。一些人"身"处在逐渐形成的新型社会结构中，享受着丰裕的物质财富，而"心"却依然滞留于传统的社会层级结构之中，精神状态和思想意识深深打上传统社会层级结构的烙印；一些人希望获得自主权利，却没有学会争取自主权利的现代方式，更不具备行使自主权利应该承担责任与义务的现代观念。

对于这种传统社会层级结构，我们既要看到它对于今天社会运转的某种必要，又要认识到它对于现代社会转型的某种阻滞。由于传统社会层级结构的危害存在于社会主义初级阶段，必须坚定不移地对其实施改造；由于这种传统社会层级结构的消极影响根深蒂固，必须循序渐进地逐步加以改造。改革开放以来，作为改造这种传统社会层级结构的主体和推动者的中国共产党人努力且自觉主动地从许多方面来推进这一改造，并在这一改造中不断自我完善，取得了重大成就。

邓小平强调要加强党和国家领导制度与领导体制改革，积极推进经济体制与政治体制改革，建立社会主义市场经济体制，反对官僚主义、权力过分集中和家长制。江泽民多次强调反对官本位，提出的"三个代表"重要思想，意味着要积极完善社会主义市场经济体制，倡导先进的社会主义价值取向，加强党的执政能力建设，改革和完善党的领导方式和执政方式，深化行政管理体制改革，进一步转变政府职能。胡锦涛提出了以人为本、执政为民、执政能力建设及公平正义和民主法制的执政理念，强调从制度上更好发挥市场在资源配置中的基础性作用，提升自主创新能力，加快行政管理体制改革，建设公共服务型政府，完善权力制约和监督机制，积极推进社会建设和社会管理体制改革等，习近平总书记更加强调加强对权力的监督和制约，强调立党为公、执政为民，取得了可喜的成就。这些现代理念与措施，实际上是在消解传统社会层级结构的世俗基础，也为构建新型社会结构提供了丰富的思想资源、理论理路。一定意义上可以说，当今的中国共产党实际上是在不断超越传统的社会层级结构的进程中领导我国改革开放和社会主义现代化建设的。

今天在某些领域，虽然有形的社会层级结构被打破了，但无形的社会层级文化、层级观念和层级思维一定程度上依然存在。在这里，我们既看到了封建文化的某种存留，看到了当今中国问题的世俗基础，更看到了中国共产党人改造这种社会层级结构的勇气、能力、智慧和成就。本章研究的根本目的，就是更有效地巩固中国共产党的执政基础和执政地位，坚持、加强和完善党的领导。中国共产党人改造传统社会层级结构有利于巩固党的执政基础与执政地位，有利于坚持、加强和完善党的领导。实践证明：中国共产党人执政地位的巩固在根本上取决于人民群众的认同，这种认同来自中国共产党人与人民群众之间的良好合作关系，来自中国共产党人的执政方式和社会治理方式的转变，而改造传统社会层级结构有利于形成这种良好的合作关系，也要求实现这种现代转变。

如前述，以权力层级结构为核心的传统社会层级结构是产生当今"中国问题"，尤其是政治领域中的问题的一个"根"，因而是我们分析当今"中国问题"的一种工具。比如，权力的市场化是如何形成的？在现存的传统社会层级结构中，一些地方政府权力过大且实际占有许多资源，从而为权力的寻租提供了可能。说到底，权力的市场化与某些政府的权力至上、权力管制有关。又如，许多地方经济增长方式的转变为何如此之难？根本原因是这些地方缺乏自主创新能力，传统社会注重对人的管制，而忽视个人的解放与开发必然导致这一后果，这显然与传统社会层级结构重权力轻能力、重依附轻独立有关。再如，为何某种权力背离、凌驾于权利之上？原因在于传统官本位的权力运作体制及其对人的管制，某些权力可以凌驾于民主监督之上。传统官本位的价值观助长了排斥"人力"服从"天命"的"前定论""给定论""命定论"，使一些民众依附型人格有余而主体性人格不足。

三　建构当代中国政治的合理秩序

这是一种学术性探讨。

理性政治是现代政治的基本诉求。人们在经历了传统社会政治的非理性专制和经济人观念指导下的自由市场经济残酷竞争之后，终于回到了对政治生活的理性反思和德性觉悟。在西方，用理性作为政治正当性之根据有着漫长的历史，许多著名政治哲学家都高度重视政治理性的作用。在古罗马法典中，法律已被看作一种"与个人无关的理性（imperson-al reason）"①。近代以来，人类依靠理性的力量来理解、实践其政治生活，并通过理性的逻辑推理，借助技术工具，认识政治和指导自己的政治行为。这实际上就是政治的理性化，即用某种合理性标准和普遍规则，来对政治制度和政治行为规范的正当性进行论证。哈贝马斯将理性化视为文化层面和社会制度层面不尽相同的合理性标准的互动和整合②，一种将合理性标准推广到文化、经济、政治制度和所有社会行动中去的过程。这些思想不无合理之处，我们在思考当代中国问题时，应当对这些思想资源进行批判性的研究与借鉴。

就传统中国社会来讲，一定程度上缺乏的就是现代意义上的理性政治。传统中国社会的根本特征在于权力至上，马克思称之为"行政权力支配社会"，有的学者称之为"政治全能主义"。从哲学角度看，传统权

---

① 转引自［美］赛班：《西方政治思想史》，李少军、尚新建译，189 页，台北，桂冠图书股份有限公司，1991。

② 转引自普塞：《哈柏玛斯》，廖仁义译，39～82 页，台北，桂冠图书股份有限公司，1989。

力统治体制是人类历史上远离以人为本的典型样式，其非理性程度较为严重。权力服务的对象是人民，但传统权力统治体制没有完全保证人民赋予的权力用来为人民谋利益。一些权力远离以人为本而成为少数人的专利和特权，根本原因在于政治的非理性与权力的非逻辑。中国传统文化的非理性化倾向，使传统中国政治不具备西方文化中那种规范化、理性化的制度结构，也导致了权力至上的自上而下的"金字塔式"的社会层级结构的固化。

理性的含义几经嬗变，但其本质仍是寻求并坚持认识及其对象的普遍性、逻辑性、明晰性和确定性。由此，所谓现代意义上的政治理性，就是人类在政治生活中以逻辑推理和合理设计的形式规范政治活动，以实现一定目的的能力。它意味着人们在处理政治事务时，不仅可以依靠其理智认识政治与利益的关系，而且有能力运用逻辑推理，根据政治的属人性质和运动规律来合理设计政治权力结构和权力运作方式，制定明晰而确定的运行规则，以制约权力运行，指导政治行为，保证政治的健康运行，使政治回归以人为本。据汪业周的研究，现代理性政治的基本要求，一是注重科学设计，即对权力结构和权力运作方式进行科学合理的架构。二是注重逻辑关系。政治体制包括权力结构、权力运作方式和政治行为三个核心内容，三者具有内在的逻辑关联：合理的权力结构是前提，必须科学配置权力，并设计出逻辑严密的权力运作路径，在现代政治体制下，权力作为最稀缺的资源，决定了在执政和服从两个主体之间仍然具有相对性和对抗性，平行权力主体之间也具有一定的排斥性和竞争性，这就使得政治行为对于政治体制的良性运行具有同样的重要性。三是注重权力相对划界。权力的本质属性决定权力不仅具有为人性，也具有腐蚀性和扩张性等反人性特点，不设定权力的边界，不按权力的运行规则去做，必然导致权力运行的封闭性和隐蔽性，产生权力寻租和权力腐败。边界之外就是禁区，权力只有在边界内活动才能获得其自主性和独立性。没有相对边界的权力必定是非法权力。四是注重规范程序。公正是制度的首要价值，程序公正是政治的首要价值。无论是权力结构的优化和权力运作方式的逻辑化，还是政治行为的有序化，都意味着程序化是理性政治的要求。①

目前，学术界针对中国社会发展过程中的某些政治权力远离以民为本的问题提出了种种理论和解决办法。然而，由于未从理性政治的视角对"中国问题"的世俗基础及传统政治的特殊性进行思考，所以，大多对政治权力背后的社会层级结构缺少深入分析，也未能揭示有效制约政治权力必须依靠一种相互制约的新型社会结构这一规律。解决此类"中国问题"，需要从改造自上而下的、"金字塔式"的传统社会层级结构及其权力运作体制入手，而"以公正为基的三维制约的能力主义"理论应是当代中国马克思主义政治哲学给出的一种合理选择。这是一条走向健全理性政治的路径，它主张把确立公正为基的能力主义作为当代中国马克思主义政治哲学的理念，逐步改造官本位的传统权力运作体制，实现政府职能转变；② 同时要求改造传统社会层级结构，建立三维制约的社会结构。基本思路是：用能力本位扬弃权力本位；用公平正义扬弃自上而下的等级控制；用三维制约的社会结构扬弃"金字塔式"的传统社会层级结构，建构当代中国政治的合理秩序。

政治哲学的核心理念体现政治哲学的根本走向与研究范式。确立中国马克思主义政治哲学的核心理念，除坚持传统与现代相结合、科学理性与价值规范相统一的方法论外，还应遵循以下方法论原则。

(1)坚持一般与特殊相结合的原则，既注重借鉴人类政治文明的有益成果，又关注当今中国特殊的政治背景，绝不能照搬西方政治制度模式。中国政治虽与其他国家政治有所不同，但也有某种共同点。我们应批判地汲取发达国家积累起来的但属于人类共同的政治文明成果。当然，更要关注中国的政治背景，把握当代中国的"历史方位""中国问题"

---

① 汪业周：《政治哲学视野的社会层级结构研究》，博士学位论文，中共中央党校，2008。

② 关于理性，罗尔斯与哈耶克有不同的见解。罗尔斯强调理性建构主义，而哈耶克则主张进化论理性主义。笔者认为，在当代社会，人的理性具有建构功能，它可以在总结人类实践经验的基础上，通过设计和谋划来规范与建构新的社会秩序。

"世俗基础"。当今中国的政治背景可从四方面把握：封建主义残余文化对当今我国政治活动的某种消极影响；中国的政治活动处在走向现代化的征途中；中国共产党是执政党；国家、政府和政治体制等政治因素对人的日常生活产生着广泛而深刻的影响。

（2）坚持本质与关系统一的原则，把握建设时期的中国政治的本质。政治在本质上是历史的、发展的，也有其现实针对性。从历史来看，革命时期的政治，本质上奉行的是"两极对立"的思维方式；建设时期的当代中国政治，简要说，本质上是指政治组织为维护和实现最广大人民的根本利益，而运用公共权力、公共资源和公共政策，进行权威性分配、公共管理、公共服务，并通过其执政能力，整合各种合理要求，凝聚一切积极力量，以协调各种利益关系，维护公民的正当权利，进而建立稳定、合理的社会秩序的活动。[①] 政治又是一个关系概念，只有放在关系中才能理解其本质。其中，权力（power）与权利（rights）的逻辑关系和现实关系是本质的，涉及权力获得的方式、权力获得的根据、权力行使的方式和权力行使的方向四个根本问题。列宁认为，权力是政治的核心问题。[②] 对中国来说尤其如此。我们应在对权力的本质及权力与权利关系的理解中把握政治的本质。

据此，当代中国马克思主义政治哲学应围绕权力获得的方式、权力获得的根据、权力行使的方式和权力行使的方向四个根本问题，确立与权力相关的四种理念：公正、能力、公共、民本。这四种理念与权力的关系是：它们并不是取代"权力"在政治哲学中的核心地位，反而是用来支撑权力的，且使权力具有现代合理性和正当性。这四种理念之间也具有内在联系：公正，涉及保证获得权力的合理性方式；能力，涉及获得权力的合理性根据；公共，涉及权力的性质及权力行使的合理方式；民

[①] 参见李良栋：《社会主义政治文明论》，19～21 页，南京，江苏人民出版社，2004。

[②] 参见［英］杰弗里·托马斯：《政治哲学导论》，顾肃、刘雪梅译，77 页，北京，中国人民大学出版社，2006。

本，涉及权力的本质及权力行使的方向。对公正理念的追求是改造传统社会层级结构和官本位权力运作体制的前提，只有真正确立公正理念，才能限制等级特权，凸显能力理念的价值，用能力本位原则扬弃权力本位原则，真正保证中国政治的先进性、权威性与合理性；凭公正与能力获得的权力在性质上是公共权力，因而其行使的方式与范围必然在公共领域并以共同协商且加以制约的方式实现公共利益，只有这样，才能赢得民众的认同，真正确立其政治权力的权威；公共权力在本质上属于人民赋予的权力，因而其行使的根本方向，既是解放人，使人真正成为人，又是维护与实现好公民权利，使公民在政治活动中实现人的价值且享有做人的尊严。

公正与能力理念是贯穿当代中国政治哲学的灵魂，影响着当代中国政治哲学的走向，没有公正与能力理念的确立，公共与民本理念就确立不起来。这样的政治哲学，在应然层面上，是坚持正确政治立场前提下的"公正为基的能力主义"。有学者认为，能力理念体现的是近代启蒙思维，当代社会要求走向公正，再谈能力理念已不合时宜。

我们认为，能力理念与公正理念本质上是相辅相成的，都是当代中国发展需要确立的理念。

首先，二者本质上是一致的。能力理念的实质是消解权力至上带来的不公正，也就是内在地追求公正，能力理念的真正确立必然以公正为前提。权力至上理念本质上是排斥公正理念的。公正理念的缺失和权力本位的在场往往排斥能力，而能力理念的缺失和权力至上理念的在场也必然漠视公正。公正理念的实质是各尽其能、各得其所、和谐相处，三者都直接或间接与能力有关，即公正实质上要求人人都有充分发挥其能力的平等机会，人人都凭能力贡献且得其应得，人人都有凭后天能力改变其处境的发展机会。一般来说，有能力的人大多呼唤机会公正，没有能力而有特权、"关系"的人往往排斥机会公正。

其次，倡导能力理念对一切有能力的人都有利。理由在于：某些有特权有"关系"的人往往挤占有能力的人的发展空间，挤占特定群体公正发展的机会，只有权力至上或"关系"强势退场，才能使公正真正出场；先天条件比较差的特定群体无法靠权力发展自己，来改变自己的处境，他们需要靠自己后天的努力奋斗、能力发挥和业绩贡献才能真正改变自己和成就自己；扶持特定群体，可以从物质、机会等方面入手，但根本上应从能力建设入手，没有能力往往就抓不住机会，就会对物质财富产生一种等靠要的依赖心理。由此，坚持符合道德伦理前提下的能力理念是为一切群体立论的一种现代理念。

最后，目前社会存在的某些不公正并非强调能力本位而导致的，恰恰是能力本位缺位和权力本位、权力越位造成的。那些真正靠能力贡献富裕起来的人，正是能力理念所倡导的。树立能力理念有利于解决结果不公平。

公正理念是针对等级特权提出的，涉及权力获得的方式，基本目标是由不当获权走向公正获权，由等级特权走向平等权利。公正起初被解释为公道和正直，这主要是就个人行为来理解公正的。当今，人们将公正与社会制度安排联系起来，讨论人的权利的分配及为实现此目的而实施的制度安排，这里，公正更多是考察一个社会的基本结构及在这种基本结构之下的政府公共权力与公共政策的价值维度。在当代西方政治哲学中，公正理念因与社会正义的实质相关而备受关注。公正理念是中国现阶段最需要的，同时又是不同程度上在某些政治生活中所缺乏的。这里的公正，主要指机会平等、分配公正和结果公正。

政治哲学意义上的机会平等，是指参与政治活动的机会应平等，包括支配、使用和分享公共资源的机会平等、竞争的机会平等、政治参与权平等和获得权力的方式平等。其实质是各尽其能。分配公正，根据柏拉图、乌尔比安、圣西门、艾德勒等思想家的研究成果，其实质是各得其所，"给每个人以其所应得"，根据贡献大小这同一尺度公平获得相应的职位、政治地位及权力。① 这种公正内在要求确立"能绩本位"或"得其应得"的原则：既使人按能力配置到他（她）本来应该有的职位上，按能配岗、按能配位；又把人的努力程度、能力水平和贡献大小作为其"获得"权力的合理性根据。② 结果公正是指在不影响有能力的人的创造积极性的前提下，通过合理调节，适度合理地向弱势群体倾斜，以实现社会和谐。正如罗尔斯所分析的：整个社会是由所有成员组成的，任何个人能力的获得及所取得的成就都离不开整体，以及其他人对于整体的贡献。对公共资源占有的排他性，在一定意义上意味着权利或机会的平等对于特定群体可能是无意义的空谈，公共权力必须对他们有所倾斜。③ 实际上，任何个人获取的能力、权力及财富都包含着整体及其他群体的付出。为了社会和谐与政治稳定，需要确立公平的原则。在当代中国，公正是政治存在的真正合理的、持久性的基础和社会主义政治制度优越性的关键所在，也是平衡各方利益关系的一种根本方式，以及获得权力的一种合理方式。

在这三类公正中，争议较大的是机会平等。正确理解机会平等需要注意三个问题：一是人们原初起点的不平等对分配公正和结果公正影响的长期性。二是原初起点的不平等对人类社会影响的双重性。一般来说，这种影响有利于强势群体而不利于弱势群体；但就整个社会而言，有利于建立社会生活秩序，推动社会发展。如果一个社会的每个人的原初状况都是一样的，那么如何进行社会劳动分工？没有分工，怎样建立合理的社会生活秩序？如果没有合理的社会生活秩序，社会又如何发展？三是如何看待原初起点的不平等对弱势群体的不利影响。正确看待

---

① 参见［美］博登海默：《法理学——法律哲学与法律方法》，邓正来译，8、227 页，北京，中国政法大学出版社，2004；王海明：《公正　平等　人道——社会治理的道德原则体系》，43 页，北京，北京大学出版社，2000。

② 这里的能力既源于个体的天赋潜能，又是后天学习和社会实践的结果，是天赋潜能与后天社会实践的统一。

③ 参见［美］罗尔斯：《正义论》，何怀宏等译，5、56、58 页，北京，中国社会科学出版社，1988。

和对待原初起点的不平等，应确立四大原则：强调人人在机会上的平等；弱化先天给定、外在名分和非能力因素，注重后天作为、内在实力和能力因素；建立合理有序的社会流动机制，使努力奋斗、能力发挥和有业绩贡献的人有改变其不利地位的机会；承认现实中人与人之间差别的客观存在，且有的差别在现有条件下是不可避免的。

真正的平等只能是综合考虑了各种现实条件限制后的平等，是在作为价值追求的形式平等与在现实中存在的事实上不平等之间达成妥协后的一种平等。由此，如罗尔斯所说的，既允许差别存在（应增进"最不利者"的利益），也要通过增加特定群体受教育和培训的机会，加强其后天能力建设。

能力理念是针对权力本位、"关系"本位提出的，涉及权力获得的合理性根据，基本目标是由传统权力型政治走向坚持道德伦理前提下的能力型政治，由政治中的权力本位原则走向能力本位原则。因此，它是取代权力至上和官本位等产生的"中国问题"根源的关键，是保证当代中国政治先进性、合理性和权威性的重要条件。这里，绝不是使能力取代权力而成为政治哲学的核心，也不是把"能力本位"作为当代中国政治哲学的中心议题，而仅仅是在权力获得的合理性根据这一根本问题上，强调能力理念的重要性。[①]

马基雅维里在《君主论》中曾对获得权力的根据给出了精辟分析。他认为，君权获得的途径主要有四种：依靠他人的武力或幸运（如他人恩惠）；依靠能力；依靠邪恶卑鄙之道；依靠他人的关系或人民的支持。依靠他人武力或幸运获得君权的人，在发迹时并不辛苦劳瘁，但是保持其地位时就很辛苦劳瘁了，且一切困难也应运而生，甚至其地位毫无稳定可言，因为他们不懂得怎样去保持其地位；依靠能力获得君权的人值得敬佩，因为在依靠能力取得君权的时候虽是困难的，但以后保持它就容易了，而且有能力就能够洞察与抓住机会（没有机会，人的能力就会

---

① 能力理念以政治、道德为前提，是此前提下的能力理念，强调的是充分发挥亿万人民的创造能力。

浪费掉），有能力就能够打好基础，靠能力就能赢得声望与权威，赢得人民的认同与爱戴，靠能力也能巩固其地位；依靠邪恶卑鄙之道取得君权的人，只能赢得统治权，但不能赢得光荣和人民的信赖；依靠他人关系或人民支持取得君权并能维护人民利益的人，会感到安全，容易同人民保持友好关系。① 马基雅维里对依靠能力获得君主权力的合理性给予充分肯定。然而，当今某些从事政治活动的官员却重权力轻能力、重"关系"轻能力，甚至存在着"能力恐慌"；有些官员获得权力的根据不是能力与业绩，而是人情关系、主观好恶、情感远近、金钱多少，甚至是邪恶卑鄙之道，获得权力后，再用权力非法谋取私利。

强调能力原则的根据是，中国共产党人要在中国发展的"关键时期"顺利完成时代提出的艰巨任务，解决长期积累的复杂矛盾，要在世界的"深刻变化"中迎接各种挑战，要尊重和满足人民群众的"合理诉求"，要进一步巩固党的执政地位，就必须加强领导干部和政府官员的能力建设。党的十六届四中全会作出的《中共中央关于加强党的执政能力建设的决定》指出，党的执政地位不是与生俱来的，也不是一劳永逸的；执政能力建设是党执政后的一项根本建设，党的各方面建设成效最终都要体现到提高党的执政能力上来，要以提高党的执政能力为重点，全面推进党的建设新的伟大工程。

能力原则作为一种价值导向，反对"官本位""关系本位"和"金钱本位"的价值观，倡导"能力本位"，即人应凭其努力奋斗和能力合法获得权力和资源、确立社会地位和实现人生价值，树立权力的权威，它是向现在和将来一切有能力和业绩的人开放的；作为一种思维方式，它淡化先天给定的条件而注重后天作为，淡化外在名分而注重内在实力，淡化"捉摸人"而注重"琢磨事"；作为一种配置与整合方式，它强调各尽其能和各得其所，既使能力配置到它本来应该有的职位上，又根据人的能力和业绩配置资源；作为一种要求，它追求机会平等、分配公正，注重能

---

① 参见［意］尼科洛·马基雅维里：《君主论》，潘汉典译，第一、六、七、八、九章，北京，商务印书馆，1985。

力建设。

能力原则要求由传统人治走向法治，由传统权力政治走向权利政治，由传统特权政治走向公权政治，由传统管制政治走向治理政治，由权力因素走向能力因素，使公民具有选择体面生活的适度自由。① 能力原则要求民主与公正，蕴含着政治先进性，对中国政治文明建设将产生基础性影响。

公共理念是针对把公共权力"异化"为私人权力、以私人关系破坏公共规则的问题而提出的理念，涉及权力的性质及行使权力的方式和范围。公共理念的基本目标是由管制型政府走向公共服务型政府，由对权力缺乏有效制约走向注重对权力的制约，由注重私人关系走向注重公共规则。凭借公正的方式和公众认可的能绩获得的权力，本质上是一种公共权力，这意味着政府部门是公共部门，行使的权力是公共权力，配置的资源是公共资源，权力意志是公共意志，代表的是广大人民的公共利益，其服务行为是公共服务，目的是通过整合与凝聚，配置与运用好公共资源，实现各种合法利益群体的共生共进，建立起和谐的社会秩序。所以，公共性是政府政治活动必须确立的一个基本理念。公共性意味着"人"及"人治"的不可靠性及"私人关系"的破坏性，因而必须对官员的权力进行制约，以防止公共权力"异化"为个人特权；公共性还意味着政府需要通过与民众协商、对话并为民众服务的方式来行使权力，以保证民众的自由、平等与能力的发挥。然而，传统政治活动中存在的一个根本问题，就是一些人或者把公权变成私权，把公共利益变成私人利益，进而形成一种既得利益集团；或者用"我令你行"的方式来行使没有制约的权力，为了私人关系而破坏公共规则。因此，在马克思主义政治哲学建构中，应特别强调公共理念，并用制度保证公共理念的实现，从而使官员行使权力的方式由"我令你行"走向"共同协商"，由对权力缺乏制约走向对权力的平衡制约。

---

① 参见［印］阿马蒂亚·森：《以自由看待发展》，任赜、于真译，62 页，北京，中国人民大学出版社，2002。

民本理念是针对官本位与家长制提出的，涉及权力的本质及权力行使方向。民本理念的基本目标是由官本型政治活动走向民本型政治活动，由以权谋私走向执政为民，由对人的消极控制走向对人的管理与人的解放的统一。显然这是一种"解放人"的政治哲学。① 中国政治活动的本质是主权在民、执政为民。公共权力本质上是民众赋予的，众多民众让渡其权力是为了使公共权力能更好地保障公民的合法权利、为公民的利益服务。这种公共权力本质上蕴含着人本和民本理念，包括以民为本与民主精神。具体讲，就是把人民当作政治活动的主体，② 把人民看作政治活动的目的。民主是实现民本的一种基本形式。民主既是民众对政治活动的共同参与和对政府公共权力的民主监督，也指公共权力的行使者应采取各种有效的民主形式实行民主执政，保障民众的合法权利。要而言之，民主从根本上是寻求执政者或公共权力行使者与民众权利之间的统一性的一种诉求。约翰·邓恩指出，在今天的政治中，所谓的"民主是我们……无法停止追求的东西"③。民本关系到政治权力的本质及其行使方向，决定着中国政治制度的基本结构与政府权力运作体制，应成为当代中国政治文明建设和马克思主义政治哲学建构的基本理念。

"中国问题"的存在表明，传统中国社会转型不是一个功能调整问题，在根本上是一个从传统到现代的社会结构转变问题，是改造传统的社会层级结构的问题。改造传统社会层级结构，首要就是对社会结构及权力结构进行科学的理性设计与建构。具体来说，就是根据以上四种理念，把"金字塔式"的传统社会层级结构，转变为由社会主义市场经济体制、公共服务型政府和现代化社会所构成的"三维制约"的社会结构；把注重上下纵向政治权力控制，但对政治权力缺乏制约的"集权型"权力结

---

① 洛克《政府论》的政治哲学之核心思想，是对人的优先性的追求及人对于政治的优先性的理论说明。

② 参见［日］加藤节：《政治与人》，唐士其译，9 页，北京，北京大学出版社，2003。

③ ［英］约翰·邓恩编：《民主的历程》，林猛等译，176 页，长春，吉林人民出版社，2011。

构，转变成注重经济力量、政治力量和社会力量横向沟通且相互制约、相辅相成的新型权力结构。

作为"无形之手"的社会主义市场经济体制遵循的是公平竞争与价值规律，以解决经济领域的效率与财富问题。它内在地要求确立自由、平等、独立和财产权观念，这既是对官本位的权力运作体制的制约，又利于以人为本理念的确立。社会主义市场经济体制的发展必然把个人从人身依附中解放出来，使社会成员成为独立的个人；在社会主义市场经济体制条件下，作为市场主体的从事经济活动的人，其经济行为排斥任何专制权力的无理干预，他们承认平等竞争与价值规律的权威。就是说，市场经济的平等竞争与价值规律能够取代传统政治赖以生存的历史基础。由此，应采取有效措施以维护市场经济的平等竞争原则；作为"有形之手"的政府运用公共权力的力量，从公共权力合理运作的角度来解决政治领域的公正与公共性问题，即遵循公正和法治理念，实现政府职能转变，建立公共服务型政府，运用民主监督的力量，遵循人人平等、尊重人权、尊重个人的原则，来解决社会公共领域公民的合法权益和民主的问题。因而，它确立的是公民的合法权益和民主的权威，既可以制约某些政府官员滥用权力和"物役"，也可以与政府积极合作，共同参与社会治理。

第六章　发展代价论

以"发展代价关系"分析框架
解释历史发展规律

　　和平与发展是当今世界的主题，改革与发展是当今中国的主题，所以，发展问题对我国现代化建设是十分重要的。以往的发展理论比较注重发展的进步意义，后来逐渐关注发展中的代价。当今，西方的发展过程也被看作通过付出代价并努力扬弃代价以寻求再生之路的过程。我国改革和发展取得了一定进步，但也付出了一定代价。发展中的代价问题须引起高度重视，应从发展与代价的彼此理解中寻求新的启示。

一　我国改革和发展过程中的代价及其反应

　　以往我国的改革发展取得了巨大成就，甚至取得了举世瞩目且具有里程碑意义的伟大成就，对此，首先应予以高度肯定。但从问题意识角度看，也存在一些问题。这些问题，从发展之进步意义的"对立"方面讲，就是代价，如人的能力的片面发展、人格表里不一、拜金行为、环境污染等。

面对这些问题或代价，人们产生两种特殊反应。一是不愿积极看待改革开放时代。这些人对改革开放时代出现的大量问题发牢骚，有怀疑情绪。二是对改革开放及其指导改革开放实践的党的理论不理解，有疑惑，因而不积极支持和参与改革。

这两种倾向的实质，是把出现的问题或代价主要归因于改革开放。其后果就是：不从人们工作的主观失误上寻找问题的原因以改进工作质量，而是主张放慢甚至停止改革开放的步伐。

二 正确看待代价问题的方法论

上述倾向是需要纠正的。问题出在观察代价问题的方法上，这就是片面地、主观地、静止地、孤立地和消极地看待改革与发展过程中出现的代价。

对待代价，马克思和邓小平给我们提供了许多方法论上的启示。

(一)应全面地看待代价

这就是既要历史地看到社会的进步，也要现实地看到社会发展所付出的代价。马克思在谈到资本主义社会的发展时指出：这一社会的基本特征是物的世界的增值和人的世界的贬值。邓小平也指出，改革开放搞活、解放和发展了生产力，为经济发展注入了活力，同时也诱发出大量消极现象，放出许多罪恶。由此，我们既要看到我国改革和发展所带来的巨大进步，同时也要看到改革和发展过程中的一定代价。不敢正视问题或代价的民族是缺乏自信的民族，也是弱者的表现，敢于面对问题或代价就是进步。

(二)应客观地看待代价

这就是要搞清楚，任何发展总是会付出一定代价的，但一些代价是由主观失误造成的，而不是发展必然带来的。有些代价是社会结构政策调整过程中产生的，有些代价是由工作失误造成的，因而不能把代价只归因于改革开放。改革开放的步步深入与社会秩序的失范有某种必然联系，但如果不坚持"两手抓，两手都要硬"的方针，一旦工作出现某种主观失误，就会使这种失范扩大化。这就要区分改革开放中必然付出的代价和工作失误所造成的代价，不能将二者混为一谈，尤其不能把工作失误的代价只归因于改革开放。

(三)应发展地看待代价

这就是说，对发展过程中出现的代价不要惊慌失措和痛哭流涕，不可感到恐惧和悲伤，而是既要从主观内因上总结工作的经验教训，减少主观失误，又要看到"代价"存在的暂时性，历史的发展会逐步消除或减少这些代价。马克思当年在谈到资本主义社会的异化现象时曾指出：人们看到资本主义社会到处存在的异化以及非人性的现象，会痛哭流涕和悲伤，但历史地看，这种异化只具有暂时的必然性。对改革与发展过程中出现的代价，不要一味陷入情感的悲伤中，而是要减少工作失误，还要通过深化改革和加快发展来减少代价。

(四)应辩证地看待代价

历史发展过程中付出的代价在一定程度、一定条件下能换取和补偿某种发展，它以牺牲一种目标来换取另一种更为重要的目标的发展，即以某种"失"换取某种"得"。

(五)应批判地看待代价

这就是应自觉采取一些积极有效的防范措施，避免付出过高的代价，把代价限制在最低限度，并力图通过扬弃代价来为发展寻求再生之路，而不能面对代价，或袖手旁观，或消极指责。

三 代价的实质、根源及发展的本质关系

(一)代价的类型和实质

平常我们所讲的代价，主要有必然代价和人为代价、物质代价和精

神代价、社会代价和人的代价、整体代价和局部代价、长远代价和眼前代价、成本性代价和损失性代价六大对应类型。其中，最主要的、有歧解的、需要我们加以注意的，是必然代价和人为代价。所谓必然代价，是指与发展有内在必然联系的并为换取某种发展所必然做出的某种必要付出，其中有机会成本的存在。西方学者多注重这层含义上的代价。所谓人为代价，是指与发展无必然和直接联系而由主观的历史局限和失误所造成的某种损失，俗称"交学费"，它包括由某一具体个人的认识的历史局限所造成的损失和由某一具体个人的失误所造成的损失两种。我们谈论较多的是这层意义上的代价。就其一般意义来讲，人为代价是对发展起阻碍或消极作用的一种损失。关于这一点，人们比较容易理解，关键是如何理解必然代价之实质。

要理解必然代价之实质，需要把它放在与发展的关系中来思考。这种关系主要有六个方面。

一是代价与发展的含义。没有不付出一定代价的发展，发展总是通过付出某种代价并扬弃代价来实现的。这在当代社会显得更加突出，也被当代西方发展理论所关注。"发展"概念具有多义性，从不同角度考察便有不同含义。国外学者对发展概念的认识，先是从经济视角，把发展看作经济增长的过程；后来是从社会视角，把发展看作社会结构变迁和社会各要素和谐平衡的过程；再后来是当代西方学者从人、价值和代价的角度，把发展看作通过付出代价和扬弃代价以寻求再生之路的过程。当代西方学者提出和探索发展问题的实质意图之一，就是为了扬弃发达和不发达所带来的代价，以寻求再生之路。著名的罗马俱乐部的宗旨，就是向经济增长付出的惨重代价进攻，扬弃代价以寻求再生之路。当代西方人本主义的主旨之一，就是分析和解决西方工业化社会或科学技术社会所付出的代价。

二是代价与发展的方式。没有离开发展的代价，某种代价是在发展过程的内在必然性当中产生的，是为换取某种发展而做出的某种必要牺牲。换言之，发展必然付出某种代价，并通过付出某种代价的方式来运行。

三是代价与发展目标。发展所付出的一定代价既是对发展目标的某种否定，同时又以否定的形式蕴含着进一步发展的目标，发展就是各种目标不断否定和更替而实现的过程。因此，在对代价的分析中应揭示或发现进一步发展的目标，而这直接关系到发展的深入。

四是代价与发展的动力。任何事物都具有矛盾，矛盾推动着事物发展，因此，我们在考察事物时，要注意事物的两个矛盾着的既对立又统一的方面。进步与代价就是发展本身内部所固有的矛盾：一方面，我们应注意二者各自的对立面，当考虑发展的进步方面时，也应考虑付出的一定代价，当考虑发展付出的一定代价时，也应考虑发展的进步方面；另一方面，也要注意二者的统一性，付出某种代价是为了换取进步，扬弃代价必将推动进步，进步在一定意义上必然通过付出一定代价的方式来实现，并且也为进一步扬弃代价提供条件。

五是代价与发展成本。代价在一定意义上就是发展所"投入"的必要成本，投入的直接目的是"产出"，因而"投入"成本的代价是以换取"产出"为目的的。

六是代价与发展风险。代价在没有出现之前，是作为某种风险存在于发展过程中的，任何发展都具有一定的风险，风险意味着既可以加速发展，也会付出一定代价，因而这种风险包含着潜在代价。但发展又必须冒必要风险，同时也应制定出避免较大风险或代价的预防措施。不冒风险的发展大都是不存在的。

根据以上考虑，代价在实质上就是：基于历史发展的内在必然性并为换取某种发展而对其他发展目标的一定抑制和牺牲，它和发展具有互为补偿的性质。

(二)代价产生的内在客观必然性及其历史普遍性

代价根植于发展过程之中，其产生有内在的客观根据和历史必然性。

下面分析和揭示代价产生的内在客观根据。

目标分析。从理想角度讲，应当追求全面的发展目标，但从现实角度看，由于历史条件和现实客观条件的限制，故而只能追求其中一种主导的发展目标，而不能使其他目标得以实现。这就把某一目标的发展同整体发展割裂开来，使这一目标的发展孤立化，并且使人们把主要精力、时间、条件、资源、力量和能量集中投入到这一目标的发展上。这里，一种主导目标的发展是以排斥、抑制和牺牲其他目标的发展为代价的，代价便由此而生。况且任何发展目标都具有一定的历史局限性。即使追求多元的发展目标也会付出一定代价，因为多种目标之间是互相排斥和互相矛盾的，总有重点和先后顺序，所以一种或几种发展目标的实现是对其他目标实现的抑制和牺牲。本章开头提到的人的能力片面发展、人格表里不一等代价就是如此。

手段分析。从理想角度讲，应当选择或采取综合的发展手段，但从现实角度看，由于历史条件和现实客观条件的限制，只能选择其中一种或几种主要的手段，而不能使其他手段得以利用，这就把某种发展手段同其他发展手段割裂开来，并且使人们把这种手段当作目的来崇拜，从而加以过度利用。这里，一种手段的选择是以排斥或放弃其他手段为代价的，代价也由此而生。况且，任何发展手段及其选择也都具有一定的历史局限性和有限性。本章开头提到的拜金行为的产生就与此有关。我国选择市场经济这种手段来发展社会生产力。市场经济离不开商品交换，交换的一般等价物是货币。随着货币的权力、地位和作用的提高和增大，货币所有者的权力也会增大，它可以帮助所有者实现许多愿望。正因为货币具有如此大的魔力，它就很可能成为人们致富欲望的主要对象和来源，求金欲就是拜金主义产生的社会心理基础。对这种拜金主义，社会主义应加以限制，避免其扩大化。

成本分析。发展必然需要相应的成本投入，而在一定历史时期和一定历史条件下，成本总是有限的，当成本有限、投入不足从而满足不了发展的需要时，当有限的成本只能投入某一目标的发展而不能投入其他目标的发展时，就会付出一定代价。就拿本章开头提到的环境污染来讲，国家、政府和有关部门是愿意解决环境污染问题的，关键是要尽力把这些代价限制在最低限度。

主体分析。发展的承担者和实现者是人，人又是有利益、有矛盾的主体，人又分为个人、群体和人类，而且个人之间，群体之间，个人、群体和人类之间也存在不同的利益和矛盾，这就可能因顾及一些人的利益而使其他一些人的利益做出某种牺牲，代价便由此而生。

秩序分析。发展必将改变既定的社会结构、社会秩序和生活方式，也必将调整社会各阶层、各成员之间的责权利关系。这就是说，它要打破旧的社会结构、社会秩序和生活方式，建立新的社会结构、社会秩序和生活方式。而当旧的秩序没有被完全打破而新秩序尚未完全建立起来时，就会使一部分人的利益遭受损失，就会引起旧秩序及其既得利益者的不满，就会引发秩序的不平衡和新旧秩序的冲突，就会出现价值观以及秩序上的无序状态，就会造成人们价值观和思想上的某种混乱及行为上的偏差。在这种情况下，就会付出一定的代价。

发展通过付出一定代价并扬弃代价来为自己开辟道路，一定意义上，这是发展的一条规律。这一规律的客观性、普遍性、正确性和科学性可由社会历史发展来证明。

由原始社会向奴隶社会过渡是一种历史进步，然而，它却是以原始平等的丧失和淳朴道德的失落为代价的。

现代资本主义的发展同样是以牺牲个人的自由全面发展为代价换取社会物质财富的增长来实现的。现代西方学者研究发展问题的实质意图之一，就是为了反思并扬弃资本主义工业化社会所付出的代价。其中，最有影响的是罗马俱乐部和法兰克福学派。二者都力图克服和扬弃资本主义工业化社会的代价(人的异化)并努力寻求发展的再生之路。

以上这一规律也可以在社会主义发展实践中得到证明。由当时历史环境和客观条件所决定，苏联20世纪30年代和我国建立社会主义制度初期，由于种种原因，必然采取高度集中的计划经济体制来求得发展，但这种发展却是以牺牲一定的民主、人的独立自主性和人的主动创造性为代价的。随着社会的发展，这些代价对发展的危害日益显示出来。故而，社会实践提出了扬弃这些代价的要求。当今我国实行改革开放，就是为了克服这种体制所付出的过高代价。有效的改革开放必将推动经济、社会和文化的发展，但也会付出新的代价。

提出"发展通过付出代价并扬弃代价来实现自身"这一发展规律，绝不是为"代价"辩护，而是要作积极主动的准备，把代价限制在最低限度，以站在历史正确的一边，掌握发展过程中的主动。在理论上，它丰富和拓宽了社会历史发展规律的内容，为我们理解社会历史发展提供了一条新的思路。传统教科书中的历史观着重从一般本质的角度，谈论生产关系一定要适合生产力状况、上层建筑一定要适合经济基础状况的规律，而我们这里提出的规律，则主要着眼于社会历史发展的运行状态和具体方式。这显然有助于我们从"代价"的角度对整个社会的具体发展作出新的理解和认识。在认识和实践上，有助于提醒我们在关注发展的同时，也要自觉主动意识到发展代价的客观存在，避免把发展理想化，并正确对待代价和限制代价扩大。

(三)主观上的局限和失误所付出的代价

在改革与发展过程中，会因主观局限和主观失误而付出一些不必要的代价，尽管这些代价与客观因素有关。这些代价从产生的根源分，有两种。

一种是由整个认识主体的认识的相对性和历史局限性造成的代价。人们只能在当时所达到的一定的历史条件下进行实践和认识，社会历史发展及其社会条件达到什么程度，人的实践和认识才能达到什么程度。因此，人的认识具有相对性和历史局限性：就当时来讲，人们认为自己的认识是正确的，但从今天的发展看却是不正确的，今天看是正确的，明天看就成为不正确的了。人的认识的这种相对性和历史局限性，必然带来人们判断、选择和实践行动的历史局限性，从而使人们的选择和实践付出一定代价。新中国成立初期，我们选择了高度集中的计划经济体制，付出了一定代价，但这种选择却是建立在当时认识的基础上的，而当时的认识有其历史的合理性，也有历史局限性，正是由于这种历史局限性，付出代价在所难免。

另一种是由某些具体个人的主观失误造成的代价。就我国改革与发展而言，这种代价主要有三种情况。

其一，由政策不规范造成的贫富差距。邓小平倡导要通过诚实劳动和合法经营使一部分人先富起来，然而，在当今现实生活中，却出现了收入差距拉大的情境，而且在先富起来的人群当中，一些人并不是靠诚实劳动和合法经营，而是靠不正当手段暴富起来的：有些明星演员逃税，漫天要价；部分干部子弟利用特权、人情和关系谋取私利；有些行业和部门利用职权谋取集团私利等。究其原因，或者是我们对致富的方式、手段和途径还缺乏行之有效的制度制约、机制约束、组织管理和政策规范，或者是制定的有关政策缺乏刚性，流于形式，或者是存在着市场权力化、人情化和关系化的现象。

其二，由法制不健全所造成的腐败。邓小平历来倡导"一手抓繁荣，一手抓管理""一手抓改革开放，一手抓惩治腐败""一手抓建设，一手抓法制"的"两手抓"的思想。社会主义市场经济是一种坚持法大于权的法制经济，也是坚持能力高于权力的能力经济。我国实行改革开放、放开搞活，一开始可能为一些人钻空子提供了条件，但健全的法制会限制腐败的蔓延。

其三，由部分党员干部和国民素质低下而造成的道德滑坡。邓小平强调指出，我国实现社会主义现代化关键在党、关键在人，社会主义现代化和市场经济的建设从根本上取决于国民素质的提高和人才的培养，故而他把培养"四有"新人作为社会主义精神文明建设的根本任务。实际上，改革开放和社会主义市场经济建设的进程根本上也是内在要求提高人的素质的进程。然而在现实生活中，一些领导干部的品行不正会导致社会风气不正，重依附大于自主、重他律大于自律、重私德大于公德、重亲情大于理性、重权力大于法制的人格，不能使人自觉提高素质，使人在体制转型期缺乏自我约束、自我组织和自觉承担责任的能力，最终导致道德上的某种滑坡。对上述由主观失误所造成的代价，经过主观努力，是可以控制和避免的。

区分必然代价和人为代价的标准，主要在于：代价是否具有付出的必然性；所付出的代价能否一定换取某种发展，给发展带来正效益；代价是否可以避免。

四　树立正确的代价观，把代价限制在最低限度

对由人的主观失误所造成的代价及其危害，人们比较容易认识，而对发展所必然付出的代价，人们往往不易理解，会产生一些模糊认识。有人认为，承认发展必然付出一定代价，是为代价辩护，是承认其合理性，并任其发展；有人指出，凡是代价都是由人的主观失误造成的，因而都是消极的，无任何积极作用；有人强调，应首先注重发展，然后有条件时再来解决代价问题；也有人认为，当前我国社会上出现的一切问题和消极现象，都与改革开放和市场经济体制建设有关。这些模糊认识严重影响着我国改革开放和发展的步伐，所以必须加以澄清，并树立正确的代价观，把代价限制在最低限度。

（一）要树立正确的代价观

承认发展必然付出一定代价，绝不是为代价辩护，并任其发展，恰恰是为了更好地、自觉主动地对待它和限制它，避免其扩大化，是为了在思想认识上达到以下目的。

一是使人们如实正确认识发展的曲折性和复杂性，因而应有充分的思想准备，以冷静而又坚毅的态度以及百倍的努力对付各种突如其来的问题，而不能像浪漫主义那样，抽象地看待发展，以致面对代价而惊慌失措，感到恐惧。

二是使人们深入认识到代价的实质是要换取发展，认识到发展通过付出一定代价并扬弃代价以实现自身这一发展方式和发展规律的特殊意

义和价值，认识到代价对发展的补偿作用和发展对代价的补偿作用，因而应唯物辩证地看待发展与代价，在必要时也能自觉地做出某种对发展有价值的奉献和牺牲，而不能像利己主义者那样，仅计较个人得失或感伤地看待发展与代价，把代价看作纯消极的东西。当然，政府也要自觉关心那些为发展而付出代价的人。

三是使人们正确认识代价产生的根源以及及时有效而合理地限制代价的必要性，认识到如何以最小、最合理的代价换取最大发展的问题，因而人们应小心选择和谨慎设计发展的目标，预见可以付出的代价，并积极主动和自觉地采取预防和限制措施，积极寻求避免付出过高代价的方法和出路，而不能像悲观主义那样消极保守地对待代价，任其发展，一味为付出的代价而痛心，却不积极采取行之有效的措施和办法。

四是使人们认识到发展过程中的必然代价和人为代价的区别，因而应区别对待这两种不同的代价，而不能像折中主义那样，把二者混淆起来。

概括起来，正确的代价观就是：既要看到发展付出一定代价的必然性，又要防范和限制这种代价；既要看到代价的消极面，又要看到有的代价对发展的积极作用；既要看到必然代价，又要看到人为代价；既要正确对待自我为发展做出的某种牺牲，又要使社会关心为发展付出代价的人；既要谨慎选择和确定发展目标，又要提高素质，减少失误。

（二）提高领导干部和国民的素质，把代价限制在最低限度

即使国家、政府正确选择发展的目标，也会付出一定代价。除了多元目标之间仍存在一定的排斥和矛盾外，还与领导干部和国民的素质有关。因为正确的发展目标确定之后，干部和人就是决定因素，发展目标要靠干部和国民来实现，如果他们在主观上有失误，就会使发展目标因得不到实现而付出代价。

领导干部对减少代价负有重大责任。为此必须做到：注意各发展目标之间的协调以及它们的重点和顺序；在制定发展目标时相应制定限制代价的措施；注意协调好当前利益和长远利益、局部利益和全局利益、经济效益和社会效益、个人利益和集体利益的关系，提高科学决策的能力，尽力避免决策失误；正确、合理、有效和规范地使用发展的手段和方式；提高认识世界和改造世界（包括主观世界）的能力和驾驭改革及现代化的建设能力；及时评估代价的大小及性质，并积极采取行之有效的措施，避免代价的扩大化；具有正确的政治站位，加强制度建设，以制度约束和规范人的行为。

国民在减少代价方面同样责任重大，每个国民应不断提高素质和能力，树立正确的代价观。

第七章 "动力、平衡、治理"三机制论

以"三机制"分析框架
解释社会发展规律

机制是规律与制度、体制、政策及现象的中介。作为规律的外在表现和制度、体制、政策及现象的内在机理,动力、平衡和治理三种机制普遍存在于自然界、人类社会、人的精神世界之中。我们可以以三大机制及其相互关系为分析框架,分析经典马克思主义的核心要义、马克思心目中的资本主义和社会主义、当代西方社会的新变化、当代中国的改革发展稳定、中国特色社会主义思想精髓和以习近平同志为核心的党中央治国理政的根本思路等人们所关注的一系列重大问题。

作为自然科学用语,机制,原意是指有机体的构成要素、运作方式、作用机理和实际功能及其相互关系,或机器的构造和工作机理。20世纪80年代后期以来,越来越多的社会学家、经济学家把"机制"概念引入社会、经济研究之中,用来指隐藏在经济现象、社会现象背后,且发挥驱动、控制、整合等作用的诸多因素的本质、结构、功能及其相互联系,以及这些因素产生影响、发挥作用的运行逻辑和功能原理。他们还运

用经济运行机制、社会运行机制等理论，来分析经济社会的发展模式。这里，我们主要从哲学上，把机制界定为规律与制度体制政策的中介，进而探寻普遍存在并发挥根本作用的规律表现形式和制度体制政策的内在机理。李忠杰教授曾在《中国社会科学》2007 年第 1 期发表《论社会发展的动力与平衡机制》一文，在学术界引起较大反响。本章在其研究成果的基础上，尝试进一步深化这项研究。我们认为，动力、平衡和治理是普遍存在于自然界、人类社会、人的精神世界中的三种根本机制；这三种机制既是社会历史发展隐蔽规律的具体体现，也是制度规范、体制运行、政策措施和所呈现的现象的内在机理；动力机制释放着社会发展的能量，平衡机制保持着社会各要素、各领域、各部分之间的协调，治理机制力求使动力机制和平衡机制之间达到优化、协调、配合。我们尝试把这三大机制作为理论框架，用来分析经典马克思主义的核心要义、马克思当时心目中的资本主义和社会主义、当代西方社会的新变化、当代中国的改革发展稳定、中国特色社会主义思想精髓和以习近平同志为核心的党中央治国理政的根本思路等一系列重大问题。

一　动力、平衡、治理是存在于任何对象中的三种根本机制

在以往我们所观察的任何对象中，都存在着动力、平衡和治理三种根本机制。作为诸多规律的表现形式，三大机制对自然界、人类社会和人的精神世界中的诸多现象发挥着驱动、平衡和调整的作用，是诸多规律与制度、体制、政策及现象之间普遍存在的中介。

首先，动力、平衡、治理是存在于自然界中的三种根本机制。在自然界，动力机制是物质运动规律与物质运动现象的中介：物质运动规律通过动力机制作用于物质运动现象，分析动力机制可以透过运动现象把握运动规律；动力机制也是物质运动现象的内在驱动力，且规定着物质

运动的速度、方向和方式。在动力机制驱动过程中，平衡机制发挥着不可或缺的作用，缺乏平衡，任何物质运动都无法长久维持。物质运动过程中"能量守恒"就是平衡机制在自然界的主要存在方式。而"物竞天择，适者生存"的生物进化规律，通过治理机制的中介作用，呈现在诸种自然现象之中，并自然发挥着在生物进化上的作用。此外，在受到刺激、干扰时，生物有机体、种群或生态系统所表现出来的适应能力或者修复能力，也是自然界自我治理机制的重要表现。三大机制既广泛存在于自在自然中，也普遍存在于人化自然中，比如人制造的自行车、汽车、火车、轮船、飞机等交通运输工具。自行车没有动力就跑不起来，在跑的过程中失去平衡就会倒下去，既要跑得快又不倒下去，就需要骑车的人具有高超的技能。

其次，任何社会都具有动力、平衡和治理三种机制。动力、平衡和治理是人类社会赖以运行和发展的三种最根本、最普遍的机制。动力机制，释放着社会发展的能量；平衡机制，保持着社会发展各部分之间的协调；治理机制，使动力机制和平衡机制达到优化、协调与配合。没有动力机制，社会就像一台没有马达的机器；没有平衡机制，社会就像一匹脱缰狂奔的野马。社会发展的动力机制和平衡机制要达到优化、协调、配合并有效发挥作用，就需要治理机制。现代化需要从根本上解决好动力机制、平衡机制和治理机制问题。现代化首先要解决"发展"及发展的动力机制问题；当"发展起来以后"即进入现代化发展的第二阶段，民众表达的诉求日趋觉醒和增强，当社会不能为满足这种诉求提供足够资源且资源配置不合理的情况下，就会发生冲突，由此和谐稳定问题便凸显出来。因此，现代化还要解决好"稳定"及其平衡机制问题。发展和稳定问题，动力机制和平衡机制问题，都要通过"改革"来解决，改革本质上就是通过治理，使动力机制和平衡机制之间达到优化、协调、配合。在社会基本矛盾运动中，要注重把握好社会发展的动力机制、平衡机制和治理机制。改革本质上是一种机制治理，就是通过治理来解决我国社会基本矛盾中的不适合部分，其目的就是既为社会发展注入动力，发挥好动力机制的作用，又促进社会和谐稳定，发挥好平衡机制的作用。如果社会发展缺乏动力且不够平衡，动力因素与平衡因素也不够协调、配合，这说明社会基本矛盾具有不适合的状况，必须通过改革进行治理。所以，社会基本矛盾运动规律是通过社会历史发展的动力机制、平衡机制和治理机制而体现出来并发挥作用的。

最后，三大机制也存在于人的精神世界中。经研究我们发现，人的精神结构有六个基本要素，即欲求、情感、认知、评价、伦理和超验。其中，欲求和情感发挥着动力作用，主要驱动人发挥其积极性、主动性和创造性，进而推动人不断地为满足其合理需要而奋斗；认知和评价主要对个体欲求的合法性作出合理判断，平衡个体与整体的关系，使个体在追求个人利益最大化的过程中，不能危害他人的基本权益，不能超越法律允许的范围，还要接受道德舆论的监督；伦理和超验是对个体和群体行为的治理和规范。

在西方思想史上，一些学者在对自然、社会和人的精神世界的研究中，也不同程度地揭示了动力、平衡和治理三种根本机制。作为实证主义的创始人和社会学的开创者，孔德虽然没有明确使用社会运行机制这样的概念，但他把社会学分为社会动力学（探究社会的运动和发展的规律，研究社会的进步）和社会静力学（探究一般的社会关系、社会结构及其性质，以及它们存在的条件，简言之，就是研究社会的秩序），并且强调社会动力学与社会静力学是一个有机的整体。其中，社会静力学所研究的"秩序"必然通过社会动力学所研究的"进步"表现出来，而进步又是秩序的渐进的发展。"秩序向来是进步的基本条件，而反过来，进步则成为秩序的必然目标。"①这里，"进步"与社会历史发展的动力有关，而"秩序"与社会历史发展的平衡有关。美国社会学家罗斯曾指出："社

---

① ［法］奥古斯特·孔德：《论实证精神》，黄建华译，40 页，北京，商务印书馆，1996。

会秩序意味着根据一些规则来调节冲突。"①也就是说，社会发展需要通过治理以达到平衡。未来学家托夫勒认为，人类社会从古至今主要经历了三种力量的更替，即暴力、财富和知识。当今时代，知识是创造财富的发动机，人的智力和创新能力将成为支配社会发展的主导力量。②

我国学者李忠杰也指出，动力机制与平衡机制，是人类社会赖以运行的两种最根本、最基础、最普遍的机制。所谓动力机制，是指一个社会赖以运动、发展、变化的不同层级的推动力量，以及它们产生、传输并发生作用的机理和方式。所谓平衡机制，是指一个社会的各个组成要素和部分之间如何协调相互关系，保持平衡，以有序、稳定状态运行的机理和方式。在此基础上，李忠杰从动力与平衡相结合的角度，解析了不同社会发展状态及其优劣的深层原因，以及当代中国社会变革的内在逻辑和各种问题的深层原因，提出要建立和完善中国特色社会主义的动力与平衡机制。③ 郑杭生从影响社会运动的诸多因素出发，认为社会运行机制是人类社会在有规律地运动过程中，影响这种运动的各因素的结构、功能及其相互联系，以及这些因素产生影响、发挥功能的作用过程和作用原理。他将社会运行机制划分为动力、整合、激励、控制、保障等，并具体阐释了其内涵、结构和功能。④ 其中的"动力""控制""整合"分别与"动力""平衡""治理"有关。严家明认为，社会机制是指社会系统内各组成部分之间的联动作用关系，是自然机制和人工机制作用于社会生活的结果，包括社会规律的作用机制和利用机制方面的内容。他还揭示了社会机制和社会规律的有机联系，认为社会规律对社会反复起作

---

① ［美］爱德华·罗斯：《社会控制》，秦志勇、毛永政等译，2页，北京，华夏出版社，1989。

② 参见［美］阿尔文·托夫勒：《力量转移——临近21世纪时的知识、财富和暴力》，刘炳章、卢佩文、张今等译，北京，新华出版社，1996；［美］阿尔文·托夫勒、海蒂·托夫勒：《财富的革命》，吴文忠、刘微译，北京，中信出版社，2006。

③ 参见李忠杰：《论社会发展的动力与平衡机制》，载《中国社会科学》，2007(1)。

④ 参见郑杭生、郭星华：《试论社会运行机制》，载《社会科学战线》，1993(1)；郑杭生主编：《社会学概论新修》，40～45页，北京，中国人民大学出版社，1994。

用，是通过"社会机制"这个中介实现的，他指出，"动力机制和约束机制是促进和协调社会事物发展的两种最基本的机制"①。

二 社会发展的动力机制、平衡机制和治理机制的内涵、功能及其相互关系

动力机制，主要指由社会发展的基本要素所构成的动力系统及其作用机理和方式。动力机制的基本表现是活力。在经济领域，具体表现为生产效率；在政治领域，具体表现为政府效能；在文化领域，具体表现为创新精神；在社会领域，具体表现为社会发展。

动力机制由一些基本要素构成。主要包括：人的需要及利益；人的能力尤其是创新能力；人的积极性、主动性和创造性；科学技术；市场机制；发展活力。这些要求社会发展的动力机制，以人的需要及利益为动力源，以人的能力尤其是创新能力为动力能，以人的积极性、主动性和创造性为动力流，以科学技术和市场机制为主要手段，以充满发展活力为目的。此外，动力机制的功能，主要是解决社会赖以发展的动力，从社会层面看，它旨在让一切创造财富的源泉涌流，让一切创新能力迸发；从个人层面看，它又要使每个人各显其能。

衡量动力机制的标准主要是速度、效率和活力。考察一个社会的动力机制状况，就要考察这种机制能否最大限度地激发全体社会成员的创新能力；能否调动全体社会成员的积极性、主动性和创造性；能否使社会各要素、各领域和各方面充满发展动力和创新活力，从而使社会获得快速且有效率的发展。

平衡机制，是指社会各基本要素和各部分之间保持协调、和谐，且稳定有序运行的机理和状态。平衡机制的最高表现是和谐。在经济领

① 严家明：《社会运行机制概论》，载《社会科学》，1990(8)。

域，主要表现为公平分配利益，化解利益矛盾；在政治领域，主要表现为公平正义，以及人们具有平等的权利、机会；在文化领域，主要表现为和谐思维；在社会领域，主要表现为人与人之间的平等和谐关系以及社会稳定有序。

构成平衡机制的基本要素主要包括：公正和谐；全面协调；统筹兼顾；稳定有序。公正和谐属于理念，全面协调属于基本要求，统筹兼顾属于根本方法，稳定有序属于结果。平衡机制既注重经济、政治、文化、社会之间的全面协调、统筹兼顾，又注重生产关系与生产力、上层建筑与经济基础之间的适合，还注重人与自然、人与社会、人与人、人的身心之间的和谐。平衡机制的主要功能，就是通过平衡利益分配和确立公平正义的价值取向，使速度与稳定、效率与公平达到一种均衡状态，并形成一种各得其所、和谐相处、稳定有序的社会发展状态。

衡量平衡机制的标准主要是公正、和谐和稳定。考察一个社会的平衡机制状况，就要考察这种机制能否使全体社会成员各得其所、和谐相处；能否使社会各要素、各领域、各方面的关系处于协调状态；能否使社会公正得到保障，使社会矛盾趋于平缓，使社会发展安定有序。

治理机制，是以一定理想目标为尺度，通过治理，矫正经济社会发展在动力和平衡方面存在的弊端，使动力机制与平衡机制达到优化、协调、配合，从而促进生产关系与生产力、上层建筑与经济基础之间相互适合，推动经济、政治、文化、社会、生态等诸种体制不断完善。

治理机制的理念，是促进公平正义、增进人民福祉；治理的对象及其目的，是实现动力机制与平衡机制的优化及二者之间的协调、配合，使利益、资源达到公正合理的分配；治理的内容，是对生产关系与生产力、上层建筑与经济基础不适合的部分进行治理；治理的方式主要有两种：一是完全不适合，需要革命（自下而上），二是部分不适合，需要改革（自上而下）。衡量治理机制的标准，主要看社会发展的动力机制与平衡机制是否得到优化、协调和配合，看利益、资源是否达到公正合理的分配。

动力机制、平衡机制和治理机制都是通过一定的制度规范、体制运作和政策措施体现出来的；在一定制度规范、体制运作和政策措施的背后起根本性作用的，正是动力、平衡和治理这三种根本机制。比如，关于社会主义分配制度的作用，主要看其分配的效率性（动力）、分配的道义性（平衡）和分配的正义性（治理）状况；关于政治体制的作用，主要看政府的效能（动力）、权利的平等（平衡）与政府对经济社会发展的动力和平衡的（治理）状况；把握改革的政策措施的作用，应主要围绕改革（治理）与发展（动力）、稳定（平衡）的关系展开，即改革的政策措施能否解决经济社会发展的动力与平衡的问题。由此，我们在设计和制定一个社会的制度规范、体制运作和政策措施时，从根本上应围绕动力、平衡和治理三种机制来进行。检验一个社会的成熟程度或健全程度，关键要看这三种机制的优化、协调、配合程度。

动力、平衡、治理三种根本机制既相互独立又相互联系。所谓相互独立，是指这三种机制中的每一种机制，分别是人们考察自然界、人类社会和人的精神世界的一个相对独立的层面，是人们观察问题的一种方式；所谓相互联系，是指在分析研究某一个具体对象时，这三种根本机制是同时存在、相互影响且彼此理解的，它们在结构上是相互协调的，在功能上是相互补充的。

三　动力、平衡、治理三种机制
是重要的分析框架

"三种机制"是十分重要的分析框架，可以用来分析、解释人们当下关注的一些重大问题。

（一）把握经典马克思主义的核心要义

经典马克思主义博大精深，具有丰富的内容。然而，其核心要义究竟是什么？借助"三种机制"可把握其三个核心要义。

（1）动力机制上关于社会基本矛盾尤其是生产力的观点。它注重社会生产力的高度发展，认为生产力是一切社会发展的物质基础，是社会历史发展的最终决定力量。在《德意志意识形态》《哲学的贫困》《共产党宣言》和《〈政治经济学批判〉序言》，以及恩格斯晚年历史唯物主义书信中，马克思、恩格斯都强调生产力是全部社会生活的物质前提，"生产归根到底是决定性的东西"①，生产力的发展是社会发展的最终原因。

（2）平衡机制上关于人的全面、平等、和谐发展观点。在《共产党宣言》和《资本论》中，马克思、恩格斯强烈地批判资本主义社会发展的不公正和不平衡现象，认为理想社会的最高价值目标是实现每个人自由而全面发展，在这个社会，每个人的自由发展是一切人自由发展的条件。

（3）治理机制上关于无产阶级革命的观点。它强调无产阶级要通过革命消灭私有制，进而解放全人类，认为这是推翻资本主义社会并走向理想社会的根本途径。

（二）理解马克思心目中的资本主义和社会主义

经典马克思主义把资本主义社会作为主要批判对象，它既是在批判资本主义社会中构想社会主义理想社会的，也是因批判资本主义社会而出场的。这叫作"在批判旧世界中发现新世界"。马克思心目中的资本主义有三种基本图像。

一是在动力机制上，马克思高度评价资本与资产阶级在推动社会生产力发展方面的历史作用。马克思、恩格斯认为，资本是"一本打开了的关于人的本质力量的书"②。借助资本的作用，"资产阶级在它的不到一百年的阶级统治中所创造的生产力，比过去一切世代创造的全部生产力还要多，还要大"③。

二是在平衡机制上，马克思又强烈批判资本主义社会的非人道性质，认为资本主义社会是资本占有劳动且不平等的社会，在这个社会，

---

① 《马克思恩格斯选集》第4卷，608页，北京，人民出版社，2012。
② 《马克思恩格斯文集》第1卷，192页，北京，人民出版社，2009。
③ 《马克思恩格斯选集》第1卷，405页，北京，人民出版社，2012。

社会物质财富的增长以牺牲人的发展为代价。马克思强调指出，19 世纪资本主义的发展模式必然导致贫富差距及工人的贫穷，"死的资本总是迈着同样的步子，并且对现实的个人活动漠不关心"①。"工人生产的财富越多，他的生产的影响和规模越大，他就越贫穷"②。这实际上是对当时资本主义社会平衡机制不足的客观评价。

三是在治理机制上，马克思认为，资本主义社会无法解决自身固有的矛盾及不断发生的危机："社会所拥有的生产力已经不能再促进资产阶级文明和资产阶级所有制关系的发展；相反，生产力已经强大到这种关系所不能适应的地步，它已经受到这种关系的阻碍；而它一着手克服这种障碍，就使整个资产阶级社会陷入混乱，就使资产阶级所有制的存在受到威胁。资产阶级的关系已经太狭窄了，再容纳不了它本身所造成的财富了。"③而资产阶级面对这样的历史困境显得无能为力、无所适从："资产阶级用什么办法来克服这种危机呢？一方面不得不消灭大量生产力，另一方面夺取新的市场，更加彻底地利用旧的市场。这究竟是怎样的一种办法呢？这不过是资产阶级准备更全面更猛烈的危机的办法，不过是使防止危机的手段越来越少的办法。"④那么究竟如何解决资本主义社会的固有矛盾及不断发生的危机呢？在马克思看来，通过社会改良、道德劝说和良心发现都无法克服资本主义社会存在的根本弊端，只有通过无产阶级革命，才能用一个理想社会取代资本主义社会。

正是针对资本主义社会在运行和发展机制上存在的诸多问题，马克思力求构想动力机制、平衡机制和治理机制能够相互协调、配合的理想社会的发展模式，即"代替那存在着阶级和阶级对立的资产阶级旧社会的，将是这样一个联合体，在那里，每个人的自由发展是一切人的自由发展的条件"⑤。具体来说，在这样的社会里，社会生产能力得到前所

---

① 《马克思恩格斯文集》第 1 卷，119 页，北京，人民出版社，2009。
② 《马克思恩格斯文集》第 1 卷，156 页，北京，人民出版社，2009。
③ 《马克思恩格斯选集》第 1 卷，406 页，北京，人民出版社，2012。
④ 《马克思恩格斯选集》第 1 卷，406 页，北京，人民出版社，2012。
⑤ 《马克思恩格斯选集》第 1 卷，422 页，北京，人民出版社，2012。

未有的解放，社会生产力高度发展，物质财富极大丰富，社会发展充满活力；同时消灭了私有制、旧式分工和阶级对抗，每个人都能得到自由全面发展；在人们自我监督、自我管理的"自由人联合体"中，对社会产品进行有计划的调节。

(三)分析当代西方社会的新变化

从经济社会运行的内在机制上看，2008 年金融危机以来，以美国为代表的西方社会发生了诸多推动经济增长的新变化。20 世纪 80 年代以来，消费逐渐成为推动发展的主要动力。在以消费驱动增长的经济中，政府必然会鼓励消费，扩大信贷规模。这就导致次贷市场膨胀，产生泡沫。过度消费使得储蓄不足，最终导致贸易逆差过大，经常账户赤字增加。

而不断增加的经常账户赤字最终又会导致美元汇率的下降，从而使进口商品价格升高，产生通货膨胀压力。为了平抑物价，美联储必然会提高联邦利率，进而导致金融市场泡沫破裂。

金融危机爆发后，美国开始治理经济结构，寻求新的经济增长动力。第一，大规模整合金融业，颁布金融监管改革法案，改革金融监管体系。第二，转换经济增长模式，由消费驱动型增长转向出口驱动型增长。美国积极整合政府资源，放松对某些高技术产品的出口限制，这些治理有利于加快科技创新的速度和生产率的提升。第三，更加注重自主创新能力，"创新发展"备受重视。美国政府 2009 年、2011 年两度发布了《创新战略》。实际上，美国在研发投入总量、技术储备、人才与产业基础等领域仍占有明显优势，且继续引领全球技术创新的方向。第四，反思危机前过度追求经济虚拟化的教训，重视实体经济发展，发布"先进制造业国家战略计划"，制造业显露复苏迹象。第五，把"低碳经济"和"绿色增长"作为经济发展的主题。美国将重点放在新能源和环保产业上，努力推动其向产业化方向发展，把绿色、低碳技术及其产业化作为突破口，从而引领产业结构的再治理，并为长期经济增长和繁荣打下坚实基础。第六，新能源成为驱动美国产业结构治理的重要力量。页岩气和页岩油开采技术的突破与大规模应用，给美国带来了能源价格"洼地"、制造业复兴等诸多好处，也对国际能源格局构成冲击，为美国全球战略布局提供了巨大空间。

(四)把握党的十八届三中全会关于全面深化改革的核心

中国特色社会主义理论体系博大精深，其思想精髓主要体现在三个方面：一是在动力机制上，强调中国特色社会主义的首要根本任务是解放和发展社会生产力，发展是硬道理，发展是党执政兴国的第一要务；二是在平衡机制上，把促进公平正义、增进人民福祉作为全面深化改革的出发点和落脚点，认为科学发展的基本要求是全面协调可持续，根本方法是统筹兼顾，并注重构建社会主义和谐社会，使发展成果更多惠及全体人民，最终达到共同富裕；三是在治理机制上，注重全面深化改革，并通过全面深化改革，破除体制机制弊端和利益固化樊篱，治理利益关系、利益分配格局，既为发展注入创新活力和动力，又促进社会和谐稳定。

改革开放之初，我们主要是通过改革解决社会主义建设中"发展动力不足"的问题。我们通过解放思想、组织动员，以及运用市场机制与资本运作的驱动作用，使人们聚精会神搞建设、一心一意谋发展，让一切创造财富的源泉涌流，让一切创新能力迸发，有效激发了我国经济社会发展的动力与创新活力。在经济发展起来以后，一定程度上出现了贫富分化、发展失衡、矛盾增多、社会无序的问题。进入 21 世纪，我们把改革的重点放在解决"社会平衡、和谐和稳定"上，从注重解决发展动力到进一步注重解决发展平衡、和谐、稳定问题，是我国改革与中国特色社会主义建设实践的内在逻辑与基本经验。

2010 年以来，我国发展动力不足、创新活力不够的问题逐渐显现出来。在这种情况下，党的十八届三中全会强调通过全面深化改革，来解决发展动力不足问题。强调正确处理改革发展稳定之间的关系，既是我国改革的一条基本经验，也是全面深化改革所应遵循的一个基本方法论；要把促进公平正义、增进人民福祉作为全面深化改革的出发点和落脚点；要解放思想，解放和发展社会生产力，解放和增进社会活力。这里，"发展"与动力机制有关，"稳定"与平衡机制有关，"改革"本质上是一种治理机制；全面深化改革实质上是通过治理，解决好发展动力与发展平衡之间的优化、协调、配合问题，以及利益治理问题，即解决治理机制问题。党的十八届三中全会所讲的全面深化改革，从根本上就是解决这三种机制上存在的问题。一是"使市场在资源配置中起决定性作用"，从社会发展的动力机制与平衡机制出发，李忠杰对科学发展观的实质与构建社会主义和谐社会的关键做了阐释，即"科学发展观的实质是把动力推动的发展与发展过程中的平衡结合起来"，"构建社会主义和谐社会，关键也是要处理好动力与平衡的关系"，① 用市场机制这只"看不见的手"来解决发展动力和创新活力问题。二是更好发挥政府的作用，用政府这只"看得见的手"解决好社会公正和谐稳定问题。三是全面科学统筹谋划改革，通过全面深化改革，解决好发展动力与发展平衡问题。因此，从整体上把握经济社会发展的动力机制、平衡机制、治理机制及其相互协调、配合，理应成为当代中国全面深化改革的一个基本理念与核心线索。

(五)把握以习近平同志为核心的党中央治国理政的根本思路

如何把握以习近平同志为核心的党中央治国理政的根本思路？最根本的是把三种机制的优化、协调、配合作为基本线索。党的十八大以来，习近平总书记有关治国理政的论述旨在解决三个根本问题：改革、发展、稳定。以习近平同志为核心的党中央治国理政所解决的总问题，就是正确把握和处理改革发展稳定的关系。党的二十大报告强调，"必须坚持问题导向"；"我们要增强问题意识，聚焦实践遇到的新问题、改革发展稳定存在的深层次问题"。② 改革本质上是"治理"，发展依靠"动

---

① 李忠杰：《论社会发展的动力与平衡机制》，载《中国社会科学》，2007(1)。

② 习近平：《高举中国特色社会主义伟大旗帜　为全面建设社会主义现代化国家而团结奋斗——在中国共产党第二十次全国代表大会上的报告》，20 页，北京，人民出版社，2022。

力"，稳定关乎"平衡"。作为以习近平同志为核心的党中央治国理政方针的《中共中央关于全面深化改革若干重大问题的决定》，其主线与核心，就是以全面深化改革为统领，来解决发展动力、活力与社会稳定和谐的问题。

党的十八大以来，以习近平同志为核心的党中央治国理政的切入点或突破口，首先是直面并注重破解当今我们发展进程中面临的一系列突出矛盾和问题，具有真正的问题意识和担当精神。习近平总书记指出："要有强烈的问题意识，以重大问题为导向，抓住关键问题进一步研究思考，着力推动解决我国发展面临的一系列突出矛盾和问题。我们中国共产党人干革命、搞建设、抓改革，从来都是为了解决中国的现实问题。"[①]以习近平同志为核心的党中央所解决的不是一般性问题，而是影响当代中国的"命运性问题"。这些"命运性问题"主要包括"发展问题""稳定问题"与影响发展稳定的体制机制弊端。"问题倒逼改革"，解决这些"命运性问题"，必须全面深化改革。全面深化改革是一种事关"中国命运"的改革，其本质就是解决"发展"与"稳定"这种"命运性问题"。

党的十八大以后，以习近平同志为核心的党中央就着手为全面深化改革做准备。这主要体现为在经济上相对强调"稳"，即稳增长、调结构、转方式，稳中求进；在政治上强调"硬"，即硬在精神，硬在能力，硬在作风，硬在纯洁，硬在凝聚，硬在治理；在文化上强调"导"，即坚持和发展中国特色社会主义，在根本问题上不能出现颠覆性错误；在社会上强调"聚"，即汇聚社会正能量，凝聚改革共识，凝聚改革合力，力求为全面深化改革营造良好环境和创造有利条件。习近平总书记强调，"全面深化改革，关键是要进一步形成公平竞争的发展环境，进一步增强经济社会发展活力，进一步提高政府效率和效能，进一步实现社会公平正义，进一步促进社会和谐稳定，进一步提高党的领导水平和执政能

---

① 习近平：《习近平谈治国理政》第一卷，74 页，北京，外文出版社，2018。

力"①。

这六个"进一步"作为全面深化改革的关键点，本质上蕴含着经济社会发展的动力机制、平衡机制和治理机制。"进一步增强经济社会发展活力，进一步提高政府效率和效能"，实际上讲的就是发展动力即动力机制问题；"进一步实现社会公平正义，进一步促进社会和谐稳定"，实际上讲的就是社会平衡即平衡机制问题；"进一步形成公平竞争的发展环境""进一步提高党的领导水平和执政能力"，实际上讲的就是治理即治理机制问题。质言之，提高党的领导水平和执政能力，也就是提高党和政府的"治理"水平和能力，而形成公平竞争的发展环境是科学"治理"的一个结果。

① 中共中央文献研究室编：《习近平关于全面深化改革论述摘编》，16 页，北京，中央文献出版社，2014。

第八章　中国道路本源意义论
以"五定"分析框架解释中国道路

　　学术界、理论界对中国道路问题较为关注，时常把中国道路看作一个根本性问题。然而，人们多把"中国道路"仅看作一个政治问题而非学术问题，还没有从学理上加以深入理解和阐释，致使"中国道路"成为熟知并非真知、知其然而不知其所以然的问题。在把中国道路首先看作政治问题的前提下，如何把中国道路也看作一个学术问题，进而把中国道路由政治话语转化为学术话语？如何从学理上理解和把握中国道路及其意义？翻阅大量相关文献，迄今为止，学术界还未真正解决好这些问题，因而还没有从学理上对中国道路给出一个精准、精练、彻底、合乎逻辑且令人信服的圆满阐释，更没有认识到中国道路所具有的本源意义。笔者认为，把"中国道路"也看作一个学术问题，进而从学理上加以深入探讨，不仅有助于从外延上拓宽"中国道路"问题研究的学术空间，而且有助于从根本上深刻认识到"中国道路"所具有的本源意义。

一 "道路"探寻是贯穿马克思主义
发展史的一条根本主线

马克思主义发展史，到底是一种什么样的发展史？答案种种，然而，还没有哪一本著述把马克思主义发展史从根本上明确看作对"道路"问题探寻的历史。

我们来看看马克思主义发展史从根本上到底是什么样的发展史吧。

空想社会主义之所以是空想，主要体现在两个方面。一是它对未来理想目标的设想没有建立在现实的基础之上；二是它关于未来理想目标的实现，较为注重人的理性、改良、道德教育、宣传舆论、天才人物的作用，没有真正找到切实可行的科学道路。于是，实现社会主义理想目标的道路问题，就成为需要后人继续深入探寻的一个根本性问题。

马克思、恩格斯把社会主义由空想变为科学，创立了科学社会主义。科学社会主义对空想社会主义的变革，主要体现在道路问题上。一是马克思、恩格斯把对未来理想社会之理想目标的设想建立在现实的基础上，这一现实，就是对社会基本矛盾的理解，就是对资本主义社会发展规律和人类历史发展一般规律的把握；二是更为重要的，马克思、恩格斯找到了一条实现社会主义理想目标的根本路径，这就是《共产党宣言》所确立的：全世界无产者联合起来，通过无产阶级革命，消灭私有制，消灭剥削，进而解放无产阶级，解放全人类，促进每个人自由而全面发展。在马克思、恩格斯那里，科学社会主义就是关于无产阶级解放条件的学说，其核心就是致力于探寻实现社会主义、共产主义与人的自由全面发展的道路。

马克思晚年集中思考和研究的是东方社会跨越"卡夫丁峡谷"问题，其实质就是关于东方社会的发展道路问题。1867 年，《资本论》第一卷出版后，俄国学者正在思考俄国废除奴隶制后向何处去的道路问题。他们对《资本论》中所提出的由封建生产方式向资本主义生产方式转变的历史必然性，对俄国农村公社的命运，尤其是俄国社会的发展道路等问题，展开了激烈争论。1881 年年初，俄国革命民主主义者查苏利奇致信马克思，希望马克思能说明对俄国农村公社的发展道路和发展命运的看法。马克思针对他们提出的问题，着重对东方社会发展"道路"问题进行思考，并作了回应。[①]

列宁把科学社会主义由理论付诸实践。列宁领导的"十月革命"，就是科学社会主义在俄国的具体实践。列宁在晚年，从实践到理论所探寻的根本主题，就是小农经济占优势的俄国向社会主义过渡的"道路"问题。当时，俄国小农经济占优势，要使小农经济向社会主义过渡，必须利用国家资本主义。由此，列宁指出："一切民族都将走向社会主义，这是不可避免的，但是一切民族的走法却不会完全一样，在民主的这种或那种形式上，在无产阶级专政的这种或那种形态上，在社会生活各方面的社会主义改造的速度上，每个民族都会有自己的特点。"[②]这里所谓的"走法"，实质上就是道路问题。

1921 年中国共产党登上中国历史舞台以后，马克思主义的发展，就具体体现为马克思主义基本原理同中国具体实际相结合的发展历程，亦即马克思主义在中国的历史发展。"十月革命"一声炮响，给中国送来了马克思列宁主义。马克思主义在中国的历史发展进程，首先表现为马克思主义基本原理同中国革命具体实际相结合，这是在新民主主义革命时期实现的。这一次结合的核心问题，就是关于中国革命的道路问题。当时毛泽东和王明的争论，实质上就是关于中国革命走什么样的道路这一问题的争论。2014 年 4 月 1 日，习近平主席在比利时布鲁日欧洲学院演讲时，回顾了当时中国是如何选择社会主义道路的："1911 年，孙中山先生领导的辛亥革命，推翻了统治中国几千年的君主专制制度。旧的制度推翻了，中国向何处去？中国人苦苦寻找适合中国国情的道路。君

---

① 参见《马克思恩格斯选集》第 3 卷，820～832 页，北京，人民出版社，2012。
② 《列宁全集》第 28 卷，163 页，北京，人民出版社，2017。

主立宪制、复辟帝制、议会制、多党制、总统制都想过了、试过了，结果都行不通。最后，中国选择了社会主义道路。"[1]

1956 年年初，在中国社会主义基本制度将要确立的这一历史时刻，毛泽东把新中国如何建设社会主义的道路问题提到重要议事日程，使其成为以毛泽东同志为主要代表的中国共产党人所面对的最为紧迫的根本问题，这实际上也是马克思主义基本原理同中国社会主义建设具体实际相结合的问题。毛泽东强调指出："应该把马列主义的基本原理同中国社会主义革命和建设的具体实际结合起来，探索在我们国家里建设社会主义的道路了。"[2]这意味着：毛泽东特别强调要把马克思主义基本原理同中国社会主义建设的具体实际结合起来；这一结合的核心问题，就是应该独立思考中国自己的社会主义建设道路问题；在这一问题上，我们党既反省、反思一定历史时段对"苏联模式"的照搬，又表明我们党在精神上具有一定的独立性和主动性。于是，我们党强调要破除迷信，反对本本主义、教条主义。这次结合，毛泽东明确将其称为"第二次"结合。毛泽东强调，吸取苏共二十大的经验教训，"最重要的是要独立思考，把马列主义的基本原理同中国革命和建设的具体实际相结合"。对此，毛泽东深有体会地说，"民主革命时期，我们吃了大亏之后才成功地实现了这种结合，取得了新民主主义革命的胜利。现在是社会主义革命和建设时期，我们要进行第二次结合，找出在中国怎样建设社会主义的道路"，即"现在更要努力找到中国建设社会主义的具体道路"。[3]

第二次结合的主要理论成果，根据顾海良的研究，一是社会主义社会基本矛盾的理论；二是统筹兼顾、注重综合平衡的理论；三是以农业为基础、工业为主导、农轻重协调发展的理论。在我们看来，其中最为

---

① 《习近平在布鲁日欧洲学院的演讲（全文）》，https：//www.gov.cn/xinwen/2014-04/02/content-2651491.htm，引用日期：2023-01-01。

② 中共中央文献研究室编：《毛泽东年谱（一九四九——一九七六）》第二卷，550 页，北京，中央文献出版社，2013。

③ 中共中央文献研究室编：《毛泽东年谱（一九四九——一九七六）》第二卷，557 页，北京，中央文献出版社，2013。

核心的，是社会主义社会基本矛盾的理论。因为对社会主义社会基本矛盾及其性质的理解，是关系社会主义"如何搞"的一个重大问题。这个问题，实质上就是社会主义建设的道路问题。

1978 年我国开启改革开放和社会主义现代化建设新步伐以后，马克思主义在中国的发展就体现为马克思主义基本原理同新时期中国改革开放的具体实际相结合，这次结合的实质、核心，就是对实现社会主义现代化的道路问题的探究。根据历次党的全国代表大会的主题，我们完全可以明确地把这条道路确定为中国特色社会主义道路。这既众所周知，也已成定论，无须赘述。

党的十九大的召开，是马克思主义在中国发展的一个新的里程碑。新就新在，"中国特色社会主义进入了新时代"①，这是实现"强起来"的时代，是我国由大国向强国实现伟大飞跃的新的历史方位。在这一新时代或新的历史方位上，马克思主义的发展就具体体现为马克思主义基本原理同我国新时代中国特色社会主义实践相结合，与实现"强起来"的历史实践相结合。这次结合具有里程碑意义，其结合之实质、核心，就是要进一步深入探究实现"强起来"的具体道路问题。党的十九大报告第四部分及之后的内容，主要就是对全面建成社会主义现代化强国、实现中华民族伟大复兴之具体道路的阐述。

由上可以看出，马克思主义发展史从根本上就是对"道路"问题探寻的历史。

二　运用"五定"总体框架揭示中国道路的核心要义及其生成机制

既然对道路的探寻是贯穿马克思主义发展史的一条根本主线，那

---

① 中共中央党史和文献研究院编：《十九大以来重要文献选编》（上），7 页，北京，中央文献出版社，2019。

么，从学理来讲，中国道路的生成机制是什么？究竟什么是中国道路的核心要义？或者说如何从学理上揭示中国道路的核心要义及其生成机制？中国道路，就广义而言，主要包括中国革命的道路、中国社会主义建设的道路、社会主义现代化建设的道路与和平发展道路；就狭义而言，主要是指当代中国致力于实现社会主义现代化、实现中华民族伟大复兴的中国特色社会主义道路。这里，按照一个完整的逻辑框架，从五个维度，试求对中国道路尤其是狭义上的中国特色社会主义道路之核心要义及其生成机制作出学理上的揭示。

（一）定性：坚持中国共产党领导

揭示中国道路，首先要对中国道路进行"定性"，这主要回答"谁来领航""往哪领航"的问题。"性质"决定着方向，方向决定着道路，方向问题是中国道路的首要问题。

中国道路在性质上不是走资本主义的邪路，它超越以资本为主导的逻辑；中国道路也不走封闭僵化的老路，它反对道路一旦确定就静止不动、固化定型，跟不上时代发展的步伐。中国共产党领导是中国特色社会主义最本质的特征，中国共产党领导是中国特色社会主义制度最大的优势。此外，是中国共产党探寻并开创了中国道路。显然，坚持中国共产党领导，是中国道路最本质的特征，它体现着中国道路的根本性质。

中国共产党登上中国历史舞台后，最为首要的，就是真正开始探寻中国革命的道路问题。1956年，中国共产党开始主动探究在中国建设社会主义的道路问题；尤其是1978年我国开启改革开放以后，最为首要的，就是中国共产党人真正开始探寻并开创了中国特色社会主义道路。由于找到了正确的道路，中国发生了翻天覆地的变化。历史的逻辑确实如此：没有中国共产党，就没有新民主主义革命的胜利；没有中国共产党，就没有新中国；没有中国共产党，就没有改革开放。中国共产党正是在探寻中国道路并创造历史成就的过程中呈现出领导力的，也是在运用总体方略实现战略目标的历史进程中实现其领导力的。因此，只有读懂中国共产党，才能理解中国道路，只有理解中国道路，才有助于理解中国共产党。在中国道路中，之所以必须坚持中国共产党领导，是因为中国共产党不仅是中国道路的真正探寻者、开创者与领航者，而且其指导思想具有引领力，奋斗目标具有感召力，组织资源具有动员力，实现蓝图具有恒定力，自我革命具有净化力。在中国道路的核心要义中，坚持中国共产党领导具有总体性地位与核心性作用。

这一维度，讲的是中国道路的本质逻辑。

(二)定位：立足历史方位

揭示中国道路，在搞清楚"谁来领航""往哪领航"之后，逻辑上就必须进一步为中国道路进行定位，即搞清楚"我在哪里"（"我在何处"）。这实际上是关于中国道路的历史坐标问题。这里所讲的历史坐标，实质上就是中国道路所处的历史方位。确定历史方位至关重要，因为只有首先搞清楚"我在哪里"（"我在何处"），才能进一步搞清楚"走向何方"。这在实质上讲的是中国道路的总依据、立足点问题。

历史方位既然是历史坐标，它就确定着中国道路所处的历史阶段。在不同历史阶段，中国道路会有不同走法，同一条根本相同的道路也会有具体不同的走法。中国道路是中国共产党在不同历史阶段且在解决不同的社会主要矛盾和根本问题的进程中开创出来的。在1978年改革开放初期，即在我国"欠发展"的历史方位上，我们党主要是解决人民日益增长的物质文化需要同落后的社会生产之间的矛盾，由此所要解决的根本问题或首要根本任务，就是解放和发展社会生产力，解决的方法是发展科学技术，利用市场机制。

党的十九大以后，中国特色社会主义进入了新时代，我国发展进入了"发展起来以后"的新的历史方位。此时，我们党与时俱进地把人民日益增长的美好生活需要和不平衡不充分的发展之间的矛盾作为社会主要矛盾，由此把逐步实现全体人民共同富裕、不断促进人的全面发展作为全面建成社会主义现代化强国、实现中华民族伟大复兴的根本支柱，作为新时代新的历史使命和奋斗目标，把贯彻落实新发展理念、实施"两大布局"（统筹推进"五位一体"总体布局、协调推进"四个全面"战略布局)作为总体方略。显然，中国道路既具有相对稳定性，也具有开放性和未完成性，具有与时俱进的品格，它不是封闭保守僵化的，而是开放创新发展的，是向世界开放的。

立足历史方位的中国道路具有三大实践功能。一是保持清醒头脑，不冒进、不保守。明确历史方位，就知道"我在何处"。人类始终只提出自己所能完成的任务，因为只要仔细考察就可以发现，任务本身，只有在解决它的物质条件已经存在或者至少是在生成的时候，才会产生。我们只能根据自己所处的历史方位来确定奋斗目标。这样，就既不会冒进，也不会保守。二是坚持与时俱进，不停滞、不封闭。随着历史进步和实践发展，我们要与时俱进地确定奋斗目标，并全力以赴地实现这一奋斗目标，中国道路也随之得以拓展。比如，随着民族历史日趋成为世界历史，中国道路的世界维度会日益展现。只有这样，才会不停滞、不封闭。三是明确工作重点，不迷失、不折腾。明确工作重点，就可以紧紧围绕工作重点做好工作，并以抓重点带好面上的工作。这样，既不迷失方向，也可避免瞎折腾。中国共产党人十分重视历史方位问题，并以此来与时俱进地拓展中国道路，推进中国发展。

这一维度，讲的是中国道路的历史逻辑。

（三）定标：把解放和发展生产力、逐步实现全体人民共同富裕和促进人的全面发展，作为实现社会主义现代化、实现中华民族伟大复兴的三大根本支柱

揭示中国道路，在搞清楚"我在何处"之后，逻辑上就需要对中国道路"定标"，回答"走向何方"的问题。确定"我在何处"，就是为了明确"走向何方"。道路，自然包含道路所指向和达到的战略目标。战略目标，是中国道路的题中之义。没有战略目标的道路，不能称其为道路。

确定战略目标，既要以实事求是地把握社会主要矛盾和所解决的根本问题为基础和前提，也要以对"历史方位"的定位为基础和前提。确定战略目标，与确定历史方位直接相关，这叫作"定位"决定"定标"。俗话说，"在什么山唱什么歌"，同理，在什么样的历史方位，就确定什么样

的战略目标。就是说，我们所确定并实现的战略目标是历史的、与时俱进的。在"欠发展"的历史方位上，邓小平首先判定我国的社会主义依然处在"初级阶段"，因而其根本任务和奋斗目标，就是"解放和发展生产力"。习近平总书记宣布中国特色社会主义进入了新时代，我国发展进入了新的历史方位，即我国"发展起来以后"的历史方位。由此，他把逐步实现全体人民共同富裕，建设富强民主文明和谐美丽的社会主义现代化国家，实现中华民族伟大复兴，促进人的全面发展，作为新时代中国共产党的战略目标。这样的逻辑次序可归结为"解放和发展生产力—逐步实现全体人民共同富裕—促进人的全面发展"。解放和发展生产力、逐步实现全体人民共同富裕和促进人的全面发展，从根本上影响着社会主义现代化的实现、中华民族伟大复兴的实现。所以在中国道路中，解放和发展生产力、逐步实现全体人民共同富裕和促进人的全面发展，是实现社会主义现代化、实现中华民族伟大复兴的三大根本支柱。

中国道路中的战略目标，主要表达的是中国道路的目标追求和价值取向。解放和发展生产力、逐步实现全体人民共同富裕、促进人的全面发展，都是社会主义的目标追求和价值取向。这种战略目标超越了以资本为主导的逻辑，走出了一条把物的发展和人的发展统一起来的以人民为中心的全面现代化道路，这是中国道路的核心。因为现代化首先是解决"物"的问题，然后在逻辑上进一步解决"人"的问题；这种战略目标凝聚着中国共产党和中国人民的共同目标追求，凸显了社会主义和现代化的本质属性，从而使社会主义和现代化互相促进、相辅相成；它超越了西方有些国家"你输我赢"的单赢观，注重共同富裕和每个人的全面发展，更具有感召力和凝聚力；它所呈现出的现代化是全面发展的现代化，涉及经济、政治、文化、社会、生态等方方面面。它具有三大实践功能：一是明确前进方向，激发人们的主动性、能动性；二是明确奋斗目标，振奋人心、鼓舞斗志；三是画出最大同心圆，具有凝心聚力的作用。

这一维度，讲的是中国道路的目标逻辑。

(四)定法：把贯彻落实新发展理念并实施"两大布局"作为总体方略

揭示中国道路，接下来的逻辑，就是对中国道路进行"定法"，回答"如何走"的问题。所谓定法，就是确定实现战略目标的根本路径和方法，亦称总体方略。这是中国道路的一个核心内容。

战略目标确定之后，接着在逻辑上就要确定实现战略目标的总体方略。为实现上述所讲的战略目标，习近平总书记提出了贯彻落实"新发展理念"，推进"两大布局"，即统筹推进"五位一体"总体布局、协调推进"四个全面"战略布局。这实际上讲的就是实现战略目标的总体方略。在这一总体方略中，统筹推进"五位一体"总体布局是"总框架"，"新发展理念"是"路线图"，"四个全面"战略布局是"牛鼻子"。统筹推进"五位一体"总体布局，意味着中国道路在我国经济、政治、文化、社会和生态领域有具体的体现。"新发展理念"在中国道路中具有十分重要的地位，它从"路线图"的高度，来讲如何使大国成为强国进而实现中华民族伟大复兴，它体现了中国特色和社会主义本质的有机统一，体现了经济社会发展和生态文明建设的有机统一，体现了国内发展和国际发展的有机统一，体现了中国视野和世界眼光的有机统一，是对我国发展起来以后的发展新格局作出的顶层设计和战略谋划。协调推进"四个全面"战略布局，意味着我们要紧紧抓住"四个全面"战略布局这个"牛鼻子"，来统筹推进"五位一体"总体布局，来贯彻落实新发展理念。

这一维度，讲的是中国道路的实践逻辑。

(五)定力：整合推动力量，使党的领导力量、市场配置力量和人民主体力量形成合力

揭示中国道路，在逻辑上，还要进一步揭示中国道路所蕴含的推动力量，即蕴含的"定力"，回答"动力何来"的问题。所谓定力，就是揭示实现战略目标的推动力量。"路"是要走的，道路是走出来的，走，就需要力量来推动。没有力量推动，战略目标及总体方略都实现不了。推动力量，是中国道路中不可或缺的一项重要内容。这种推动力量可概括为：积极整合党的领导力量、市场配置力量和人民主体力量并形成合力。其中，党的领导力量是根本，市场配置力量是手段，人民主体力量是目的。把推动力量作为中国道路的核心要义之一，有其重要依据。

第一，具有历史依据。中国特色社会主义的开创，是从社会结构转型开始的。现代化的本质是"社会结构转型"，即由传统的社会结构转向现代的社会结构。当代中国通过开创中国特色社会主义以实现社会主义现代化的进程，本质上就是中国"社会结构转型"的进程。改革开放以后，我国开创了中国特色社会主义。1992 年，我国正式确定要建立社会主义市场经济体制。社会主义市场经济体制的出现，逐渐改变了我国传统的社会结构，使中国传统社会结构发生转型。这种转型，首要体现在市场配置的力量在生长。随着市场配置力量的生长，最直接的影响，就是人民的主体力量也不断增长。因为市场配置力量的生长，会不断增进和增强人民的利益、能力、自立意识，以及主体、独立、自主、平等、民主意识，进而会使人民的各种诉求不断觉醒和增强。目前，人民的能力、自立、自主、民主意识的增强，就是人民主体力量增强的具体体现。市场配置力量、人民主体力量的不断增强，会内在要求政府转变传统职能，由管制型政府向在中国共产党领导下且仍具有主导作用的公共服务型、治理型政府转变。这样，整个中国的社会结构就会发生如下变化：逐渐形成以党的领导力量、市场配置力量和人民主体力量为核心要素而构成的新型社会结构。这种结构，构成中国特色社会主义道路中的本质力量结构。

第二，具有理论依据。进一步说，中国特色社会主义首先是社会主义，科学社会主义的基本原则不能丢，丢了就不是社会主义。科学社会主义的基本原则，就是坚持劳动人民立场，它把人民群众当作社会历史发展的主体，当作社会历史发展的动力，当作推动社会历史发展的力量源泉，当作社会历史发展的目的。由此，中国道路必须注重人民主体力量。这是中国特色社会主义被称为社会主义的本质或根据。离开这一点，就不是社会主义，也谈不上中国特色社会主义道路。中国特色社会主义，在经济上主要体现为"市场经济"。在科学社会主义的基本原则中，在马克思、恩格斯对社会主义的理解中，是找不到市场经济的。由于中国特殊的国情，由于中国要集中力量解放和发展生产力，也由于只有解放和发展生产力才能真正实现社会主义，所以，我们就利用了市场经济和市场机制。所以，注重市场配置力量，就成为"中国道路"之"中国特色"的一个核心要义。不仅如此，中国特色社会主义，在政治上主要体现为党的领导。坚持中国共产党领导（以及更好发挥政府的作用），是中国特色社会主义的本质特征和根本要求，是中国特色社会主义制度的最大优势。历史和实践表明，在1978年以来中国特色社会主义建设实践中，在正确决策的前提下，党和政府集中一切资源和力量解难题、办大事、加速度，大力解放和发展生产力，是中国特色社会主义最鲜明的本质特征。实际上，中国特色社会主义体现在经济、政治和社会领域，分别是建立社会主义市场经济体制、坚持中国共产党领导和充分发挥人民群众的主体力量。换一种表述，就是注重市场配置力量、党的领导力量和人民主体力量。

第三，具有实践依据。党领导一切工作，在中国道路所蕴含的核心力量结构中，党的领导力量是首要的。人民是中国共产党执政的最大底气，人民是中国共产党最根本的依靠力量，人民对美好生活的向往就是我们党的奋斗目标，为中国人民谋幸福是中国共产党人的初心，民心是最大的政治，要把人民放在共产党人心目中最高的位置。由此，只有读懂人民，才能真正读懂中国共产党。在中国道路所蕴含的核心力量结构中，人民主体力量是必不可少的。在党的基本路线中，坚持以经济建设为中心，就必须坚持改革开放，而改革之一的经济体制改革之大方向，是建立社会主义市场经济体制，其目的是让市场在国家宏观调控下对资源配置起决定性作用，更好发挥政府的作用。由此，市场配置力量在经济领域至关重要，应成为中国道路所蕴含的核心力量结构中的一个重要因素。因此，党的领导力量、市场配置力量和人民主体力量构成中国道路中的三种根本力量。中国道路不仅注重党的领导力量、市场配置力量和人民主体力量，而且注重整合这三种力量并形成合力。只有整合并形成合力，才能真正实现战略目标，也才能真正显示出中国道路的独特优势和重大作用。

要正确处理政党、市场和人民的关系，就需要从制度上给出合理的设计。从制度设计上，这种关系就是中国共产党要有效合理利用和驾驭资本，坚持以人民为中心。这样的制度设计和安排，比资本主义能够更快更好地解放和发展生产力，能够避免阶级分化和社会冲突，能够更好地促进公平正义与维护社会和谐。可见，从制度角度看，中国道路的核心，就是要构建一套既能让中国共产党驾驭市场经济，又能保证政治权力为人民谋幸福的制度体系，它构成中国道路的制度支撑。由此，从根本上说，中国道路的制度逻辑，就是构建政党、市场、人民三大核心要素之间的制度体系。

这一维度，讲的是中国道路的制度逻辑。

综上所述，从学理上可以把中国道路的核心要义及其形成机制概括为：坚持中国共产党领导，立足历史方位，把解放和发展生产力、逐步实现全体人民共同富裕和促进人的全面发展，作为实现社会主义现代化和中华民族伟大复兴的三大根本支柱，自觉贯彻落实新发展理念，实施"两大布局"，整合党的领导力量、市场配置力量和人民主体力量，并形成合力。这些核心要义具有严密的内在逻辑，构成一个有机整体。

三 中国道路具有本源意义

当我们详尽考察、分析马克思主义发展史、马克思主义中国化历史发展的逻辑、中国共产党历史发展的逻辑、新中国历史发展的逻辑、我国改革开放历史发展的逻辑、世界历史发展的逻辑，以及近代以来中国所面临的"向何处去"这一根本问题之后，就会发现：中国道路具有本源意义，它是解释上述发展逻辑和根本问题的一种"框架"、一把"钥匙"。

反思中国共产党成立 100 多年来的历史，首先要从总体上解答好三个影响中国发展命运的根本性问题：马克思主义为什么行？中国特色社会主义为什么好？中国共产党为什么能？要解答好这三个根本性问题，理论必须彻底，理论只要彻底，就能说服人，所谓彻底，就是要抓住问题的根本；问题的根本，就是必须从中国道路中寻找问题的本源，寻找问题的真实答案。这里所讲的本源意义，是指"中国道路"是理解近代以来中国的总体性问题的根本、根底、根据和基础。

（一）马克思主义中国化历史发展的逻辑，核心是围绕中国道路这一主线展开的

马克思主义中国化历史发展的逻辑，本质上是马克思主义与中国具体实际相结合的逻辑。它涉及马克思主义和中国具体实际两个根本方面。

马克思主义的发展史，从根本上就是对道路问题探寻的历史。上有所述，不再赘述。

近代以来中国的具体实际，也就是中国的根本问题，归根结底，就是对中国道路的探寻。近代以降，中国就处在迷茫彷徨当中，其主要原因就是没有找到一条救国之路。当时，各种各样、五花八门的"主义"在中国都尝试过，也都在解决一个根本问题：中国向何处去？因为旧的制度被推翻以后，"中国向何处去"的道路问题便成为第一号具有根本性的问题。当时许多仁人志士都在苦苦寻找适合中国国情的道路，但各种各样的方案都行不通。就是说，当时没有一个"主义"和"方案"能解决中国的道路问题。

马克思主义传播到中国来，就开启了马克思主义中国化的历程，且一下子就在中国落地、扎根、开花、结果了。为什么？其中最根本的，就是马克思主义在与中国具体实际相结合的马克思主义中国化过程中，找到了能解决中国问题的正确的中国道路。

马克思主义中国化即马克思主义与中国具体实际的第一次结合，是在新民主主义时期进行的。这次结合的实质，是关于中国革命的道路问

题。这一时期，中国共产党人最关注的，是采取什么样的革命道路才能实现民族独立、人民解放。由是，当时在党内就中国革命的道路问题展开了激烈争论。争论的焦点，是采取城市武装暴动的道路，还是采取农村包围城市的道路。历史、实践与中国共产党人最终选择了农村包围城市的革命道路，于是便实现了马克思主义中国化的第一次飞跃，其成果是毛泽东思想。

马克思主义中国化即马克思主义与中国具体实际的第二次结合，是在1956年社会主义改造完成以后的社会主义建设时期。这次结合，毛泽东明确将其概括为"第二次结合"，而且认为结合的核心，就是在中国建设社会主义的道路问题。到底是选择"苏联模式"，还是走"独立自主、自力更生"的道路？当时，苏联是世界上第一个建立社会主义制度的国家，"向苏联学习"在当时的中国占有一定市场，由此，"苏联模式"对当时中国的影响比较大。1956年2月，苏共二十大召开是苏联历史乃至国际共产主义运动历史上的一个重要转折点。会上主要批判了对斯大林的个人崇拜。中国方面认为，苏共二十大在破除斯大林的个人崇拜并揭露其错误的严重性方面具有积极意义，同时又认为赫鲁晓夫全盘否定斯大林的做法是不对的。因此，中共中央一方面采取维护斯大林的立场，另一方面开始以苏为鉴，反对本本主义和教条主义，并自觉主动地探索适合中国情况的建设社会主义的独立的正确道路。

根据政治上最为权威的表述，应当说，毛泽东所讲的第二次结合，与1978年改革开放新时期我们党的政治文献所讲的第二次结合，既有区别，也有内在的逻辑联系。毛泽东所说的第二次结合，其实就是要探索在中国建设社会主义的具体道路，这条道路就是具有中国特点的社会主义道路。这与改革开放新时期我们所讲的中国特色社会主义道路具有异曲同工之处，都是对在中国怎样建设社会主义的道路问题的探索。然而，毛泽东所讲的在中国建设社会主义的具体道路只是一种初步的思考和探索，还没有形成一种完整的实践形态和理论形态，它是向我们党的政治文献所讲的真正意义上的第二次结合的过渡，因而还是一种"知性感悟"，还没有真正从总体上、根本上达到"理性自觉"。不过，前者为后者提供了启示，这就是在中国建设社会主义必须具有中国特点。

因此，马克思主义与中国具体实际的真正意义上的第二次结合的历史节点，应是1978年我国开启的改革开放。这种意义上的结合，就是马克思主义中国化进程中把马克思主义与中国改革开放具体实际相结合，其成果就是在我国"欠发展"的历史方位上为实现"富起来"而形成的中国特色社会主义理论体系，主要包括邓小平理论、"三个代表"重要思想、科学发展观。这里的第二次结合及其形成的中国特色社会主义理论体系，其实质就是开创并发展、完善中国特色社会主义道路，它实现了马克思主义中国化的第二次飞跃。

马克思主义与中国具体实际的第三次结合，是在中国特色社会主义进入新时代后逐步进行的。这次结合的实质、核心，是关于实现"强起来"的道路问题。经过长期努力，中国特色社会主义进入了新时代，这是我国发展新的历史方位。在这一新时代或新的历史方位，马克思主义与新时代中国特色社会主义实践相结合，实现了马克思主义中国化的第三次飞跃。从总体上讲，强调这是一次新的飞跃，就在于党的十九大报告所讲的，它在中华人民共和国发展史上，在中华民族发展史上，在世界社会主义发展史上，在人类社会发展史上，具有重大意义。这里讲的在"发展史"上的重大意义，意味着"中国特色社会主义进入新时代"是具有里程碑意义且要载入史册的，而载入史册的，往往都是具有标识性、代表性的。中国特色社会主义进入新时代，在本质上就蕴含着要实现马克思主义中国化的第三次飞跃，这种飞跃是具有标识性和代表性的。

具体来讲，强调这是一次新的飞跃，理由如下。第一，历史方位及其解决的社会主要矛盾不同。社会主要矛盾，是对社会发展整体状况进行总体概括的一个重要概念。在我国"欠发展"的历史方位上，坚持和发展中国特色社会主义，主要是解决人民日益增长的物质文化需要同落后的社会生产之间的矛盾，而在我国"发展起来以后"的历史方位上，则主要是解决人民日益增长的美好生活需要和不平衡不充分的发展之间的矛盾。前者意在解决我国"欠发展"的问题，即落后的社会生产问题，致力于把"蛋糕"做大；后者意在解决我国"发展起来以后"的问题，即发展不平衡不充分的问题，致力于推进全面协调充分发展，使人民过上美好生活，实现"强起来"。"发展起来以后""美好生活需要""不平衡不充分的发展"，显然分别是比"不发展""物质文化需要""落后的社会生产"高一个层级的概念，或者二者属于不同层级的概念。第二次飞跃主要解决我国"欠发展"历史方位的社会主要矛盾，第三次飞跃则致力于解决我国"发展起来以后"历史方位的社会主要矛盾。

第二，历史使命（历史任务、奋斗目标）不同。第一次飞跃主要肩负着实现"站起来"的历史使命，第二次飞跃主要肩负着实现"富起来"的历史使命，而第三次飞跃则主要肩负着实现"强起来"的历史使命，因为我们迎来了从富起来到强起来的伟大飞跃。[①] 换言之，"强起来"就是对"富起来"的伟大飞跃。

第三，"道路"的历史内涵不同。第一次飞跃的核心是探寻新民主主义革命时期使中华民族（中国人民）站起来的革命道路问题，第二次飞跃的核心是探寻我国在"欠发展"历史方位中实现中华民族（中国人民）富起来的道路问题，而第三次飞跃的核心是探寻我国在"发展起来以后"的历史方位中实现中华民族（中国人民）强起来的道路问题。

第四，主线不同。新时代中国特色社会主义与新时期（改革开放之初）中国特色社会主义既有联系，也有不同。联系在于，都坚持一个主题，即坚持和发展中国特色社会主义；不同在于，新时期中国特色社会主义主要是围绕如何实现"富起来"这一主线，来坚持和发展中国特色社会主义，而新时代中国特色社会主义则主要是围绕如何实现"强起来"或"中华民族伟大复兴"这一主线，来坚持和发展中国特色社会主义。

第五，现代化阶段不同。1956 年前后我国所讲的现代化，还处于现

---

① 参见习近平：《决胜全面建成小康社会夺取新时代中国特色社会主义伟大胜利——在中国共产党第十九次全国代表大会上的报告》，10 页，北京，人民出版社，2017。

代化的"谋划"阶段，而且主要是对经济建设或产业布局方面的谋划；1978 年改革开放初期，我国所建设的社会主义现代化，主要处于现代化"起飞"阶段；以 2012 年党的十八大召开为历史节点，我国进入全面建设社会主义现代化强国的时代，可称之为"现代化强国"阶段。我们之所以讲要实现"第三次飞跃"，是由于实现社会主义现代化的阶段不同。

第六，中国特色社会主义在人们心中的地位不同。1978 年改革开放初期，人们较多的是从初级阶段、基本国情、生产力发展水平、社会主要矛盾等方面为中国特色社会主义进行辩护，论证其历史必然性和价值合理性，相对注重中国特色社会主义的"中国特色"；而在新时代，人们则基于"极不平凡""解决难题""办成大事""历史性成就""历史性变革""迎来了从富起来到强起来的伟大飞跃""伟大旗帜高高举起""拓展发展中国家走向现代化的途径""提供全新选择""为解决人类问题贡献中国智慧和中国方案""不断走近世界舞台中央并为人类作出更大贡献"等，更加坚定了对中国特色社会主义的自信，相对注重中国特色社会主义的"中国贡献""世界意义"与"主体性"。

第七，中国在世界中的地位不同。在"欠发展"的历史方位上，中国处在世界舞台边缘，如果再不发展，就有被开除"球籍"的危险，所以，1978 年改革开放初期，我们强调追赶现代化；在新时代或新的历史方位，中国日益走近世界舞台中央，不断为解决人类问题贡献中国智慧和中国方案。由此，我国积极参与全球治理，积极推动构建新型国际关系，积极推动构建人类命运共同体，在世界舞台上的影响力不断提升，逐渐改变了在国际话语权中"西强我弱"的不利局面。

通过上述考察分析，可以得出这样的结论：在马克思主义中国化历史发展的逻辑进程中，由于找到了不同历史时期的正确道路，为回答"马克思主义为什么行"提供了真实的答案。

（二）中国共产党历史发展的逻辑、新中国历史发展的逻辑，其本质、底色和中轴就是对正确的中国道路的探寻

对道路的探寻，不仅是马克思主义发展史的一条根本主线，也是近代以来贯穿于中国共产党历史发展逻辑、新中国历史发展逻辑的一条根本主线。只有读懂中国道路，才能为理解和把握近代以来中国共产党历史发展逻辑和新中国历史发展逻辑提供一把钥匙。

只有读懂中国道路，才能真正理解中国共产党历史发展的逻辑。自从中国共产党成立那天起，中国共产党人就开启了探寻中国发展道路的历史。中国共产党的发展历史，从根本上就是因对中国道路探寻而发展的历史。中国共产党的发展历史大致可以划分为新民主主义革命时期、社会主义革命和建设时期、改革开放和社会主义现代化建设新时期、中国特色社会主义新时代四个历史时期。贯穿这四个历史时期的一条主线，就是对中国道路的探索。

在新民主主义革命时期，中国共产党探索的根本主题是关于中国革命的道路。在中国共产党领导下，最终找到了一条农村包围城市的新民主主义革命道路，其结果是中华民族站起来了。

中华人民共和国成立以来，尤其是 1956 年之后，毛泽东带领中国共产党人探索的核心主题，就是中国社会主义改造和社会主义建设的道路问题。1978 年改革开放新时期，中国共产党人探寻的根本主题，是实现社会主义现代化的道路问题，我们终于找到了这条道路，这就是中国特色社会主义道路。

党的十九大宣布中国特色社会主义进入了新时代。新时代，在坚持中国特色社会主义道路的基础上，中国共产党人继续探寻全面建成社会主义现代化强国、实现中华民族伟大复兴的中国特色社会主义道路的新的历史形式。这至关重要，正如习近平总书记所强调的："道路问题是关系党的事业兴衰成败第一位的问题，道路就是党的生命。""我们党在革命、建设、改革各个历史时期，坚持从我国国情出发，探索并形成了符合中国实际的新民主主义革命道路、社会主义改造和社会主义建设道路、中国特色社会主义道路，这种独立自主的探索精神，这种坚持走自己路的坚定决心，是我们党不断从挫折中觉醒、不断从胜利走向胜利的真谛。鲁迅先生有句名言：其实地上本没有路，走的人多了，也便成了路。中国特色社会主义，是科学社会主义理论逻辑和中国社会发展历史逻辑的辩证统一，是根植于中国大地、反映中国人民意愿、适应中国和时代发展进步要求的科学社会主义，是全面建成小康社会、加快推进社会主义现代化、实现中华民族伟大复兴的必由之路。只要我们坚持独立自主走自己的路，毫不动摇坚持和发展中国特色社会主义，我们就一定能在中国共产党成立100年时全面建成小康社会，就一定能在新中国成立100年时建成富强民主文明和谐的社会主义现代化国家。"①

只有读懂中国道路，才能真正把握新中国历史发展的逻辑。这一逻辑，就是中国迎来了从站起来、富起来到强起来的伟大飞跃。1949年中华人民共和国的成立，标志着中华民族站起来了，从此要继续迎来实现富起来的伟大飞跃，这将会带来历史性变革，并寻求实现富起来的根本道路。由此，1978年我国开启了改革开放和社会主义现代化建设新时期，把中国特色社会主义作为实现富起来的根本道路。党的十九大召开，中国特色社会主义进入了新时代，标志着中华民族富起来了，从此又要继续迎来从富起来到实现强起来的伟大飞跃，这也会带来历史性变革，并寻求实现强起来的根本道路。

这一变革，就是党的十八届三中全会所讲的推进全面深化改革，也是党的十九大报告所讲的历史性变革。这种历史性变革主要体现在：在总体上，把贯彻落实新发展理念看作关乎我国发展全局的一场深刻变革；在经济领域，推进供给侧结构性改革，实施高质量发展，使经济发展进入新常态；在政治领域，既加强党对一切的领导，又推进全面从严治党，还致力于建设法治国家，从而使中国共产党成为最高政治力量；在文化领域，积极加强意识形态建设，明确反对向西方自由主义意识形态靠近的任何企图，注重用习近平新时代中国特色社会主义思想武装全党、教育人民；在社会领域，既积极促进公平正义、增进人民福祉，增强人民群众的获得感、幸福感、安全感，又推进社会治理创新；在科技

① 习近平：《关于坚持和发展中国特色社会主义的几个问题》，载《奋斗》，2019(7)。

创新领域，渴望通过几十年的不懈努力，在许多关键领域获得技术领先地位，进而成为世界上强大的科技创新中心；在军事领域，积极推动中国军队最大规模的改革，强调全面从严治军，即政治建军、改革强军、科技兴军、依法治军；在外交政策和国际战略领域，积极参与全球治理，建设"一带一路"，构建人类命运共同体。在这些变革中，会不断丰富新时代中国特色社会主义道路新的历史内涵。换言之，这些历史性变革背后的内在逻辑，就是新时代中国特色社会主义道路的进一步发展和完善。

在中国共产党领导下我们找到了实现中华民族从站起来、富起来到强起来的正确道路，这就为回答"中国共产党为什么能"提供了真实的答案。

(三)改革开放历史发展的逻辑，从根本上就是探究实现社会主义现代化发展的正确道路的逻辑

只有读懂中国道路，才能真正理解中国改革开放历史发展的逻辑。改革开放历史发展的逻辑，从根本上就是以中国特色社会主义道路实现社会主义现代化、实现中华民族伟大复兴的逻辑，这实际上也是改革开放历史发展的本真底色。

1978 年改革开放之初，以邓小平同志为主要代表的中国共产党人主要致力于探寻实现社会主义现代化的中国道路，这条道路终于找到了，那就是中国特色社会主义道路。我们讲中国特色社会主义，首先讲的是中国特色社会主义道路，所以，坚定"四个自信"，把坚定道路自信置于首位。习近平总书记指出："改革开放之初，我们党发出了走自己的路、建设中国特色社会主义的伟大号召。"①其实，邓小平的历史性贡献是多方面的，其中最伟大的贡献，就是他领导全党全国人民成功开创了中国特色社会主义道路。1982 年 9 月，在党的十二大开幕式上，邓小

---

① 习近平：《决胜全面建成小康社会　夺取新时代中国特色社会主义伟大胜利——在中国共产党第十九次全国代表大会上的报告》，10 页，北京，人民出版社，2017。

平明确指出："把马克思主义的普遍真理同我国的具体实际结合起来，走自己的道路，建设有中国特色的社会主义，这就是我们总结长期历史经验得出的基本结论。"①正如习近平总书记指出的："中国发展的实践证明，当年邓小平同志指导我们党作出改革开放的决策是英明的、正确的，邓小平同志不愧为中国改革开放的总设计师，不愧为中国特色社会主义道路的开创者。"②实际上，道路问题是邓小平理论所解答的最根本的问题。如果作认真深入的思考就会发现，邓小平理论体系中的基本理论观点都是围绕选择、坚持、拓展中国特色社会主义道路而展开的。

江泽民把"建设什么样的党、怎样建设党"，看作探索实践中国特色社会主义道路的核心内容。他指出："中国的社会主义既不是苏联模式，也不是东欧模式，而是有中国特色的社会主义。走这条道路，是中国人民经过一百多年的奋斗与摸索作出的历史性的选择。"③

21世纪以来，国内外形势发生了新的变化。如何紧紧抓住和利用好我国发展的重要战略机遇期，战胜一系列严峻挑战，奋力把中国特色社会主义事业推进到一个新的发展阶段，是对以胡锦涛同志为主要代表的中国共产党人的智慧和勇气的极大考验。在这种情境下，胡锦涛鲜明指出：毫不动摇走党和人民在长期实践中开辟出来的正确道路，"不为任何风险所惧，不为任何干扰所惑"④。为解决"实现什么样的发展、怎样实现发展"而提出的科学发展观，其实质、核心是探索中国科学发展的道路，这是新时期探索实践中国特色社会主义道路的又一突破。

党的十八大以来，以习近平同志为核心的党中央紧紧围绕实现中华民族伟大复兴来坚持和发展中国特色社会主义，并基于实现中华民族伟大复兴而精进推进中国特色社会主义，继续书写中国特色社会主义新篇

---

① 《邓小平文选》第三卷，3页，北京，人民出版社，1993。
② 中共中央文献研究室编：《习近平关于全面深化改革论述摘编》，2页，北京，中央文献出版社，2014。
③ 中共中央文献研究室编：《江泽民思想年编（一九八九—二〇〇八）》，69页，北京，中央文献出版社，2010。
④ 《胡锦涛文选》第三卷，588页，北京，人民出版社，2016。

章，由此也把道路问题看作第一位的问题。正如习近平总书记所强调的："无论搞革命、搞建设、搞改革，道路问题都是最根本的问题。"①党的十九大宣布，中国特色社会主义进入了新时代，我国发展进入新的历史方位。

正是这条中国特色社会主义道路，创造了中国奇迹。可以把我国改革开放以来取得的巨大成就称为"中国奇迹"。当今，中国奇迹已经成为一种世界性现象。当然，也应成为我国学术研究的一个重大课题。问题的关键在于，如何从学理上揭示中国奇迹发生的本源？或者中国奇迹到底是如何发生的？某些西方学者用"西方模式"解释中国奇迹。中国学者应从学理上掌握解释中国奇迹的话语权。我们可从许多角度来解释中国奇迹发生的原因，其中首要或根本的，是要从中国道路中去寻找中国奇迹发生的本源，或聚焦于中国道路这一本源，来解释中国奇迹到底是如何发生的。

习近平总书记强调指出，改革开放以来，我们党在探索和实践中找到了、坚持了、拓展了中国特色社会主义道路。2016 年 11 月 11 日，习近平总书记在纪念孙中山先生诞辰 150 周年大会上的重要讲话中又指出："古今中外的历史都告诉我们，世界上没有一个民族能够亦步亦趋走别人的道路实现自己的发展振兴，也没有一种一成不变的道路可以引导所有民族实现发展振兴；一切成功发展振兴的民族，都是找到了适合自己实际的道路的民族。"②习近平主席在世界经济论坛 2017 年年会开幕式上的主旨演讲中又强调："经过 38 年改革开放，中国已经成为世界第二大经济体。道路决定命运。中国的发展，关键在于中国人民在中国共产党领导下，走出了一条适合中国国情的发展道路。"③这实际上就是说，要从中国道路中寻求创造中国奇迹的本源或真实答案。

---

① 中共中央文献研究室编：《习近平关于实现中华民族伟大复兴的中国梦论述摘编》，28 页，北京，中央文献出版社，2013。

② 习近平：《在纪念孙中山先生诞辰 150 周年大会上的讲话》，5 页，北京，人民出版社，2016。

③ 习近平：《习近平谈治国理政》第二卷，482 页，北京，外文出版社，2017。

第一，坚持中国共产党领导就能创造中国奇迹。中国共产党能用指导思想引领各种社会意识，以统一人们思想，使之达至共识。一个社会往往存在着各种各样的社会意识。对这些社会意识不加以整合和引导，社会就是一盘散沙，既缺乏正确的方向，也易出现分化的局面。中国共产党自从登上中国历史舞台那天起，就把马克思主义基本原理同中国具体实际相结合，不断推进马克思主义中国化、时代化、大众化，不断推进理论创新，与时俱进地提出了一系列先进的指导思想，并用不断发展着的、先进的指导思想整合和引领各种社会意识，统一人们的思想，从而既使人们在思想上达成共识，也明确了前进方向。达至共识并具有明确方向，就会形成一种强大的精神力量，能使人们全力以赴朝着一个正确的方向前进，这必然促进中国走向成功。历史和实践表明，一个国家和社会的发展要取得巨大成就，必须有先进的思想作指导。

中国共产党能用奋斗目标凝聚党员干部，使其凝聚在党的周围，并构成一个有机整体。在一个社会中，每个人都具有自己的目标追求。一个政党内的每一位党员也具有自己的目标追求。中国共产党不断运用其确立的最高纲领和最低纲领，运用中国共产党人的价值观，运用其确立的奋斗目标，来凝聚并感召每一位党员干部，从而使每一位党员干部成为党组织中的一个有机体。这一有机体可以构成一个具有战斗力的整体，从而激发党员干部的创新活力，使其具有无坚不摧的力量。这正是中国共产党攻坚克难的雄厚"资本"，是中国共产党战胜一切困难的重要法宝。

中国共产党在正确决策的前提下，能组织动员国家一切资源力量解难题、办大事、加速度。中国共产党是一个具有领导力、组织力、动员力的政党，是中国的最高政治领导力量，可以运用自己的威望，运用各级党组织，运用"举国体制"，来解难题、办大事、加速度。中国共产党所具有的领导力、组织力、动员力，所具有的解难题、办大事的能力，是世界上其他一切政党所无法比拟的。正是这种领导力、组织力和动员力以及解难题办大事的能力，使中国共产党干成了一个个举世瞩目且具有"奇迹性"的大事，解决了一个个难题，也加快了中国发展的速度。

中国共产党能一脉相承、与时俱进、开拓创新，努力把一张蓝图绘到底。善于战略谋划，是中国共产党治国理政的一条基本经验。战略谋划，一般包括三个核心环节，即"战略目标—总体方略—战略安排"。这种战略谋划具有自主性，已达到高度自觉。它凝聚着中国共产党和中国人民的共同追求，具有感召力和凝聚力，不仅使我们党解决了一个个难题，办成了一件件大事，而且使中国共产党十分注重行动，能一个目标接着一个目标来实现，即能使一张蓝图绘到底，这对创造"中国奇迹"发挥着十分重要的作用。

中国共产党能用严明纪律规矩规范全体党员行为，以提升党员的格局和境界。中国共产党是一个有核心、有理论、有价值观、有组织、有制度的政党，也是一个有章可循、有纪可依的政党。这样的政党不仅把每一个党员干部的行为纳入党章党纪的框架内，使其行为有规范有约束有秩序，而且能勇于自我革命，把较低的格局、境界提升为较高的格局、境界，从而使其具有先进性。这种先进性不仅有助于消除党内的不良倾向和作风，使中国共产党人自身硬，从而能把坚硬的"铁"打好，而且也有助于树立中国共产党的威望和权威，使人们团结在中国共产党的周围，跟着中国共产党走，在中国共产党领导下努力实现其战略目标，从而取得巨大成就。

第二，立足历史方位且与时俱进就能创造中国奇迹。确立历史方位并与时俱进，找准历史坐标，有助于对我国的发展阶段、本质特征、实践要求作出科学研判，进而能制定正确的路线方针政策，做正确的事。一切失败，都与缺乏科学研判和决策失误有关，一切成功的重要前提，都源于科学研判和正确决策。改革开放以来，我们党立足历史方位并与时俱进地根据实践发展新要求，从总体上作出科学研判和正确决策，进而做正确的事。这可以使我们避免瞎折腾、走极端，进而取得重大成就。

明确历史方位并与时俱进，有助于坚持实事求是、把握历史坐标、抓住主要矛盾。中国共产党治国理政首先要认识世界，对客观世界、客观事物与基本国情作出科学研判，进而在此基础上作出科学决策。要做到这一点，必须坚持实事求是，从客观实际出发，确立正确认识客观世界、客观事物与基本国情的出发点。实事求是能使我们立足基本国情，反映时代、实践、现实的发展态势，确定历史发展方位；能使我们把握社会主要矛盾和事物特殊矛盾；能使我们把握事物存在和发展的特点；能使我们把握我国发展的独特优势和短板；能使我们把握历史发展规律，与时俱进地紧跟时代步伐。因而，坚持实事求是，有助于解决"态势""方位""矛盾""特点""优势"和"与时俱进"的问题，这是取得成功的一个关键。毛泽东领导中国新民主主义革命取得了成功，在于坚持实事求是；1978年以来，中国改革开放和社会主义现代化建设之所以取得巨大成就，既在于邓小平坚持实事求是，确定中国的社会主义依然处在初级阶段，也在于习近平总书记坚持实事求是，确定中国特色社会主义进入了新时代、我国发展进入新的历史方位。

从客观实际出发认识客观世界、客观事物与基本国情的本来面目，核心是要揭示客观世界、客观事物中的内在矛盾，尤其是社会主要矛盾，因为矛盾决定着世界和事物的本质、性质和状况。中国共产党把揭示社会主要矛盾作为判断中国国情的基本依据之一，作为把握经济社会发展整体状况的主要依据之一，作为制定路线方针政策的主要依据之一，作为治国理政的基本遵循。在改革开放初期，邓小平把我国社会发展的主要矛盾确定为人民日益增长的物质文化需要同落后的社会生产之间的矛盾。于是，当时我国的经济、政治、文化、社会的发展都聚焦于解决这一社会主要矛盾，从而取得了巨大成就。

中国特色社会主义进入新时代，习近平总书记把我国的社会主要矛盾确定为人民日益增长的美好生活需要和不平衡不充分的发展之间的矛盾。这意味着新时代我国的经济、政治、文化、社会、生态等各个领域，都要聚焦于解决好这一社会主要矛盾。聚焦于解决好社会主要矛盾，意味着中国共产党在治国理政实践中，在实现社会主义现代化、实现中华民族伟大复兴进程中，能抓住治国理政的根本，也能抓住事物的本质，也意味着其治国理政已经达到高度的理性自觉。

揭示社会主要矛盾，其首要目的，是找到治国理政所要解决的根本问题。问题是事物矛盾的表现形式，矛盾即问题。揭示客观世界和客观事物内部的主要矛盾，发现社会主要矛盾，就能发现并致力于解决客观世界、客观事物以及工作中存在的根本问题。发现客观世界、客观事物以及工作中的根本问题，也就找到了全部工作的重点。

中国共产党治国理政的一个鲜明特征，就是注重坚持实事求是，把握主要矛盾，解决根本问题，明确工作重点，这既找到了治国理政的基本遵循，又注重把解决主要矛盾和根本问题引向一个正确、合理的方向，还能抓重点带一般，从而积极推进中国快速发展。找到治国理政的基本遵循，理出中国发展的逻辑、纲目、头绪和抓手，是创造中国奇迹的一个重要原因。

第三，确准战略目标矢志不移就能创造中国奇迹。战略目标明确了人们前进的方向，能激发人们的积极性和主动性。一个具有战略目标且坚定不移地实现战略目标的政党、国家和民族，才会有决心进而自觉主动地去战胜各种艰难险阻，从而夺取一个又一个胜利，取得一个又一个成就。1978年以来，我们党与时俱进地把解放和发展生产力、逐步实现全体人民共同富裕、促进人的全面发展，进而实现社会主义现代化、实现中华民族伟大复兴作为战略目标，并把各种资源和力量汇聚于实现这一战略目标，从而使广大党员干部和人民群众明确了奋斗方向，也激发了广大党员干部和人民群众实现战略目标的主动性。主动性区别于被动性，它是一种精神状态，也是一种精神动力，更是一种积极进取精神，正是这种精神状态、精神动力和积极进取精神，使我国发展取得了巨大成就。

战略目标明确了人们追求的最大公约数，进而能凝心聚力，使人们达成共识。一个政党、国家和民族要健康顺利发展并取得骄人成就，就必须团结一心、凝心聚力，这就需要在战略目标上凝聚最大共识。改革开放以来，最能凝聚人心和共识的，就是确定好人们共同追求的战略目标，并以正确的路径和方式来实现战略目标。因为这能使人们聚精会神搞建设、一心一意谋发展，让一切创造财富的源泉涌流、让一切创新能力迸发。改革开放之初，我们党把大力解放和发展生产力作为首要根本任务，赢得了全党和全国各族人民的广泛认同，激发了千百万人民群众的积极性、主动性、创造性，从而推动了中国社会大踏步发展，也取得了骄人成就；党的十八大以来，党中央提出逐步实现全体人民共同富裕、不断促进人的全面发展，进而实现社会主义现代化、实现中华民族伟大复兴的总任务和总目标，这不仅激发起全党全国各族人民的奋斗精神，而且具有凝心聚力作用，使人们心往一处想、劲往一处使。这将会进一步推进中国发展并取得重大成就。

第四，采取有效的总体方略就能创造中国奇迹。实施正确的总体方略，能使人们抓住实现战略目标的"总框架—路线图—牛鼻子"。只具有战略目标，而没有采取切实有效的路径和方法，实现战略目标就是一句空话。一个政党创造的执政奇迹与施政方略紧密相关，一个国家的发展奇迹与战略运筹密切相联。毛泽东指出：领导干部要有"战略头脑"，否则"一着不慎，满盘皆输"。① "战略问题是一个政党、一个国家的根本性问题。战略上判断得准确，战略上谋划得科学，战略上赢得主动，党和人民事业就大有希望。"② "政策和策略是党的生命，各级领导同志务必充分注意，万万不可粗心大意。"③中国共产党善于作战略谋划和战略安排，而战略谋划得好，常常会取得事半功倍的效果。正由于中国共产党善于作战略谋划和战略安排，而且在战略上判断得准确、谋划得科学、赢得了主动，从而为实现战略目标提供了根本遵循，也抓住了实现战略目标的关键因素。这是创造中国奇迹的一个重要原因。

实施正确的总体方略，能使我们发挥发展优势、补齐发展短板、打

---

① 《毛泽东选集》第一卷，175 页，北京，人民出版社，1991。
② 习近平：《习近平谈治国理政》第二卷，10 页，北京，外文出版社，2017。
③ 《毛泽东选集》第四卷，1298 页，北京，人民出版社，1991。

牢发展支点。发挥发展优势、补齐发展短板、打牢发展支点，是一个国家、一个地区推进发展的"铁律"。发挥发展优势，能实现重点突破，并带动其他方面的发展，进而实现快速发展；补齐发展短板，能实现全面发展和协调发展，进而提升发展质量、效益和水平，使发展可持续；打牢发展支点，能使永续发展具有坚实的基础。改革开放之初，我们相对注重发挥发展优势，注重重点突破，强调使一部分地区、一部分人先发展起来、先富起来；党的十八大以后，我国发展起来了，且努力使大国成为强国。此时，党中央治国理政的一个鲜明特点，就是注重补齐发展短板、打牢发展支点。如在经济领域积极推进精准脱贫，在政治领域主动解决党内政治生活中的"宽松软"，在文化领域注重解决"低俗""媚俗""庸俗"，在社会领域注重保障民生和推进社会治理，在生态领域注重污染防治，等等。这些都旨在补齐发展短板，提升发展质量和水平。新发展理念，在实质上，就是使大国成为强国的五大根本支点，它必将使中国的发展建立在更为坚实和牢固的基础之上，经得起"风吹浪打""压力测试""高手过招"。历史和实践证明，重点突破、快速发展、全面发展、协调发展、持续发展、高质发展，是中国发展取得奇迹的一个重要原因。

第五，整合多重推动力量就能创造中国奇迹。整合推动力量，能使力量形成合力。推动当代中国发展的力量是多方面的，其中有三种力量最为根本，一是党的领导力量，二是市场配置力量，三是人民主体力量。这三种力量相互制约、相互协调并形成合力，必然形成一种既强大又平衡的能量，从而使中国创造出惊人的奇迹。从改革开放以来我国历史发展的整个过程看，党的领导力量既能使经济社会发展具有动力，也能使经济社会发展达到和谐。人民群众的"勤劳致富""创造财富""默默奉献""任劳任怨""承担代价"，是创造中国奇迹不可忽视的重要因素。市场配置力量，不仅能把民营企业、私营企业、个体工商户的积极性调动起来，解放和发展社会生产力，而且能使从事经济活动的人在市场经济的大海里得到淬炼，从而具有奋斗精神、吃苦精神、开拓精神、创新精神，提升其创新能力。这也是我国经济获得快速发展的一个重要原因。

由于改革开放以来，我们找到了实现社会主义现代化的正确道路，并创造了中国奇迹，所以完全可以从这条道路中寻求"中国特色社会主义为什么好"的真实答案。

(四)中国道路具有世界历史意义

几十年前，先辈就希望中国对世界作出贡献。梁漱溟就问道："中国以什么贡献世界?"1956年，毛泽东就指出，进入21世纪，中国的面目要大变，中国应当对人类有较大的贡献。英国历史学家汤因比也曾有类似的发问。几十年后，承继马克思主义对道路问题的一以贯之的持续探索，在马克思主义中国化的历史进程中，中国共产党人把马克思主义同中国具体实际相结合，终于找到了一条能实现社会主义现代化、实现中华民族伟大复兴的中国道路。这条道路为世界发展作出了重要贡献，因而具有世界历史意义。

第一，中国道路使科学社会主义在当代中国焕发勃勃生机。这是中国道路对科学社会主义、世界社会主义的历史性贡献。以《共产党宣言》发表为标志，科学社会主义已诞生170多年。20世纪90年代，社会主义在苏联解体、东欧剧变之后一度处于低潮，"社会主义失败论""中国崩溃论""历史终结论"等也曾狂躁一时。然而，中国共产党人顶住各种"风暴性"压力，坚定不移地走中国特色社会主义道路，并与时俱进地拓展和完善中国特色社会主义道路，不断创造中国奇迹，从而使中国特色社会主义道路越走越宽广，使科学社会主义在当代中国焕发出生机活力。邓小平在党的十二大开幕词中第一次提出"建设有中国特色的社会主义"的重大思想时，指出这是总结历史得出的结论。从那时起，中国共产党人就坚定不移地走中国特色社会主义道路。经过几代中国共产党人一以贯之的接力探索，中国特色社会主义进入了新时代。在新时代，中国共产党人以永不懈怠的精神状态和一往无前的奋斗姿态为实现强起来而持续奋斗，进而使社会主义包括科学社会主义、中国特色社会主义走向高潮。科学社会主义代表了人类未来的发展方向，世界社会主义将在 21 世纪迎来新的高潮。中国作为目前世界上最大的社会主义国家，完全有信心有能力继续扛起科学社会主义旗帜，朝着实现中华民族伟大复兴的伟大梦想阔步前行。

第二，中国道路拓展了发展中国家走向现代化的路径。这是中国道路对发展中国家走向现代化的引导性贡献。实现现代化是世界各国共同的愿望。发展中国家如何走向现代化？这是一个实践课题，也是一个世界课题。"拉美现象"表明：许多发展中国家建设现代化陷入了对西方模式的路径依赖，用西方的"鞋"套本国的"脚"，最终以陷入困境而告终。当时一些拉美国家纷纷走西方的"路"，不但没有解决好自身的发展问题，反而导致两极分化、环境污染，使本国发展陷入低谷。1978 年以来，中国共产党根据中国的历史、文化、传统、国情，自主选择自己的发展道路，并坚定不移地走自己的路，既解决了中国"欠发展"的问题，又改变了长期以来西方现代化模式占主导地位并垄断话语权的格局，打破了"全球化＝西方化""西方化＝现代化""现代化＝市场化"的思维定式和"美丽神话"；不仅使中国人民富起来了，而且迎来了从富起来到强起来的伟大飞跃。由此，中国道路给发展中国家的最大启示就是：世界上没有放之四海而皆准的发展模式，各个国家走向现代化的"走法"不是唯一的；发展中国家要走向现代化，不能再走西方的路，而应根据本国的历史、文化、传统、国情，自主选择自己的发展道路，并坚定不移地坚持走自己的路，注重本国发展道路的内生性、独立性、自主性和主体性。只有这样，本国才能获得生存发展的主动权、主导权。

第三，中国道路给世界上那些既希望加快发展又希望保持自身独立性的国家和民族提供了新的选择。这是中国道路对那些希望解决好本国发展问题的国家和民族的发展性贡献。发展中国家都希望加快发展，又希望保持自身独立。要做到这两点，可以从中国道路中获得启示。中国道路坚持中国共产党领导，注重基于历史方位并与时俱进地确定战略目标，且采取有效的总体方略，并以一张蓝图绘到底的恒力来实现战略目标，还注重市场配置力量，这显然有助于加快发展；同时，中国道路在坚持中国共产党领导的前提下，积极使党政主导力量、市场配置力量、人民主体力量形成合力，这又保持了中国发展的独立性。其他一些发展中国家希望加快发展，就要坚持本国执政党的正确领导，根据历史和时代的发展变化以及实践发展新要求，正确确定好本国发展的战略目标及其实现战略目标的总体方略，以合理的方式发展市场经济；同时，要保持自身发展的独立性，既要根据本国的历史、文化、传统、国情，自主选择本国的发展道路，把本国的生存发展的主动权、主导权牢牢掌握在自己手中，又要坚持本国执政党的正确领导，坚持以本国人民为中心的发展思想，紧紧依靠本国人民，一切为了本国人民，坚持本国人民至上。

第四，中国道路为人类对美好社会制度的探索贡献了中国智慧。这是中国道路对人类发展的创新性贡献。2008 年国际金融危机之后，整个世界面临三大根本性难题：全球经济增长动能不足；全球发展失衡；全球治理滞后。这就是所谓的发展赤字、和平赤字、治理赤字。中国道路蕴含着动力、平衡和治理三种根本机制，它可为解决这三大难题贡献中国智慧。

中国道路注重解决发展动力问题，它蕴藏着强大的发展动力，汇聚着强大的发展能量，具有不断生成的动力机制。如它坚持中国共产党的坚强正确领导，注重整合党政主导力量、市场配置力量、人民主体力量并形成合力，注重根据历史方位与时俱进地确定战略目标，并采取有效的总体方略予以实施，这必然汇聚成强大的发展动力。

中国道路也注重解决发展的平衡问题，它蕴含着保持平衡、和谐的因素，具有不断生成的平衡机制。如它强调坚持中国共产党领导，这种领导，既注重激发经济社会发展的动力，也注重保持经济社会发展的平衡；在所确定的战略目标和总体方略中，也包含着对平衡、和谐、稳定问题的关注；它还强调以人民为中心，而以人民为中心，就包含着一切为了人民，把人民对美好生活的向往作为奋斗目标，其中的美好生活，自然包含对共享发展、和谐社会的追求，对人民群众的获得感、幸福感、安全感的关注，对互利普惠的向往。

中国道路还蕴含着治理机制，因为坚持中国共产党领导，就蕴含着中国共产党对国家、社会的治理；立足历史方位，意味着要坚持与时俱进，而与时俱进则意味着不断地推进全面深化改革，全面深化改革的总目标之一，就是推进国家治理体系和治理能力现代化；在总体方略中，它包含着协调推进"四个全面"战略布局，在这一布局中，包含全面依法治国，其中就蕴含着治理；注重人民主体力量，更意味着要依靠人民积极参与国家治理和社会治理。

这三种根本机制，能为解决全球经济增长动能不足、全球发展失衡、全球治理滞后提供中国智慧。

进一步深入来说，近年来，一些西方国家出现了诸多困境。资本主导是导致困境的总根源。资本主义性质和基因决定了西方国家在各个领域必然遵循资本主导的逻辑。资本主义在西欧兴起以来，一部世界近代史，就是一部资本主导逻辑驱动下的资本主义全球扩张史。历史地看，资本创造了近代工业文明，推进了世界发展。然而就其实质来讲，资本的本性是通过运动实现价值增值，而资本的运动是无休止的，哪里能够实现价值增值，它就会出现在哪里。资本主导的逻辑以在全世界范围内追逐和攫取剩余价值为目的，而当西方从其主导的世界体系中过度攫取并挥霍超额利润，使得全球市场出现社会需要严重不足时，或者当某个阶段市场空间和技术创新的红利被攫取殆尽时，资本主义就必然出现困境。这种困境，在经济领域体现为实体经济不振，在政治领域体现为调节无力，在社会领域体现为贫富差距拉大，在意识形态领域体现为虚伪性暴露。

西方困境说到底是以资本为主导的逻辑所导致的制度缺陷造成的，是基因型、制度性缺陷，这恰恰为"中国智慧"的出场提供了宏大的世界性场景。中国及时启动改革开放，参与经济全球化，为世界作出了生存性贡献、发展性贡献、和平性贡献、文化性贡献。其核心原因，就是在中国共产党领导下，中国找到了一条立足中国国情、解决中国问题、促进中国成功的中国特色社会主义道路。这条道路是中国为人类对更好社会制度的探索提供的中国智慧：它注重利用资本但不被资本俘虏，注重运用资本但不让资本占主导，而是坚持中国共产党领导，坚持以人民为中心；它是一条注重自主创新并具有内生动力的道路，是一条注重凝聚共识并调动各方积极性的道路，是一条既注重中国特色又尊重世界文明多样性的道路。

第五，中国道路正在为世界贡献一种正在形成的社会形态新文明。这是中国道路对世界的文明性贡献。不同文明没有冲突，只有长短。在"地域历史"时代所形成的文明本质上都是"地域文明"或"民族文明"，并不具有真正意义上的世界文明或人类文明。尽管某些国家号称西方文明是普世文明，但若具有历史判断力、实践辨别力和理论思维力的话，就容易发现：西方文明本质上就是"地域文明"。把地域文明说成是普世文明，不仅混淆了一般和个别的辩证关系，未认识到"任何一般都是个别的(一部分，或一方面，或本质)……任何个别都不能完全地包括在一般之中"①，犯了前提性的错误，而且历史和实践还证明，用西方的"鞋"套别人的"脚"，往往都以失败而告终。

马克思、恩格斯在《德意志意识形态》中指出：统治阶级"为了达到自己的目的不得不把自己的利益说成是社会全体成员的共同利益，就是说，这在观念上的表达就是：赋予自己的思想以普遍性的形式，把它们描绘成唯一合乎理性的、有普遍意义的思想"②。当资本运作逻辑导致世界市场和世界交往不断扩大的时候，就逐渐会使"地域历史"走向"世界历史"。世界历史的出现，逻辑上也必然使"地域性文明"走向"世界文明"或"人类文明"。当今世界，一些国家仍然固守于本国、本地区的"地域性文明"而排斥其他文明，制造"文明冲突论"。

当今中国自觉主动地反映世界历史发展趋势，在传承中华传统文明相对注重和谐、和合、和而不同、世界大同的基础上，与时俱进地体现

---

① 《列宁选集》第二卷，558页，北京，人民出版社，1995。
② 《马克思恩格斯选集》第1卷，180页，北京，人民出版社，2012。

时代精神和人类意识，克服自身文明中的不足，与其他文明互学互鉴，逐渐创造出以"和平发展、合作共赢、共创共建、各美其美、美美与共、世界大同"为核心理念的中华新文明。从上述所揭示的中国道路的核心要义来看，中国道路既注重经济社会发展的创新动力，又注重经济社会发展的和谐或平衡，也注重为实现未来理想的战略目标注入现实的奋斗精神，还注重国家治理；不仅如此，中国道路强调各国发展道路的内生性、独立性、自主性、主体性和多样性，这蕴含着"世界多样""国家平等""文明互鉴""包容发展""互利普惠"的人类文明基因和天下情怀。这种基因和情怀蕴含着中华新文明的元素，经过不断培育和生长，可以形成社会形态新文明。

第六，中国道路终结了"西方中心论""历史终结论"，打破了西方对于现代化道路解释权的垄断，把世界现代化道路从单选题变成多选题。这是中国道路对世界的理论性贡献。在我国改革开放初期，"西方中心论""历史终结论"甚嚣尘上、盛极一时，它认为西方是整个世界的中心，西方道路是世界上最好的，西方标准就是世界标准，西方的今天就是世界的明天，西方的历史已经达到人类历史的制高点，非西方国家没有自己的历史，它们只有走西方道路才有出路。2008年国际金融危机发生以后，西方国家逐渐暴露出一系列自身难以克服的矛盾、难题。与此同时，非西方国家，尤其是东方国家逐渐发展起来。改革开放以来，中国发展速度惊人，逐步缩小了与西方发达国家的差距，而且对世界历史发展的影响越来越大，"世界百年未有之大变局"正在出现。这表明现代化无法绕开，但道路可以选择；中国道路是在中国的历史性实践中逻辑地生成的，是具有完全自主知识产权的"中国智造"；它作为一种全新的现代化路径，打破了西方对于现代化道路解释权的垄断，把世界现代化道路从单选题变成了多选题；它终结了"西方中心论""历史终结论"的神话，就连提出"历史终结论"的福山，在伊拉克战争结束之后，也对自己提出的"历史终结论"表现出收缩之势，甚至承认"历史终结论"具有历史局限。历史并未终结！

第九章　治国理政哲学智慧论
以"哲学智慧"解释中国共产党治国理政

中国共产党成为"百年大党",理论界有责任去总结中国共产党如何走过百年历程,积累了哪些经验。总结经验有助于深刻认识和理解中国共产党的本质和特质。毛泽东曾经说:我是靠总结经验吃饭的。[①] 总结经验,既是对"过去"一种有价值的纪念,也是对"现在"一个有启示的提醒,还可以昭示我们的"未来"走得更好。

总结百年大党走过的历程及其历史经验,是一项重要的理论任务。不少专家学者为此做了大量有价值的工作,注重从不同角度总结百年大党的历程及其经验,比如从道路、理论、制度、文化等方面进行总结。最具根本性、深刻性的总结,应是哲学总结。本章尝试性地从哲学层面总结百年大党的历史经验,尤其是总结新中国成立和改革开放以来中国共产党治国理政的智慧。

从哲学上讲,人的思维分三个层次,感性、知性和理性。从感性看我们党治国理政,老百姓能说出一些道理;比感性高一个层次的叫知性,从不同知识专业视角总结中国共产党治国理政的经验,专家学者大多从学理上总结中国共产党治

---

① 参见郭思敏:《我眼中的毛泽东》,225 页,石家庄,河北人民出版社,1990。

国理政的经验；更高一个层次是理性，从理性即哲理来总结中国共产党治国理政，可以提升出诸多哲学智慧。

一　从指导思想看治国理政的哲学智慧：坚持"实事求是、以人民为中心、知行合一"相统一

中国共产党治国理政的哲学智慧，首先是指导思想中的智慧，这可概括为坚持"实事求是、以人民为中心、知行合一"相统一。

中国共产党指导思想的理论基础是马克思列宁主义、毛泽东思想、邓小平理论、"三个代表"重要思想、科学发展观和习近平新时代中国特色社会主义思想。在指导思想中，最核心的是哲学层面的思想精髓，它蕴含着革命斗争、治国理政的哲学智慧，这就是坚持"实事求是、人民中心、知行合一"相统一。

实事求是，侧重的是历史尺度或者事实尺度，追求的是事物发展的客观性、本质性和规律性。从这个层面来提炼我们党的指导思想，其精髓就是实事求是。实事求是是马克思列宁主义的精髓、毛泽东思想的精髓、中国特色社会主义理论体系的精髓，当然也是习近平新时代中国特色社会主义思想的精髓。

实事求是，是毛泽东最早从认识路线、思想路线层面提出的。在中国共产党发展历程中，在不同的阶段，实事求是具有不同的历史内涵。尤其是成为执政党之后，能否坚持实事求是思想路线依然是党的事业成败的分水岭。

新时期，在以邓小平同志为主要代表的中国共产党人开启的改革开放之初，实事求是具体体现为解放思想，这个时候的解放思想就是实事求是，是实事求是的一个内在要求。那时，中国共产党人只有破除教条主义、本本主义与僵化的思想观念，破除思想障碍，才能找到认识中国国情的正确出发点。要做到这一点，首先必须解放思想，确立我们党的

思想路线。由此，在当时那个场景中，无论是破还是立，都需要解放思想。所以，那时的主流话语，主要是围绕解放思想、实事求是展开的。

在以江泽民同志为核心的党中央治国理政时期，实事求是具体化为与时俱进。在那个时期，苏联解体，东欧剧变。当时，"社会主义失败了，马克思主义过时了"的声音不绝于耳。在这样的艰难场景中，面对整个世界的疑问，以江泽民同志为主要代表的中国共产党人以巨大的勇气，强调与时俱进，就是要跟随时代和实践的发展，反映历史发展规律，继续推进马克思主义中国化的进程，积极推进理论创新和实践创新。

历史发展到以胡锦涛同志为总书记的党中央治国理政时期，实事求是内在要求做到求真务实。这个"真"，就是要进一步认识党的执政规律、社会主义建设规律、人类历史发展规律，认识科学发展的一般规律，然后把对规律的认识上升到理论，用它来指导实践。无论求真，还是务实，都是实事求是的具体体现，因为实事求是就是要达到对事物本质和规律的认识，就是要做到务实。

党的十九大以后，中国特色社会主义进入新时代，我国发展进入新的历史方位。在新时代、新的历史方位，实事求是的具体要求，就是要进行伟大斗争。党的十九大报告第二个部分在讲到实现伟大梦想的时候，提出了"四个伟大"，即实现伟大梦想，必须进行伟大斗争、必须建设伟大工程、必须推进伟大事业，① 简称"四个伟大"。习近平总书记指出，这"四个伟大"相互贯通、相互作用，是一个有机整体。既然是一个有机整体，那就意味着在理解"四个伟大"中的"某一个伟大"的时候，一定要结合其他"三个伟大"。我们应当把"伟大斗争"放在"四个伟大"的整体框架中来理解，这叫作精准理解。我们党之所以强调"伟大斗争"，是因为伟大梦想绝对不是轻轻松松、敲锣打鼓就可以实现的。在实现伟大梦想实践征程中，我们会面临许多矛盾难题，遇到很多障碍阻力，遭遇

---

① 参见习近平：《习近平谈治国理政》第三卷，12～13 页，北京，外文出版社，2020。

诸多风险挑战。这意味着我们共产党人是在滚石上山、过坎闯关。行百里者半九十。越接近伟大梦想的目标，风险挑战就越大，就越需要以斗争精神和斗争本领来实现伟大梦想。

党的十八大以来，习近平总书记多次强调我们要积极进行具有许多新的历史特点的伟大斗争。① 建设好伟大工程，也必须进行伟大斗争。加强和改进我们党自身的建设，就意味着我们要以勇于自我革命的精神，来解决我们党自身存在的突出问题，刀刃向内，向自身开刀，这叫勇于自我革命。革别人的命相对容易，革自己的命就相对比较难，要革自己的命，就必须进行伟大斗争。推进伟大事业也需要进行伟大斗争。因为新时代中国特色社会主义是在一个大的世界场景当中进行的，这就是世界百年未有之大变局。"大变局"三个字各有深意：变，是世界力量在转移，世界格局在调整，世界权力在重构；这种转移、调整和重构可称为"大"，是全方位、深层次展开的；通过这种"大"的"变"，必然形成一种新的世界格"局"。对此，以美国为代表的西方发达国家会百般阻止这种大变局，也会对中国实施多方面的围堵打压。更何况在推进中国特色社会主义伟大事业进程中，会遭遇许许多多矛盾难题、风险挑战。所以要推进伟大事业，也必须进行伟大斗争。总之，要做到实事求是，就必须进行伟大斗争。

实事求是注重历史尺度、事实尺度，强调从主观走向客观。从哲学上讲，还要注重从客观走向主观，注重价值尺度、价值取向、价值导向和价值评价，必须从价值维度提炼我们党的指导思想中的哲学精髓。这个精髓，就是以人民为中心。为中国人民谋幸福，是我们党的初心。初心好比人的基因，基因不得更改，初心方得始终。正因为如此，从1921年中国共产党登上中国历史舞台那一天起到今天，中国共产党人紧紧围绕这个初心来表达以人民为中心。毛泽东讲全心全意为人民服务是我们党的根本宗旨，邓小平讲人民答应不答应、欢迎不欢迎是评价标准，江

① 参见习近平：《习近平谈治国理政》第三卷，12页，北京，外文出版社，2020。

泽民讲代表中国最广大人民的根本利益，胡锦涛讲以人为本和让全体人民共享发展成果，习近平总书记更加强调要树立落实以人民为中心的发展思想。这意味着：要读懂中国共产党，首先要读懂中国人民，只有读懂中国人民，才能更加理解中国共产党。所以党的十八大以来，在习近平总书记系列重要讲话中，讲得最多的是人民，每当最关键时刻，强调最多的也是人民。在治国理政实践中，习近平总书记时时刻刻强调突出人民，他把人民对美好生活的向往作为党的奋斗目标，把人民作为我们党依靠力量的最大源泉，把人民放在心中最高的位置，强调人民至上、生命至上。① 所以从价值维度看，以人民为中心是党的指导思想中的一个精髓。

实事求是也好、以人民为中心也好，二者的统一可谓哲学上真正的"知"。知是前提、是基础，其归宿和目的就是"行"。所以，这个指导思想里的精髓必须有实践维度，从实践维度来提炼，那就是知行合一。知行合一是贯穿我们党指导思想中的一条红线。毛泽东《实践论》的副标题，"论认识和实践的关系——知和行的关系"讲的就是知行合一。② 我们知道，《实践论》《矛盾论》在毛泽东思想中具有十分重要的地位，它们是马克思主义中国化的哲学基础。这种知行合一，在邓小平那里就更加鲜明了。邓小平特别注重实际、注重实践、注重实干、注重实力、注重实效。他认为，不干，半点马克思主义也没有。江泽民所强调的与时俱进不仅体现实事求是，也体现知行合一。与时俱进的"时"意味着"知"，即随着时代的发展提升我们的认识，而与时俱进的"进"意味着"行"。胡锦涛所讲的求真务实同样如此，"求真"可谓知，"务实"可谓行，也体现了知行合一。习近平总书记为什么讲王阳明的心学？王阳明心学的核心是强调知行合一。习近平总书记关于知行合一有大量论述。他强调：一分部署九分行动，踏石留印、抓铁有痕，逢山开路、遇河架桥，钉钉子，等等，这些都是关于知行合一鲜明的话语表述。

---

① 参见习近平：《习近平谈治国理政》第三卷，17 页，北京，外文出版社，2020。
② 参见《毛泽东选集》第一卷，282 页，北京，人民出版社，1991。

所以从指导思想看，中国共产党治国理政的哲学智慧，就是坚持实事求是、以人民为中心、知行合一相统一。这三者之间具有内在逻辑关系，构成一个严密整体。中国共产党就是基于实事求是、以人民为中心、知行合一来治国理政的。这是中国共产党治国理政的第一个哲学智慧。

二　从基本思路看治国理政的哲学智慧：
坚持"定位、定标、定法"相统一

从基本思路看中国共产党治国理政的哲学智慧，可把它概括为坚持"定位、定标、定法"相统一。

中国共产党治国理政，从哲学上首先要搞清楚"我在哪里"。搞清楚"我在哪里"，就是把握历史坐标和坐标点，亦即历史方位，这就是"定位"。在什么山，唱什么歌，在什么样的历史方位，就有什么样的历史任务。把"定位"搞清楚之后，接下来的逻辑，就要进一步确定"走向何方"，从治国理政基本思路来讲，这就是"定标"，即确定所实现的奋斗目标、所完成的历史任务、所肩负的历史使命、所解决的根本问题。把战略目标确定之后，逻辑上就必然进一步去思考第三个问题，即"走法如何"，即寻求实现战略目标的路径、方法、方略，这叫作"定法"。所以中国共产党治国理政在基本思路上，就是要搞清楚"定位、定标、定法"。

先看看邓小平。邓小平为什么在他那个时候强调解放思想？主要是为了打破僵化的思想观念，恢复和重新确立党的思想路线，进而确立重新认识中国国情的正确出发点，也叫哲学上的认识路线，这就确立了解放思想、实事求是的思想路线。解放思想、实事求是的思想路线，最为核心的是从客观实际出发。为了从客观实际出发认识当时中国国情，邓小平提出一个具有重大历史意义和贡献的政治判断，就是中国的社会主义依然处在初级阶段，这个初级阶段就是"定位"。中国特色社会主义总依据、总布局、总任务中，"总依据"就是社会主义初级阶段。应该说，这个重大的政治论断，对我们理解中国特色社会主义具有立论基础的意义。邓小平理论中的所有理论，都与这个定位有关。

在什么样的历史方位，就提出什么样的历史任务。在社会主义初级阶段，根本任务就是解放生产力、发展生产力，以经济建设为中心。把解放生产力、发展生产力作为根本任务，以经济建设为中心，这属于"定标"，这是基于对社会主义初级阶段的理解而提出的奋斗目标。如何解放生产力、发展生产力？这就要"定法"。从邓小平理论中，可找到三句话：科学技术是第一生产力；市场经济是中性的，资本主义可以用，社会主义也可以用；坚持改革开放。这三句话属于"定法"。所以这个"三定"的基本思路在邓小平理论中，体现得非常清晰。

再看看习近平。其典型样本，就是党的十九大报告和党的二十大报告。我们可按照"三定"基本思路来理解党的十九大报告。党的十九大报告的第一个部分，其核心思想就是"历史方位论"，回答中国特色社会主义"在哪里"的问题。对这个问题的回答，就是其中所提出的这样一个重大政治论断："经过长期努力，中国特色社会主义进入了新时代，这是我国发展新的历史方位。"①这实际上就是"定位"。

为了理解和把握这个历史方位，第一个部分主要讲了三个内容。第一个内容是新时代、新的历史方位由何而来，这就是进入新时代，新的历史方位的三大根据，即历史性成就、历史性变革、历史性转化；② 第二个内容是回答新时代新的历史方位从何出发？党的十九大报告第一个部分所讲的"三个意味着"，就回答了新时代新的历史方位从何出发；③

_____

① 《习近平谈治国理政》第三卷，8页，北京，外文出版社，2020。
② 这种历史性转化，就是社会主要矛盾发生了历史性转化，由人民日益增长的物质文化需要同落后的社会生产之间的矛盾，历史性地转化为人民日益增长的美好生活需要和不平衡不充分的发展之间的矛盾。
③ 参见习近平：《习近平谈治国理政》第三卷，8～9页，北京，外文出版社，2020。

第三个内容是新时代将走向何方，即所讲的五个"是"。① 由何而来、从何出发、走向何方，实际上讲的就是历史方位，这是"定位"。

党的十九大报告的第二个部分，就是"定标"。从标题就可以看出来，即"新时代中国共产党的历史使命"②。中国特色社会主义进入新时代，我国发展进入新的历史方位，其历史使命、历史任务、奋斗目标，就是实现伟大梦想，即实现中华民族伟大复兴。报告的第三个部分、第四个部分以及后面的部分，是从"定法"角度来回答怎样实现中华民族伟大复兴的，分别从道、术、行来讲，其中第三个部分的核心，实际上是从"道"来讲新时代中国特色社会主义思想是实现中华民族伟大复兴的行动指南。③ 第四个部分是从"术"即战略安排上讲如何实现中华民族伟大复兴。

这个战略安排，就是对 2018 年到 21 世纪中叶（2050 年）这三十三年作出的战略安排。这三十三年可以划分为一个小的三年、一个大的三十年。一个小的三年，就是从 2018 年到 2020 年，叫作全面建成小康社会的决胜期。能不能决胜，关键在于能否打好三大攻坚战：防范风险、精准脱贫、污染防治。还有一个大的三十年，即从 2020 年到 21 世纪中叶（2050 年）。这个大的三十年分两步走：第一步，从 2020 年到 2035 年，再奋斗十五年，基本实现社会主义现代化；第二步，从 2035 年到本世纪中叶（2050 年），再奋斗十五年，把我国全面建成社会主义现代化强国，进而实现中华民族伟大复兴。④ 第五个部分及之后的各个部分，是从各个领域，"行"即实践行动的具体举措，来讲如何全面建成社会主义现代化强国、实现中华民族伟大复兴。

党的二十大报告也体现了"定位、定标、定法"："从现在起，中国

① 参见习近平：《习近平谈治国理政》第三卷，9 页，北京，外文出版社，2020。
② 习近平：《习近平谈治国理政》第三卷，10 页，北京，外文出版社，2020。
③ 参见习近平：《习近平谈治国理政》第三卷，14 页，北京，外文出版社，2020。
④ 参见习近平：《习近平谈治国理政》第三卷，21～23 页，北京，外文出版社，2020。

共产党的中心任务就是团结带领全国各族人民全面建成社会主义现代化强国、实现第二个百年奋斗目标，以中国式现代化全面推进中华民族伟大复兴。"①其中，"从现在起"是定位；"实现第二个百年奋斗目标"是定标；"以中国式现代化全面推进"是定法。

所以"三定"是从治国理政基本思路上讲中国共产党治国理政的哲学智慧。

三 从方法论看治国理政的哲学智慧：坚持"主要矛盾、根本问题、工作重点"相统一

从方法论看中国共产党治国理政的哲学智慧，可把它概括为坚持"主要矛盾、根本问题、工作重点"相统一，这实际上属于方法论层面的中国共产党治国理政的哲学智慧。

中国共产党治国理政是具有哲学方法论的。习近平总书记强调马克思主义哲学是我们各级领导干部的看家本领，② 这意味着马克思主义哲学也是中国共产党治国理政的看家本领，意味着中国共产党是运用一系列哲学方法论来治国理政的，具有治国理政的方法论。

中国共产党治国理政，十分注重抓住影响治国理政的根本因素，即治国理政的重点，避免眉毛胡子一把抓，乱撒胡椒面，乱弹钢琴。这是治国理政方法论的核心。中国共产党治国理政面临着错综复杂的情境，头绪很多。要从这一团乱麻中理出一个头绪，抓住"牛鼻子"，做到纲举目张，就必须抓住治国理政的工作重点。工作重点到哪里寻找？工作重

① 习近平：《高举中国特色社会主义伟大旗帜　为全面建设社会主义现代化国家而团结奋斗——在中国共产党第二十次全国代表大会上的报告》，21 页，北京，人民出版社，2022。

② 参见中共中央文献研究室编：《习近平关于社会主义文化建设论述摘编》，63 页，北京，中央文献出版社，2017。

点要到治国理政所解决的根本问题当中去寻找。中国共产党治国理政从来都是要解决问题的。习近平总书记指出："我们中国共产党人干革命、搞建设、抓改革，从来都是为了解决中国的现实问题。"①中国共产党治国理政要解决的问题很多，应首先解决影响中国发展命运的根本性问题。治国理政所要解决的根本性问题到哪里寻找？只有到社会主要矛盾当中去寻找。

社会主要矛盾表述的是人的活动的两个根本方面：一是需求方，二是供给方。人民日益增长的物质文化需要是需求方，落后的社会生产是供给方；人民日益增长的美好生活需要是需求方，不平衡不充分的发展是供给方。社会主要矛盾抓住了人类一切活动的两个最根本的原点：需求和供给。人类的活动方式错综复杂、千头万绪、千变万化，但归根结底可以还原为两个根本的原点：需求和供给。这是以唯物史观为根据的。

1845年马克思、恩格斯合写的《德意志意识形态》是唯物主义历史观诞生的标志之一。唯物主义历史观是如何创立的？它的逻辑是什么？马克思、恩格斯说，他们首先关注的是历史科学，是人类历史。② 人类历史是由人类活动创造、书写的。对人类历史的关注，首先要关注人，把现实的人作为历史的前提。③ 人首先是现实的个人，即有生命的个人。有生命的个人意味着他（她）具有肉体组织的需要，这个需要，马克思、恩格斯把它概括为衣食住行，或者吃喝住穿。恩格斯在马克思墓前的讲话中，进一步概括了这一点。④ 满足这种肉体组织的需要，叫作生活。

人要生活下去就必须满足人的需要。马克思、恩格斯认为，必须进一步关注满足需要的方式。此时，马克思、恩格斯把人和动物在本质上

---

① 习近平：《习近平谈治国理政》第一卷，74页，北京，外文出版社，2018。
② 参见《马克思恩格斯选集》第1卷，146页，北京，人民出版社，2012。
③ 参见《马克思恩格斯选集》第1卷，146页，北京，人民出版社，2012。
④ 参见《马克思恩格斯选集》第3卷，1002页，北京，人民出版社，2012。

进行比较，认为人和动物最根本的区别就是：人通过自己的物质生产劳动来获取物质生活资料，进而满足自己肉体组织的需要；而动物的本质不是物质生产劳动，是靠其本能接受自然界的恩赐来生存的。所以，马克思、恩格斯重点关注物质生产劳动。物质生产劳动的功能，是获取人的肉体组织所需要的生活资料。所以，我们认为，物质生产劳动应被定义为供给方，而人的肉体组织应被定义为需求方。

按照逻辑，马克思、恩格斯又进一步分析研究物质生产劳动。在马克思、恩格斯看来，物质生产劳动有两个根本维度：一是在物质生产劳动过程中，人和自然界所发生的关系，马克思用"生产力"来描述、分析这种关系；二是在物质生产过程中，人和人所发生的生产性的关系，当时用"交往形式"来描述这种关系，后来用的是生产关系。马克思、恩格斯进一步研究生产力和交往形式或者生产关系的内在矛盾运动，发现了人类历史发展的一般规律，从而创立了唯物史观。显然，唯物史观的创立，基于对人的需求和生产供给的内在矛盾运动的分析。所以，社会主要矛盾的哲学基础是唯物观。社会主要矛盾表达的就是需求和供给双方的矛盾关系。

正因为如此，我们可以看到社会主要矛盾在党中央治国理政中的重要地位：社会主要矛盾是党中央把握我国国情的主要依据之一，是党中央制定路线方针政策的主要依据之一，是党中央把握社会发展整体状况的主要依据之一，也是党中央治国理政的基本遵循。由此，中国共产党治国理政，首先要解决一定历史阶段的社会主要矛盾，因为在这个社会主要矛盾中，蕴含着治国理论所要解决的根本问题，而解决这一根本问题，就成为中国共产党治国理政的工作重点。

从改革开放新时期到新时代，都是如此。在改革开放之初，整个中国所面临的社会主要矛盾，是人民日益增长的物质文化需要同落后的社会生产之间的矛盾。1981 年，党的十一届六中全会指出了这一社会主要矛盾。中国共产党治国理政，首先要解决这一社会主要矛盾。在这一社会主要矛盾中，治国理政所要解决的根本问题不在需求方，而在供给方。就是说，人民的物质文化需要日益增强了，增强了就要满足，但当时整个中国社会的物质生产却比较落后。落后的社会生产难以满足人民日益增长的物质文化需要，因而，解决落后的社会生产就成为党中央治国理政所面临的根本问题。这就可以理解为什么当时我们党的工作重点要实行大转移，由过去以阶级斗争为纲转向以经济建设为中心，为什么要把大力解放和发展社会生产力作为首要根本任务，为什么讲社会主义本质首先讲解放生产力、发展生产力。这里，我们看到了"主要矛盾—根本问题—工作重点"这一治国理政的哲学逻辑和哲学智慧。

党的十九大报告第一部分在收尾时，就把新的社会主要矛盾提出来了，因为社会主要矛盾发生了历史性转化，即转化为人民日益增长的美好生活需要和不平衡不充分的发展之间的矛盾。① 党的二十大报告又进一步明确了这一社会主要矛盾，强调要"紧紧围绕这个社会主要矛盾推进各项工作"②。这也是党中央从治国理政的高度提出来的。这意味着以习近平同志为核心的党中央治国理政，首先要破解这一社会主要矛盾。人民日益增长的美好生活需要是需求方，不平衡不充分的发展是供给方，不平衡不充分的发展难以满足人民日益增长的美好生活需要，所以，党中央治国理政首要解决的根本问题，就是发展不平衡、发展不充分，通过解决发展不平衡、发展不充分，来满足人民日益增长的美好生活需要。人民日益增长的美好生活需要属于人民生活"好不好"的问题，不平衡不充分的发展属于国家"强不强"的问题。所以，治国理政首要就是通过解决"强不强"问题来解决"好不好"问题。围绕这个工作重点来理解和把握习近平总书记系列重要讲话，理解和把握习近平新时代中国特色社会主义思想，逻辑上就清晰了。总之，治国理政的工作重点蕴含在所解决的根本问题中，所解决的根本问题蕴含在社会主要矛盾中。反过

---

① 参见习近平：《习近平谈治国理政》第三卷，9页，北京，外文出版社，2020。
② 习近平：《高举中国特色社会主义伟大旗帜 为全面建设社会主义现代化国家而团结奋斗——在中国共产党第二十次全国代表大会上的报告》，7页，北京，人民出版社，2022。

来也可以说，在社会主要矛盾中蕴含着党中央治国理政所解决的根本问题，解决这个根本问题就成为党中央治国理政的工作重点。

四　从治理机制看治国理政的智慧：坚持"动力机制、平衡机制、治理机制"相统一

任何对象和事物中都普遍存在着三种根本因素：动力、平衡和治理。自行车没有动力跑不起来，在跑的过程中，失去平衡就要倒下去，既要跑得快又不倒下去，骑车人的技能调整是关键。一架飞机几百吨重竟能飞上天，靠的是强大的动力技术；在空中飞行速度极快，我们坐在机舱里感到很平稳，是因为它具有强大的平衡技术。这架飞机的动力和平衡，来自造飞机的工程师和驾驶飞机的机长。一个社会没有动力，好比一台没有马达的机器，都是散放的零件；一个社会失去平衡，好比一匹脱缰的野马，没有秩序。一个社会既要有动力，还要达到和谐平衡稳定，社会治理是关键。

这三种机制不仅存在于任何对象和事物中，而且也存在于1978年以来党中央治国理政的逻辑中。1978年改革开放之初，邓小平也讲"两手抓、两手都要硬"，提出"一个中心、两个基本点"的基本路线。就是说，他是讲平衡稳定的。然而，他所领导的改革开放在实践上的重点，是激活经济社会发展的动力和活力。他的话语，如敢闯敢干敢为人先、解放思想、解放人、解放生产力，放开、放活等，都聚焦于激活经济社会发展的动力和活力。正因为有了动力和活力，所以我国的经济得到了快速发展，经济效率得到了极大提高。江泽民时期亦然。

历史发展到以胡锦涛同志为总书记的党中央治国理政时期，我们党依然注重发展，注重经济社会发展的动力。然而，我们党更加强调科学发展，在强调科学发展的同时，相对注重解决经济社会发展的平衡、和谐、稳定。所以，科学发展观的"核心是以人为本，基本要求是全面协

调可持续，根本方法是统筹兼顾"①，实践要求是构建和谐社会，聚焦于解决经济社会发展的平衡、和谐、稳定问题，这就突出了经济社会发展的平衡机制。实际上，在强调经济社会发展动力的同时，也必须注重经济社会发展的平衡。如果车跑得很快，但失去了平衡，就会翻车。

历史发展到党的十八大以后，当党的十八届一中、二中全会解决好党和国家的人事问题之后，逻辑上就要进行战略谋划和战略安排，对我国经济社会发展作出顶层设计。这就是党的十八届三中全会的任务，其历史地位十分重要，与党的十一届三中全会一样，都是划时代的。② 党十八届三中全会的主题，是全面深化改革，其总目标是发展和完善中国特色社会主义制度，推进国家治理体系和治理能力现代化。这就从"治本"上，把制度和治理前所未有地凸显出来了。习近平总书记指出，我们要开启中国社会主义实践的后半程，后半程的历史任务，就是要治理好社会主义社会。③ 这里讲的制度、治理与治理社会主义社会，可简称"中国之治"。"中国之治"的核心要义就是：发挥我国国家制度的显著优势；提升国家治理效能；把制度优势更好地转化为国家治理效能。④ 所以党的十八大以后，按照历史的逻辑，以习近平同志为核心的党中央就把治理机制或"中国之治"前所未有地凸显出来了。

习近平总书记所讲的国家治理，实质上是直接针对经济社会发展的动力和平衡来讲的，而不是游离于社会发展的动力和平衡之外的。党的十九届四中全会第一次对中国奇迹做了最为集中、鲜明和精辟的概括，这就是"经济快速发展奇迹、社会长期稳定奇迹"⑤。经济快速发展得益

---

① 胡锦涛：《高举中国特色社会主义伟大旗帜　为夺取全面建设小康社会新胜利而奋斗——在中国共产党第十七次全国代表大会上的报告》，15 页，北京，人民出版社，2007。

② 参见习近平：《习近平谈治国理政》第三卷，178 页，北京，外文出版社，2020。

③ 参见中共中央文献研究室编：《习近平关于全面深化改革论述摘编》，27 页，北京，中央文献出版社，2014。

④ 参见习近平：《习近平谈治国理政》第三卷，124 页，北京，外文出版社，2020。

⑤ 本书编写组：《党的十九届四中全会〈决定〉学习辅导百问》，2 页，北京，党建读物出版社、学习出版社，2019。

于强大的动力在推动，社会长期稳定是由于有效的平衡和谐稳定理念、稳中求进的工作总基调与平衡机制在支撑。接着，在逻辑上，党的十九届四中全会就进一步揭示这两大奇迹背后的制度密码和治理逻辑，即用"中国之治"来解释中国奇迹。从 1978 年到今天，党中央治国理政充分彰显了"动力机制、平衡机制、治理机制"的历史逻辑。

这给我们四大启示。一是经济社会发展的动力、平衡，从根本上取决于国家治理能力和水平。二是衡量一种制度优不优，一个国家治理好不好，关键看能否解决好经济社会发展的动力和平衡问题。三是以习近平同志为核心的党中央，自党的十八大以来所推进的实践创新、理论创新与取得的原创性成果、作出的原创性贡献，都应围绕"中国之治"来理解和把握。只有读懂"中国之治"，才能真正读懂习近平新时代中国特色社会主义思想。四是中国特色社会主义进入新时代、我国发展步入新的历史方位，历史的逻辑要求中国共产党人再创"中国之治"奇迹，用"中国之治"来全面治理好社会主义社会。

五　从发展方略看治国理政的智慧：坚持"发挥比较优势、补齐发展短板、打牢发展支点"相统一

从发展方略上看中国共产党治国理政的哲学智慧，可把它概括为坚持"发挥比较优势、补齐发展短板、打牢发展支点"相统一，这实际上属于发展方略上的中国共产党治国理政的哲学智慧。

先讲木桶原理。一只木桶在斜着的时候，影响盛水量的是最长的那一块；这只木桶立起来以后，影响盛水量的是最短的那一块；木桶装满水不漏掉，木桶的底板是关键。这一木桶原理蕴含这样一个哲理：发挥比较优势，补齐发展短板，打牢发展支点。这种发展方略，从宏观、中观、微观，都能体现出来。

先从宏观上看1978 年至今党中央治国理政在发展方略上的逻辑。

1978年改革开放之初，我国的发展方略可概括为一句话：重点突破非均衡。因为那个时候我国还比较落后，属于"欠发展"，与西方发达国家的差距很大，与亚洲"四小龙"的差距也不小，远远落后于世界现代化发展水平，相当于"木桶在斜着"。木桶斜着，影响盛水量的是最长那一块，这意味着要着重发挥我国的比较优势，实行重点突破。所以，当年邓小平提出让一部分地区、一部分人先发展起来、先富起来，也把经济特区设在我国的东部和沿海地区，这都属于发挥比较优势。那个时候，我国很落后，在发展布局上不可能全方位铺开，需要的是把有限资源和精力用在重点领域、重要方面，把比较优势先发挥出来。以江泽民同志为核心的党中央治国理政时期延续了这一思路。

历史发展到以胡锦涛同志为总书记的党中央治国理政时期，尤其是党的十八大以来，这个木桶"立起来"了，即我国发展起来了，进入"发展起来以后"的历史方位。木桶立起来以后，影响盛水量的是最短那一块，要提高盛水量，就必须补齐木桶的短板。这意味着要补齐发展短板。所以，以习近平同志为核心的党中央治国理政有一个鲜明特点，就是强弱项、补短板：在经济领域实行精准脱贫；在政治领域解决我们党内政治生活存在的"宽松软"，破除精神懈怠、能力不足、脱离群众、消极腐败"四种危险"；在文化领域解决"庸俗、低俗、媚俗"，抵御意识形态的风险；在社会领域，注重民生保障和社会治理；在生态领域，解决污染防治。不仅要补齐发展短板，要使大国成为强国，迎来从富起来到强起来的伟大飞跃，还必须打牢大国成为强国的根本支点，这个根本支点，就是新发展理念：创新、协调、绿色、开放、共享。"贯彻新发展理念是新时代我国发展壮大的必由之路"①，是大国成为强国的根本之道，是大国成为强国的评价标准，是大国成为强国的根本支点。

从中观上看，省委书记和省长要把本省治理好，这三句话是铁律，

---

①　习近平：《高举中国特色社会主义伟大旗帜　为全面建设社会主义现代化国家而团结奋斗——在中国共产党第二十次全国代表大会上的报告》，70页，北京，人民出版社，2022。

即发挥本省比较优势、补齐本省发展短板、打牢本省永续发展的支点。就拿浙江省来说，习近平同志当年在浙江担任省委书记的时候，提出了治理浙江省的"八八战略"①。"八八战略"蕴含的哲理就是三句话：第一个"八"，是浙江省的八大比较优势；第二个"八"，是浙江省某些县市在这八个方面不同程度上还存在着某种短板，需要采取具体举措把它补上；这个"八"，又是浙江省永续发展（一张蓝图绘到底）的八个根本支点，此为第3个"八"。正因如此，历届浙江省委、省政府的主要领导都实施"八八战略"，坚持一张蓝图绘到底，注重发挥浙江省的比较优势，补齐浙江省发展的短板，打牢浙江省永续发展的支点。

从微观上看，这三句话也是每个人人生成长的铁律。一位大学生毕业以后到一个新的岗位上工作，他（她）首先想到的是在新单位新岗位站稳脚跟，要站稳脚跟，首先要把自身的优势发挥出来；站稳脚跟以后，就要进一步谋求事业的发展，要顺利实现事业的发展，就必须尽快补齐自身存在的短板，短板补不上，遇到"天花板"，人生之路就走得不长、走得不宽、走得不高。人生要获得永续发展，就需要打牢人生发展的支点，其中"知、情、意"，就是每个人人生发展的支点。这三个支点缺一不可。如果你智商高，情商低，就会怀才不遇；如果你情商高，智商低，就会感到力不从心；如果你智商高，情商高，但缺乏钢铁般的意志，就可能知难而退，难以顺利完成具有挑战性的艰巨工作。

六　从推动力量看治国理政的智慧：坚持"整合党的领导力量、市场配置力量、人民主体力量"

中国共产党治国理政的哲学智慧还体现在推动力量上，这就是坚持

---

①　参见习近平：《干在实处　走在前列——推进浙江新发展的思考与实践》，71页，北京，中共中央党校出版社，2006。

"整合党的领导力量、市场配置力量、人民主体力量"，使这三种力量形成合力。

中国共产党治国理政，必然注重寻求推动经济社会发展的力量。从1978年到今天，中国共产党治国理政注重整合推动中国经济社会发展的三大具有根本性的力量。

一是党的集中统一领导力量，坚持党对一切工作的领导。中国共产党领导是中国特色社会主义最本质的特征，是中国特色社会主义制度最大的优势，办好中国的事情，关键在党。所以，这40多年中国经济社会的发展，党的集中统一领导力量是首要的、核心的推动力量。这一力量主要体现在政治领域。

二是市场配置力量。为什么党的十九届四中全会把社会主义制度和市场经济的有机结合，作为一项基本经济制度第一次确立下来？[①] 其中一个根本原因，就是社会主义市场经济对推动中国经济社会发展，发挥着十分重要的作用。从理论和实践来讲，市场配置力量确实是很重要的。重要在哪里？当年我们经济发展比较落后，要尽快解决经济效率和经济发展速度问题。靠什么来解决这个问题？其中一种路径就是市场经济，因为市场经济强调从事经济活动的人要最大限度地发挥自己的能力，为经济社会发展作出贡献，然后来获取自己的正当利益，这是能力贡献与利益分配的对等性公平。这种利益分配的对等性公平，能激发从事经济活动的人的积极性和主动性，反对平均主义。

奥林匹克运动场上的比赛，就是理解市场经济的一个典型样本。比如，110米跨栏比赛，有十个运动员参加比赛，且都想拿金牌。这十个运动员为了拿金牌，都要最大限度地发挥自己的奔跑能力、奔跑速度。怎样保证这十个运动员最大限度地发挥自己的奔跑能力、奔跑速度？必须具有体现公平正义的制度安排，这就是五个平等：同一个起点，同一个时间，同一个场地，同一种规则，同一个裁判。这五个平等的制度安

[①] 参见《党的十九届四中全会〈决定〉学习辅导百问》，14页，北京，党建读物出版社、学习出版社，2019。

排，可以激发十个运动员最大限度地发挥自己的奔跑能力、奔跑速度，从而使跑得最快的运动员拿到金牌。由此我们看到的景象是：这十个运动员一个比一个跑得快，甚至有破纪录的。

市场经济，就是靠这种机制来解决经济效率、经济发展速度问题的。所以，市场的配置力量很关键，市场配置力量能激活市场主体的积极性主动性，能解决经济效率和经济发展速度的问题。所以，中国共产党治国理政，也注重市场配置力量。这一力量主要体现在经济领域。

三是人民主体力量。人民群众是历史的主体，是历史的创造者，是推动社会历史的重要决定力量。历史是由广大人民群众书写的，人民群众是历史的创造者。从 1978 年到今天，广大人民群众对推动中国经济社会发展发挥着强大的主体力量，这体现在广大人民群众勤劳致富、无私奉献、承担代价，没有广大人民群众的主体力量，是不可能创造中国奇迹的。这一力量主要体现在社会领域。

人民主体力量体现了社会主义本质，党的领导力量和市场配置力量体现的是中国特色。在这三种力量中，党的领导力量具有总体性、根本性、引领性，因为中国共产党的指导思想具有引领力，确立的奋斗目标具有感召力，组织资源具有动员力，凝聚共识具有凝聚力，实现蓝图具有恒定力，自我革命具有净化力。中国共产党治国理政不仅注重党的集中统一领导力量，而且注重整合这三种力量使其形成合力，以形成推动中国经济社会发展的磅礴力量。这是创造中国奇迹的一个深层原因。

其实，中国共产党治国理政的哲学智慧不限于这六条，还包括坚持"与时俱进、融合发展、自主创新"相统一，坚持"总框架、牛鼻子、路线图"相统一，坚持"强大政党、社会革命、自我革命"相统一，坚持"世界历史、战略谋划、辩证方法"相统一等，但这六条是主要的。

第十章 中国特色社会主义五维逻辑论
以"五维逻辑"分析框架解释中国特色社会主义发展

习近平总书记指出："经过长期努力，中国特色社会主义进入了新时代，这是我国发展新的历史方位。"①新时代标定我国发展新的历史方位，无论是总结历史经验，还是揭示发展规律，抑或是推进理论创新，都给我们提出了一个必须全面深入研究的重大课题：如何理解和把握中国特色社会主义进入新时代的发展逻辑？

一 学术研究成果的梳理总结

改革开放以来，随着中国特色社会主义实践的发展，也由于中国特色社会主义的原创性和开创性，国内学界对中国特色社会主义相关问题展开了积极的学术讨论和理论研究，发表了一系列相关成果。特别是随着中国特色社会主义不断发展壮大，进一步吸引了学界对其内在发展逻辑的关注。总体来说，国内这方面的研究进展大致可概括为：起初，着重从政治层面研究中国特色社会主义提出的背景、含义、地位和意义；之后，

---

① 习近平：《习近平谈治国理政》第三卷，8 页，北京，外文出版社，2020。

侧重从学理层面研究中国特色社会主义的立论基础、发展历程、逻辑结构和内容框架；今天，着重从实践逻辑、理论逻辑层面，进一步提炼中国特色社会主义的内在逻辑。这些研究成果是我们进一步深化对中国特色社会主义的发展逻辑研究的起点和基础。

(一)中国特色社会主义的科学内涵

党的十二大提出"建设有中国特色的社会主义"①这一崭新命题以来，中国特色社会主义的内涵就成为政界与学术理论界持续关注和研究的焦点问题。实践发展无止境，理论创新无止境，中国特色社会主义的内涵也在不断地发展和丰富。学术理论界对于"中国特色社会主义"内涵的理解整体上是遵循着历次党的全国代表大会报告的概括来展开。

目前，学界主要根据党的十八大报告中关于中国特色社会主义的论述来理解"中国特色社会主义"的概念及其科学内涵。主要有三种代表性的观点：第一种观点认为，中国特色社会主义道路、中国特色社会主义理论体系和中国特色社会主义制度，共同构成了中国特色社会主义的科学内涵。② 这种观点是学者们对政治文件语言的直接引用，内容正确，但是缺乏应有的学术深度。第二种观点认为，中国特色社会主义包含中国特色社会主义旗帜、道路、理论体系和制度。其中，旗帜是方向，居于统领地位，道路、理论体系、制度是旗帜在实践和理论上的选择、体现、展开和成果总结；旗帜以道路、理论体系、制度为支撑和保障，道路、理论体系、制度以旗帜为标志和指引，四者相互联系，相辅相成，统一于坚持和发展中国特色社会主义这一主题之中。③ 相对第一种观点，第二种观点概括得比较全面系统，学术性也较强。第三种观点认为，中国特色社会主义的内涵包括五个方面的基本内容，即中国特色社会主义是伟大旗帜、根本方向，是根本道路、方法途径，是理论体系、

---

① 《邓小平文选》第三卷，3 页，北京，人民出版社，1993。
② 参见韩振峰：《"三大成就"——中国特色社会主义科学内涵新阐释》，载《光明日报》，2011-07-06。
③ 参见汤建、周建超：《中国特色社会主义科学内涵的四维解读》，载《中国特色社会主义研究》，2012(4)。

指导思想，是宏伟事业、运动实践，是社会制度、社会形态。五者之间辩证关系是实践决定理论，理论指导实践，旗帜决定方向，道路决定命运，制度决定成败。这种观点是尝试在党的十八大报告基础上探索中国特色社会主义的更为丰富的内涵，相比较而言有一定的创新性。当然，还有一些研究从很宽泛的角度来理解中国特色社会主义的内涵，认为其是一个内容丰富的庞大体系，这类研究往往把问题引向复杂化。

党的十九大报告总结中国特色社会主义新时代理论与实践创新成就，从道路、理论体系、制度和文化四个方面阐释中国特色社会主义，强调："中国特色社会主义道路是实现社会主义现代化、创造人民美好生活的必由之路，中国特色社会主义理论体系是指导党和人民实现中华民族伟大复兴的正确理论，中国特色社会主义制度是当代中国发展进步的根本制度保障，中国特色社会主义文化是激励全党全国各族人民奋勇前进的强大精神力量。"①党的十九大报告为更加完整准确理解"中国特色社会主义"的概念及其科学内涵提供了新的基础。总体上来看，学术理论界对"中国特色社会主义"概念与内涵的理解仍处在解读、注释政治文件的层面。随着中国特色社会主义事业的不断发展，"中国特色社会主义"的概念及其科学内涵还将不断生成、充实、丰富和发展。因此，下一步的研究应基于党的二十大报告的相关重要论述，注重学理逻辑，站在整体发展进程的高度来研究中国特色社会主义的内涵，进而才能提供有前瞻、有远见、有深度和穿透力的学术理论成果来引领和支撑中国特色社会主义伟大实践。

(二)中国特色社会主义的发展历程

中国特色社会主义的发展历程问题，首先是历史起点问题。有学者认为，中华人民共和国成立后，"毛泽东创造了一系列独创性的关于中国社会主义建设的理论成果"，"不论是从历史实践上还是从理论逻辑上

---

① 习近平：《习近平谈治国理政》第三卷，13 页，北京，外文出版社，2020。

说，毛泽东都是中国特色社会主义事业的伟大奠基者、探索者和先行者"。① 但从总体上看，理论界在对中国特色社会主义的起点界定问题上，基本形成了"始于1978年"这一共识，并在此基础上展开对中国特色社会主义的演进历程的研究，形成了四种代表性观点。第一种观点认为，中国特色社会主义形成的两个历史时期分别是改革开放以前的20多年和改革开放以来的40多年，其理论发展历程是：毛泽东思想开始创建，邓小平理论提供基本框架，"三个代表"重要思想标志体系的成熟，科学发展观是进一步的深化。第二种观点认为，毛泽东时期是中国特色社会主义的孕育和准备，邓小平时期是中国特色社会主义的正式提出和形成，江泽民时期是中国特色社会主义的展开和发展。第三种观点认为，毛泽东确立了中国特色社会主义的"出发点"，邓小平"创立与开辟"了中国特色社会主义，以江泽民同志为主要代表的中国共产党人成功把中国特色社会主义推向21世纪，以胡锦涛同志为总书记的党中央成功在新的历史起点上坚持和发展了中国特色社会主义并且形成了中国特色社会主义经济、政治、文化、社会和生态"五位一体"新布局。第四种观点认为，党的十八大以来，以习近平同志为核心的党中央在改革开放前后两个30年的基础上开创了治国理政新局面，党和国家事业发生历史性变革，中国特色社会主义进入了新的发展阶段。

(三)中国特色社会主义的发展主题

学术理论界关于改革开放进程中我国社会的发展主题，大体有三种代表性观点："中国特色社会主义"主题论、"发展"主题论、"建设和发展中国特色社会主义"主题论。第一种观点认为，邓小平理论、"三个代表"重要思想和科学发展观都是围绕着"中国特色社会主义"提出来的，都一脉相承而又与时俱进地贯穿着这一共同主题。第二种观点认为，"中国特色社会主义"的主题是"发展"，其基本理论内容都是围绕着发展

---

① 王伟光：《毛泽东是中国特色社会主义的伟大奠基者、探索者和先行者》，载《中国社会科学》，2013(12)。

而展开的。第三种观点认为，中国特色社会主义是对"什么是社会主义和怎样建设社会主义、建设一个什么样的党和怎样建设党、实现什么样的发展和怎样发展、实现什么样的现代化和民族复兴以及如何实现现代化和民族复兴"四大基本问题的科学回答。在新的历史起点上，坚持和发展中国特色社会主义是全部理论和实践的主题。

（四）中国特色社会主义的发展方位

对中国特色社会主义发展方位的研判，关系到回答中国特色社会主义性质、中国特色社会主义改革战略选择以及中国特色社会主义发展方向等重大问题。目前，理论界对中国特色社会主义发展方位的判断主要有四种代表性观点。

第一种观点从"社会主义初级阶段论"来理解中国特色社会主义的历史方位，主张中国特色社会主义处在马克思所说的共产主义第一阶段。持该观点的学者认为，中国特色社会主义在社会形态上已经属于社会主义的范畴，但是在生产力、生产关系、经济基础和上层建筑等方面并没有呈现出与马克思关于未来社会主义描述相对应的形态，中国特色社会主义从发展程度上来说还处于不发达的状态。

第二种观点认为，"社会主义初级阶段"定位是不准确的。中国特色社会主义与马克思预设的社会主义存在较大差异，处于不同的历史序列，"初级阶段理论并没有完成对中国特色社会主义的历史序列的定位"[1]。中国特色社会主义存在国家和阶级，不能定位于马克思所说的社会主义，社会主义初级阶段并不能与中国特色社会主义的初级阶段相对应。按照马克思的世界历史理论，我国建立了社会主义制度并不表明我们已经进入共产主义第一阶段。因此，中国特色社会主义是没有完成马克思所讲的过渡时期任务的社会主义，处在马克思所说的过渡时期。

第三种观点认为，对中国特色社会主义历史方位的把握要从明确制

---

[1] 邵夏：《论中国特色社会主义的历史方位——兼论中国特色社会主义的合理性》，载《求实》，2009(1)。

度形态，总结社会主义区域性与多样性实践的经验，确立运行规章制度和体现制度架构的意识形态三个层次着手。在此原则下，中国特色社会主义的历史方位是经过百年沧桑走上了社会主义，并且在新的历史起点上坚持和发展了中国特色社会主义，形成了中国特色社会主义事业的总体布局，开拓了马克思主义中国化的新境界。①

第四种观点认为，中国特色社会主义处在新资本时代。资本主义社会经历 300 多年积累，经过自由资本主义和垄断资本主义阶段后，已进入新资本时代。新资本时代，以人的依赖为基础的社会形态和以物的依赖为基础的社会形态并存，资本主义与社会主义两种性质的社会并存。当前，中国正在由行政主导型的社会主义国家向公有资本主导型的社会主义国家转型，② 正处在并将长期处在这样一个新资本时代。

经过长期努力，中国特色社会主义进入了新时代，中华民族实现了从"站起来""富起来"到"强起来"的历史性飞跃，我们正在向建成社会主义现代化强国迈进，中国特色社会主义正在迈向新的发展阶段。至于新阶段的特征，学术界仍在总结、探讨和提炼之中。

国外学者对中国特色社会主义的研究范围比较广泛，涉及中国特色社会主义的性质、特征、道路、市场经济等问题，为我们拓宽视野并深化对中国特色社会主义发展逻辑的研究，提供了重要思想资源。但是，国外研究明显存在不足。一是未能真正从历史逻辑出发把握和理解中国特色社会主义。戴着有色眼镜来看待中国，理解和评价有一定误解、曲解及偏差，提出的方案往往存在"水土不服"的问题。二是未能深刻认识中国特色社会主义发展历程的现实逻辑。偏重用西方的研究范式和简单的模式来分析、概括中国特色社会主义的发展历程和伟大成就，消解了中国特色，既难以解释中国的现实，又无法预测中国的未来。三是未能

---

① 参见周燕：《中国特色社会主义的历史方位与制度架构》，载《思想教育研究》，2013(10)。

② 参见柳树滋：《新资本时代——中国特色社会主义的历史方位》，载《新东方》，2008(1)。

深入把握中国特色社会主义的理论逻辑。研究大都未从马克思主义发展史的维度来考察中国特色社会主义的理论进程，也基本没有涉及中国自身理论传承的近现代演化发展，影响到他们对中国特色社会主义的判断。四是未能从整体上理解中国特色社会主义的价值逻辑，更不愿正视中国特色社会主义的世界影响。大多局限于具体层面或特定内容，对中国特色社会主义的整体价值理念把握不足，对中国特色社会主义的国际贡献与世界意义评价不足。

实践发展推动认识更新，中国特色社会主义不断刷新着人们关于社会主义和资本主义的固有认知。同时，中国特色社会主义的发展关乎地区、国际乃至人类社会的现实与未来，中国特色社会主义的发展逻辑已经成为国内外学术理论继续关注和研究的热点与焦点。

二　直面问题的结构分析方法

(一)总体性问题

历史唯物主义告诉我们，人类历史发展是有规律的，这种规律存在于历史发展过程和历史发展逻辑中。改革开放成功开辟了中国特色社会主义道路，形成了中国特色社会主义理论体系，确立了中国特色社会主义制度，发展了中国特色社会主义文化。改革开放 40 多年来，中国已跃升为世界第二大经济体，中华民族迎来了从站起来、富起来到强起来的伟大飞跃。中国特色社会主义发展了中国，强大了中国，也引起世界的高度关注。人们以各自的立场、方法、情感、眼光评价中国特色社会主义的发展成就，也以各自的立场、方法、情感、眼光评估中国未来的发展走向。面对各种非难和质疑，我们需要运用辩证唯物主义和历史唯物主义的立场、观点、方法去分析认识中国特色社会主义，从改革开放以来中国特色社会主义的发展逻辑中揭示历史发展规律、发展方向和发展路径。只有这样，才能在实践中坚定方向、坚定自信，不断书写中国特色社会主义新篇章。

在新的历史条件下，面对中国特色社会主义进入新的发展阶段、世界历史也进入新的发展阶段的新形势，坚持和发展中国特色社会主义，实现第二个百年奋斗目标，实现中华民族伟大复兴的中国梦，迫切需要全面总结、深刻认识和精准回答关乎我国发展全局的一系列重大思想理论问题。其中最为关键的，就是要揭示改革开放以来中国特色社会主义的发展逻辑，为中国特色社会主义进入新的发展阶段作理论准备。因此，本章致力于研究的总问题是：全面深入揭示改革开放以来中国特色社会主义的发展逻辑、发展规律、发展方向和发展路径及其蕴含的发展经验，揭示中华民族由"站起来"到"富起来"再到"强起来"，尤其是由"富起来"到"强起来"的发展逻辑，揭示由大国成为强国的发展逻辑及其蕴含的一般规律、根本路径和判断标准，为中国特色社会主义进入新的发展阶段作理论准备。

(二)总体性方法

方法取决于问题的本性。研究改革开放以来中国特色社会主义的发展逻辑，需要采取以下研究方法。

一是历史唯物主义方法。坚持历史唯物主义的视角，运用历史唯物主义方法展开研究，如社会存在和社会意识的关系、历史尺度和价值尺度的统一、合规律性与合目的性的统一、历史逻辑和理论逻辑的统一，等等。

二是结构分析方法。社会是由各要素及其关系即结构构成的一个有机系统。中国特色社会主义的发展逻辑也是由历史、现实、价值、理论、世界等各种逻辑要素及其关系共同形塑的。由此，对中国特色社会主义总体发展逻辑的各种具体逻辑及其关系进行结构分析，是必须采取的一种视角和方法，即需要运用结构分析法，来理解和把握中国特色社会主义的发展逻辑。换言之，对中国特色社会主义的发展逻辑的研究，必须深入中国社会发展的内在逻辑结构之中。只有这样，才能透视纷繁复杂的表象世界，深入中国特色社会主义的深层结构与机理来理解和把握其发展逻辑。

三是过程分析方法。中国特色社会主义的发展是一个动态的过程，这一过程已经并仍将要经过若干历史阶段。所以，我们应用过程分析方法，来理解和把握中国特色社会主义的过去、现在、未来，理解和把握中国特色社会主义的定位、定标、定法。

四是整体主义方法。中国特色社会主义是一个宏大、开放而又不断生成、发展的系统，只有用整体主义方法展开对中国特色社会主义发展逻辑的研究，才能够全面准确把握中国特色社会主义形成、发展和不断壮大的内在逻辑与根据。整体主义方法，既注重从中国特色社会主义形成、发展、壮大的整体进程中把握中国特色社会主义的发展逻辑，也注重从当代世界发展的整体进程中把握中国特色社会主义的发展逻辑。对改革开放以来中国特色社会主义的发展逻辑进行研究，也要注重从整体坚持和发展中国特色社会主义的角度，总结中国特色社会主义的发展经验、发展规律、发展路径、发展方向，建构起新的时代条件下的中国特色社会主义理论体系。

五是历史与逻辑相结合的方法。基于本书独特的研究对象，既要全面深入把握改革开放以来中国特色社会主义的历史事实，也要运用哲学思维且从理论高度对其内在发展逻辑进行分析、论证、提炼。因此，坚持历史逻辑、现实逻辑与理论逻辑相统一，应是一以贯之的研究方法。

六是发生学的方法。用发生学的方法来研究中国特色社会主义的生成过程，具体说就是深入研究中国特色社会主义开创的历史背景、发展动力、逻辑起点、内在基因、发生机制、发展规律、发展方向。

七是比较分析的方法。将中国特色社会主义同科学社会主义、"苏联模式"社会主义、改革开放前我们党探索并实践的社会主义等作比较分析，把中国特色社会主义和西方资本主义进行比较分析。进而，在对比分析的基础上，深入揭示中国特色社会主义道路、理论、制度和文化的本质特征、比较优势和世界贡献。

八是宏观考察与微观分析相结合的方法。研究既涉及中国特色社会主义发展的整体宏观逻辑，也涉及中国特色社会主义的具体内容，由此，我们既需要在整体上审视中国特色社会主义发展的宏观图景，也需要从标识性的具体历史事件分析入手，把握中国特色社会主义的微观场景。

九是多学科综合研究的方法。研究涉及马克思主义理论、哲学、党史党建、政治学、历史学、社会学、文化学、战略学等领域的理论知识与方法，只有综合运用和借鉴相关学科的理论和方法，才能更全面系统而又深入地揭示改革开放以来中国特色社会主义的发展逻辑，进而为坚持和发展中国特色社会主义提供理论支撑与方法论指导。

三　改革开放以来中国特色社会主义的发展逻辑

揭示改革开放以来中国特色社会主义开创的逻辑起点是研究的出发点。这一出发点，从改革开放角度看，是解放和发展社会生产力；从社会主义现代化建设角度看，是社会结构转型。

揭示中国特色社会主义的历史发展阶段及其划分标准可以从四个根本角度入手。

一是从中国社会主义建设的前半程和后半程来划分。前半程的主要历史任务是建立社会主义基本制度，并在此基础上进行改革。后半程的主要历史任务是通过全面深化改革，完善和发展中国特色社会主义制度，推进国家治理体系和治理能力现代化。

二是从"富起来"到"强起来"的历史飞跃来划分。改革开放开辟了中国特色社会主义，实现了中华民族从"站起来"到"富起来"的历史性飞跃，稳定解决了温饱问题。进入新时代，中国特色社会主义开启了从"富起来"到"强起来"的现代化强国新征程。

三是从社会主要矛盾发展演进来划分。从党的十一届三中全会到十八大，主要是完成由"站起来"到"富起来"的历史任务，人民群众日益增长的物质文化需要同落后的社会生产之间的矛盾是社会主要矛盾。党的十八大以后，以习近平同志为主要代表的中国共产党人，主要是完成由"富起来"到"强起来"的历史任务，其社会主要矛盾发生变化，破解发展不平衡不充分的问题。

四是从社会发展的动力机制、平衡机制和治理机制的协调并形成合力来划分。改革开放初期，主要致力于激发经济社会发展的动力机制。之后，主要致力于建立健全经济社会发展的平衡机制；进入新时代，以习近平同志为主要代表的中国共产党人要着力解决经济社会发展的治理机制问题，推动国家治理体系和治理能力现代化。

根据以上分析，改革开放以来中国特色社会主义的发展逻辑主要包括历史逻辑、现实逻辑、价值逻辑、理论逻辑和世界逻辑。

(一)历史逻辑

中国特色社会主义有其孕育、开创、发展与不断丰富的历史基础、历史依据、历史进程。中国特色社会主义在自我完善发展的历史进程中既保持了中国自身的独立性，又使中国快速发展，大踏步赶上了时代。把握中国特色社会主义发展的历史逻辑要综合中国文明史、世界社会主义运动史和中国特色社会主义发展史三个线索。我们按照"5000多年中华文明积淀—世界社会主义500年—近代以来180多年的波澜壮阔—100多年党的光辉历程—40多年改革开放的开创与丰富—新时代的坚持与发展"这样的发展脉络把握中国特色社会主义从无到有、从弱到强的历史逻辑。

第一，10000年的文化积淀、5000多年文明造诣构成中国特色社会主义的历史根基。中华文明源远流长、博大精深，是中华民族独特的精神标识，是当代中国文化的根基，是维系全世界华人的精神纽带，也是中国文化创新的宝藏。在漫长的历史进程中，中华民族以自强不息的决心和意志，筚路蓝缕，跋山涉水，走过了不同于世界其他文明体的发展历程。积淀深厚、绵延久远的中华文明史蕴含着丰富的哲学思想、人文精神、教化思想、道德理念等，涵育了中华民族自强不息、开放包容、协和万邦的历史基因。光辉灿烂的中华文明史是中华民族生生不息、发展壮大的重要滋养，也是中华民族虽历经波折但总能昂首挺立的内在根据。中华文明中积淀着丰富的社会主义思想因子，中国特色社会主义是科学社会主义与中国历史文化和现实国情相结合的产物。中华民族5000多年的文明历史积淀孕育了中国特色社会主义，并为坚持和发展中国特色社会主义提供了宝贵的历史财富。

第二，世界社会主义500年的沧桑历程构成中国特色社会主义形成发展的历史场域。空想社会主义历经300多年的发展历史，对资本主义进行了无情的批判，对未来理想社会进行了天才的描绘，为科学社会主义提供了思想材料。马克思的"两大发现"使社会主义从空想发展到科学，世界社会主义运动有了指导理论。列宁把科学社会主义理论同俄国具体国情相结合，在资本主义最薄弱的一环上打开了缺口，实现了社会主义从理论到现实制度的转变。俄国十月革命与苏联社会主义建设取得了巨大的成就，社会主义探索从多元化模式固化为"苏联模式"。苏联解体、东欧剧变，国际共产主义运动在世界范围内遭受挫折，陷入低潮。中国共产党人科学认识社会主义的本质、任务与阶段，从中国具体国情与实际出发，突破"苏联模式"，探索出了一条有中国特色的社会主义道路。中国特色社会主义展现了社会主义的独特优势与强大生机活力，在世界上高高举起了社会主义的伟大旗帜。

第三，近代以来，中华民族经过180多年的艰辛探索作出了中国特色社会主义这一重大历史选择。鸦片战争后，中华民族陷入了苦难深渊，无数仁人志士救亡图存，谱写了中华民族波澜壮阔的奋斗史。在180多年的奋斗历程中，中国人民先后作出了许多尝试和探索，作出了两次重大的历史选择。第一个历史选择是，把马克思主义普遍原理同中国革命具体实际相结合，选择了经过新民主主义通向社会主义的正确道路，建立了新中国，确立了社会主义制度。第二个历史选择是，从社会主义初级阶段的基本国情出发，在改革开放实践中成功开辟并不断发展中国特色社会主义。中国特色社会主义是中国近代历史发展的必然逻辑，是中国人民作出的历史性选择。

第四，中国共产党带领人民历经 100 多年苦难辉煌铸就了中国特色社会主义这一历史成就。中国共产党一成立，就担负起了中华民族伟大复兴的历史使命。100 多年来，中国共产党带领人民把马克思主义普遍真理同中国革命、建设与改革各个时期的具体实际相结合，不仅推翻了"三座大山"，结束了中华民族百年来被宰割的屈辱历史，而且成功开辟了中国特色社会主义伟大事业。100 多年来，中国共产党由小到大、由弱到强，不断深化对共产党执政规律、社会主义建设规律、人类社会发展规律的认识与把握，使中国特色社会主义从无到有、从弱到强，并且道路越走越宽广。中国特色社会主义是党带领人民经历 100 多年苦难辉煌取得的重大历史成就。

第五，改革开放 40 多年来中国特色社会主义的开创和发展。经历了新中国成立之初的社会主义建设探索之后，自改革开放开始，中国真正进入了社会主义的快速成长和发展期。以邓小平同志为主要代表的中国共产党人，解放思想、实事求是，创造性地回答了"什么是社会主义、怎样建设社会主义"这一重大问题，成功避开了"邪路""老路"，开创了中国特色社会主义道路；以江泽民同志为主要代表的中国共产党人继往开来，对"建设什么样的党、怎样建设党"这一新的重大现实问题进行了深入阐释，成功把中国特色社会主义推向 21 世纪；进入 21 世纪，以胡锦涛同志为主要代表的中国共产党人，明确了中国特色社会主义道路、理论体系和制度的"三位一体"，成功在新的历史起点上坚持和发展了中国特色社会主义。总之，改革开放进程中我们党带领全国各族人民成功开辟了中国特色社会主义道路，丰富了中国特色社会主义理论体系，完善、发展了中国特色社会主义制度，培育了中国特色社会主义文化，从一穷二白的落后面貌跃升为世界第二大经济体，实现了从站起来到富起来的历史性转变。党的十八大以来，中国特色社会主义不断取得历史性成就，也使中国社会发生了历史性变革，党的十九大宣布中国特色社会主义进入了新时代、新的历史方位。今天，我们日益走近世界舞台的中心，实现由大国向强国的历史性转变，实现从站起来、富起来到强起来的伟大飞跃。

第六，从中国特色社会主义发展的历史脉络来理解其历史规律和历史经验。从发展道路角度看，中国特色社会主义道路从无到有、从弱到强，道路越走越宽广；从理论生成与发展逻辑看，持续推进马克思主义中国化、时代化、大众化，形成了一系列理论创新成果，中国特色社会主义理论体系越来越丰富；从制度发展角度看，中国特色社会主义制度不断完善和发展，制度体系、制度架构越来越成熟定型；从文化发展角度看，不断重塑民族文化自信心，不断加大文明交流互鉴的力度，中国特色社会主义文化越来越繁荣。党的十八大以来，在新的时代条件下，中国特色社会主义新时代的大幕徐徐拉开，这是夺取中国特色社会主义伟大胜利的关键时期。这要求我们必须研究中国特色社会主义进入新的发展阶段所面临的主要矛盾、时代课题、工作重点、实践要求、战略布局和理论创新，真正实现从站起来、富起来到强起来的伟大飞跃。

(二)现实逻辑

改革开放以来，中国发展的现实逻辑，即中国特色社会主义在实践上不断实现"整体转型升级"。1978年以来，我国开始实行"结构转型"，现在还一直处在转型进程中。经过40多年的快速发展，我国成为世界第二大经济体，这意味着中国已经进入了邓小平所说的"发展起来以后"的时期。发展起来以后，我国社会进入了以力量转移、利益博弈、思想多元为推动的整体转型升级。

当今中国正处在整体转型升级的新的历史起点上：在价值理念上，由过去一些地方在具体实践中以GDP唯上走向现在基于共建共治共享的以人民为中心；在奋斗目标上，由实现"三步走"战略目标走向实现第二个百年奋斗目标和实现中华民族伟大复兴的中国梦；在生产力上，由"要素驱动、投资规模驱动"走向更加注重"创新驱动"；在生产关系上，由"让一部分人先富起来"走向更加注重"共同富裕""使全体人民共享发展成果"；在国家权力运作方式上，由国家主导体制走向在中国共产党领导下更加注重推进国家治理现代化；在意识形态上，由注重打破"思想僵化"走向更加注重解决"思想分化"；在社会发展水平上，由注重重点突破非均衡发展走向更加注重全面协调发展；在对外开放和国际战略上，由"回应挑战"走向更加注重"积极作为、合作共赢、提升国际话语权"；在国际地位上，由大国走向强国；在治国理政方略上，由"摸着石头过河"走向更加注重顶层设计的"四个全面"战略布局。

上述中国特色社会主义所实现的整体转型升级及其历史性飞跃，意味着社会主义在中国焕发出强大生机活力并不断开辟发展新境界，意味着中国特色社会主义拓展了发展中国家走向现代化的途径，为解决人类问题贡献了中国智慧、提供了中国方案。这是中国特色社会主义发展的现实逻辑。

具体来说，中国历史绵延久远，传统的政治权力过大、经济权力和社会权力相对较小的"金字塔式"社会结构是实现社会主义现代化和中华民族伟大复兴的结构性障碍，由此必须推进结构转型。推进结构转型，就需要在继续坚持和加强党的全面领导前提下，使政企相对分开，实行"领域分离"。伴随"领域分离"的是"力量转移"。今天，我国的市场力量在生长，就是这种"力量转移"的反映。市场力量的生长带来了财富生产，随之而来就是利益分化和利益博弈。在法治、德治、治理没有完全跟进且多元思想激荡的条件下，利益博弈会产生思想分化。为解决思想分化，首先要整合共识，要达成思想共识，就要重建和营造与当代中国现代化发展能够良性互动的"文化生态"，进而凝聚力量推动整体性发展。

在当代中国，作为民族性象征的中华传统文化，"西学东渐"以来渐次传入的西方文化，以及中华人民共和国成立后开始成为党和国家层面意识形态的社会主义先进文化，构成当代中国人现实生活世界中的主要文化氛围。在这三大文化传统对话、交流和融合的基础上，积淀出能够应对中国式现代性问题的文化优势和中国智慧，成为建构文化中国的时代使命。上述这些，正在引起当今中国社会广泛而深刻的变化，这就是

"整体升级"。①

党的十八大以来，党中央积极推进国家治理体系和治理能力现代化。现代治理的主要手段是协调推进"四个全面"战略布局，其首要目的是解决思想分化、整合共识且顺利推进当代中国整体转型升级。所有这些都是为了建构一种秩序，即建构当代中国社会发展的良性秩序。当前，党中央正致力于建构这种良性秩序，如公平正义、建设法治中国、积极培育和践行社会主义核心价值观等。现代治理、建构秩序的根本目标，首要就是民族复兴。从"结构转型"演进到"财富生产"，涉及的核心是人和物的关系；从"财富分配"到"思想分化"，涉及的核心是人和人的关系。从打破僵化体制机制以释放经济社会发展活力，做大做强物质基础，到做好顶层设计以优化上层建筑，构建中国社会发展新秩序，从着重解决人和物的关系问题到着重解决人和人的关系问题，这是改革开放进程中中国特色社会主义自我发展的现实逻辑。

(三)价值逻辑

中国特色社会主义不仅体现科学社会主义的科学性真理逻辑，而且内蕴含着社会主义的人文价值逻辑。由于历史条件与时代课题不同，中国特色社会主义在不同发展阶段形成了侧重点不同的价值评价标准。坚持和发展中国特色社会主义，推进国家治理体系和治理能力现代化，实现国家富强、民族振兴、人民幸福的中国梦，离不开中国特色社会主义内在价值逻辑。要把握中国特色社会主义自我完善、发展的价值演进逻辑，就需要研究改革开放以来中国特色社会主义价值观念和价值标准的变迁。

任何目的、价值、理想的实现都不是一蹴而就的，都需要一个过程，都需要一定的基础和条件。由于价值与价值观都具有社会历史性，在不同历史时期对社会主义价值内涵的理解与评价标准不同。把握中国特色社会主义发展的价值演进逻辑，主要问题在于：认识和把握改革开

---

① 参见韩庆祥：《什么是当代中国发展的"现实逻辑"》，载《领导科学》，2016(30)。

放以来我们党在带领全国各族人民开创、发展中国特色社会主义的过程中，如何坚守社会主义价值立场、价值取向；认识和把握中国特色社会主义发展进程中价值理念、价值观的演进；认识和把握中国特色社会主义价值观实现方式的演进；认识和把握中国特色社会主义核心价值观的构成要素、基本内涵、精神实质、重大意义和精准表述；认识和把握中华优秀传统文化的创造性转化和创新性发展；认识和把握文化强国和思想道德建设的深刻内涵及其重大意义。

本书主要采取过程分析，沿着自然历史过程来解释中国特色社会主义发展的价值演进逻辑。1978年改革开放之初，物资生产匮乏，人和物的关系相对突出，我们强调以经济建设为中心，把大力解放和发展社会生产力作为首要根本任务，把提高人民群众的物质生活水平作为我国主要的奋斗目标，把维护人民根本利益作为价值追求；进入21世纪，我国社会的物质财富不断增加，温饱问题总体解决，人和人的关系相对突出出来，我们提出"坚持以人为本，树立全面、协调、可持续的发展观，促进经济社会和人的全面发展"的科学发展观，强调把以人为本作为价值导向，构筑和谐社会；党的十八大以来，人和物的关系、人和人的关系问题依然突出，然而，人与其精神世界的关系更加凸显。我们强调更加注重以人民为中心，把增进民生福祉作为发展的根本目的，促进社会公平正义，使人民拥有更多的获得感，更好构筑中国精神、中国价值。

与此同时，在改革开放进程中，中国特色社会主义紧扣社会主义的根本目的和价值取向，实现国家富强、民族振兴、人民幸福的基础和能力不断增强，我们经历了从追求实现价值的手段向追求价值的目的的飞跃。改革开放初期，全社会物资紧缺，我们面临着发展生产、"做大蛋糕"的紧迫任务。但是，一些僵化的价值观念与认知方式束缚着人们的头脑。改革开放以后，人们的财富观念与思维方式发生变化，追求富裕、发展经济、先富带后富，成为全党全社会的一种价值共识。经过一段时期的经济社会快速发展，我们积累了一定的物质基础，进入了邓小平所说的"发展起来以后"的时期。发展起来以后更加注重公平正义，这是时代的呼唤、人民的期待，是发展中国特色社会主义的内在要求与必然趋向。经济发展走向更加注重公平正义，这既为中国经济社会发展注入新的活力，也能促进社会和谐，从而达到激发社会活力与社会和谐有序的统一，进而把中国社会发展提升到一个新阶段，把中国社会发展提升到一个新水平。

回顾中国特色社会主义发展进程，可以清晰地看到经历了"效率优先、兼顾公平—人民利益至上—以人为本—以人民为中心"的演变过程。这一总体演变逻辑，实际上就是从注重发展社会生产，到注重人本身发展的以人为本，再到注重依靠人民、为了人民的以人民为中心。这种逻辑可简要表述为：在坚持和发展为人民服务的基础上，由注重人民利益至上（包括共同富裕和以人为本）到注重以人民为中心。

(四)理论逻辑

实践是理论的来源，理论是实践的先导。改革开放进程中，中国特色社会主义实践发展推动中国特色社会主义理论不断创新和发展。关于中国特色社会主义的理论发展的逻辑线索相对比较清晰，学界基本上能够完整深入地理解和把握。

从理论成果体系来看，中国特色社会主义是马克思列宁主义基本原理在中国的具体运用与发展，是科学社会主义理论逻辑的延伸。总体来看，这一逻辑就是：以马克思列宁主义为理论逻辑的起点，继承和发展毛泽东思想，结合具体国情与时代特征形成了邓小平理论、"三个代表"重要思想、科学发展观和习近平新时代中国特色社会主义思想。

从理论发展的时代主题来看，中国特色社会主义理论在依次破解民族独立、人民富裕、国家强盛三大核心问题中引领中国特色社会主义事业发展前进。以毛泽东同志为主要代表的中国共产党人，把马克思列宁主义的基本原理同中国革命的具体实践结合起来，主要致力于解决使中华民族、中国人民站起来的问题，即国家独立、民族解放（或民族独立、人民解放），创立了毛泽东思想。一定意义上，毛泽东思想就是关于使中华民族、中国人民"站起来"的理论。改革开放以来，中国共产党人围绕时代课题将马克思主义基本原理同中国实际相结合，创立了邓小平理论，形成了"三个代表"重要思想和科学发展观。这一阶段，我国总体上是在"欠发展"时期或历史方位上，这一时期的思想理论致力于解决使中华民族、中国人民富裕起来的问题。从"发展才是硬道理"，到"发展是党执政兴国的第一要务"，再到"第一要义是发展"，总体上都是致力于解决使中国"富起来"的问题。

党的十八大以来，以习近平同志为主要代表的中国共产党人，在我国发展起来、进行整体转型升级并实现强起来这一新的历史起点上，顺应时代潮流，进一步提升了治国理政的战略目标。这一战略目标，既包括要实现全面建成小康社会的目标，也包括未来长远发展的奋斗目标，即全面建成社会主义现代化强国和实现中华民族伟大复兴中国梦。这意味着习近平新时代中国特色社会主义思想开启了实践新征程，实现了奋斗目标的升级，反映了我国发展起来以后对实现强起来这一新的更高奋斗目标的追求。一定意义上，习近平新时代中国特色社会主义思想就是关于我国发展起来以后由大国发展成为强国的理论，就是实现"强起来"的理论。总体上看，这一逻辑就是：由革命与建设时期关于"使中华民族站起来"的理论，到改革开放以来"使中国人民富起来"的理论，再到中国特色社会主义新时代关于"使中国强起来"的理论。

从理论与实践的辩证关系来看，现在已从实践优先，破除僵化思想，解构旧理论转向注重顶层设计，整合思想，构建"中国理论"，以理论引领实践。改革开放前的一段时期，我们思想上僵化、理论上条条框框的束缚比较严重。改革开放初期我们重申"实践是检验真理的唯一标准"，主张不争论，先干了再说。在改革开放的创新实践中，我们对自身的理论、思维和文化反思批评得比较多，这对打破思想上的僵化和理论上的许多条条框框，推动中国特色社会主义快速发展意义重大。但与此同时，我们也在一定程度上出现了思想分化、价值迷茫、精神懈怠的问题，理论上存在着"肌无力"的现象。党的十八大以来，我们坚持"摸着石头过河"，同时更加注重顶层设计，强调弘扬中国精神、传播中国价值、凝聚中国力量。以党的十九大为界标，我们应基于习近平新时代中国特色社会主义思想来构建"理论中国"，为解决人类发展问题贡献中国智慧、中国理论和中国方案。

（五）世界逻辑

近代以来，长期雄踞世界东方的中国陷入了内忧外患的境地。新中国的成立和社会主义制度的确立从根本上扭转了中华民族持续衰落的命运，也改写了世界的格局。改革开放开创了中国特色社会主义伟大事业，经过长期的不懈努力，中国特色社会主义道路越走越宽广，中国特色社会主义理论体系越来越丰富，中国特色社会主义制度越来越完善，中国特色社会主义文化日益繁荣兴盛，中国大踏步赶上时代。党的十八大以来，中国日益走近世界舞台中央，世界上的事情越来越离不开中国的参与，世界的发展越来越需要中国，中国特色社会主义在世界社会主义发展史上、人类社会发展史上具有重大意义。这是中国特色社会主义发展的"世界逻辑"。

研究中国特色社会主义发展的"世界逻辑"，涉及的问题比较多，包括中国特色社会主义在当今世界发展中的历史方位、中国特色社会主义与人类文明新发展、中国特色社会主义如何引领构建人类命运共同体、从理论辩护到理论阐释再到理论引领的演进、中国特色社会主义实践与理论成果的国际影响等。

我们认为，把握改革开放以来中国特色社会主义的世界逻辑应着重从中国与世界的宏观关系角度，研究改革开放以来中国特色社会主义从无到有、由弱变强过程中所产生的世界性影响，以及世界发展对中国特色社会主义发展的影响；从中国综合国力发展与国际地位提升的角度，发掘中国特色社会主义的发展规律、发展成就和发展影响；把中国特色社会主义的发展和成就置于世界发展的大体系之中，既认识到中国特色社会主义发展的独特性，又认识到中国特色社会主义发展与人类共同发展的关联性。

概括来讲，理解这一逻辑的总体思路，就是由研究"跟跑"到研究

"并跑"再到研究"领跑"。中国特色社会主义既有社会主义本质，又有自身特色。在改革开放初期，我们在整体上普遍落后于西方发达国家，处在追赶、"跟跑"的发展阶段。这一时期，开创中国特色社会主义主要是向西方学习现代化建设经验，并从基本国情、初级阶段、主要矛盾等方面为中国特色社会主义进行理论辩护。随着中国"跟跑"的速度越来越快，随着中国特色社会主义事业的不断发展壮大，中国在一些领域开始与世界发展处在同步地位，我们也从"跟跑"向"并跑"迈进，中国的发展令世界震惊。进入新的发展阶段，在西方发展普遍乏力之时，中国特色社会主义表现出强劲的势头。我们在一些领域达到国际领先水平，从"跟跑""并跑"向"领跑"阶段迈进，世界上的事情越来越离不开中国的参与，全球性问题的解决越来越需要中国智慧与中国方案，中国特色社会主义的世界历史意义、人类意义日趋呈现出来。

具体而言，中国特色社会主义发展的"世界逻辑"，至少包含以下四个方面。首先，中国特色社会主义为马克思主义展示其现实性和向前发展开辟了路径。中国特色社会主义用自己的实践证明了马克思主义的一系列基本理论没有过时，用自己的实践向前推进了马克思主义，也用自己的实践发展了马克思主义。其次，中国特色社会主义为国际共产主义运动注入新的活力和希望。自从苏联解体、东欧剧变后，国际共产主义运动陷入低潮，落后国家如何建设社会主义成为一个亟待破解的难题。中国特色社会主义的成功开创和快速发展以铁一般的事实回答了这一问题。尽管中国特色社会主义仍在丰富和完善过程中，但中国特色社会主义的巨大成功，为当代世界共产主义运动注入了活力、信心和希望，"意味着科学社会主义在二十一世纪的中国焕发出强大生机活力，在世界上高高举起了中国特色社会主义伟大旗帜"①。再次，中国特色社会主义为广大发展中国家作出了积极示范。第三世界国家占世界人口的绝大多数，第三世界的发展对人类整体发展影响深远。中国作为最大的发

①　习近平：《决胜全面建成小康社会夺取新时代中国特色社会主义伟大胜利——在中国共产党第十九次全国代表大会上的报告》，10 页，北京，人民出版社，2017。

展中国家，中国特色社会主义发展道路既保持了中国自身独立性又实现了快速发展，为广大发展中国家拓展了走向现代化的途径。最后，中国特色社会主义为人类文明发展探索出了一种新的方案。中国特色社会主义不仅促进全世界经济发展、物质条件的丰富，同时，中国也追求和平的、全面的、协调的、可持续的发展，追求全世界的共同发展。中国在成为世界第二大经济体的同时，努力将西方工业文明发展过程中的发展代价降到最低限度。中国特色社会主义道路因注重世界多样、国家平等、文明互鉴、包容发展、互利普惠、命运共同，而代表了一种真正属于人的生存和发展的美好状态，意味着为世界和人类发展贡献一种中华新文明。

第十一章 21世纪马克思主义
五维规定论
以"五维规定"分析框架定义21世纪马克思主义

　　21世纪马克思主义，是当代中国理论创新具有标识性的一个命题，也是中国理论走向世界的一种标识性符号。"21世纪马克思主义"这一命题最早出现在2015年12月习近平总书记在全国党校工作会议上的讲话中："希望党校根据时代变化和实践发展，加强理论总结和理论创新，为发展21世纪马克思主义、当代中国马克思主义作出努力。"①2016年5月，在哲学社会科学工作座谈会上的讲话中，习近平总书记指出："马克思主义中国化取得了重大成果，但还远未结束。我国哲学社会科学的一项重要任务就是继续推进马克思主义中国化、时代化、大众化，继续发展21世纪马克思主义、当代中国马克思主义。"②尤其在庆祝中国共产党成立100周年大会上的讲话中，习近平总书记强调：必须"坚持把马克思主义基本原理同中国具体实际相结合、同中华优秀传统文化相结合，用马克思主义观察时

---

① 习近平：《在全国党校工作会议上的讲话》，20页，北京，人民出版社，2016。
② 习近平：《在哲学社会科学工作座谈会上的讲话》，9~10页，北京，人民出版社，2016。

代、把握时代、引领时代，继续发展当代中国马克思主义、21 世纪马克思主义！"①这些在重要场合作出的论述，既是从当代中国和世界的长远视野、宽广视野、纵深视野并与时俱进推动理论创新的高度，强调以 21 世纪马克思主义观察时代、把握时代、引领时代，这是中国共产党人和我国理论界的责任担当；也是对习近平新时代中国特色社会主义思想之历史地位和重大意义的政治判定，为我们从学理上全面准确深入研究阐述 21 世纪马克思主义的理论内涵，提供了根本遵循。②发展 21 世纪马克思主义，使马克思主义具有解释力、引领力，使中国特色社会主义充满生机活力，使"中国理论"走向世界，具有重大意义。

一　学理视域：21 世纪马克思主义的基本含义

我们需要以习近平总书记相关重要论述为依据，从五个维度揭示并阐释 21 世纪马克思主义的基本含义，以便确定我们讨论的问题域。

第一，21 世纪马克思主义具有"原体"规定，即首先在本质上是马克思主义，不是别的什么主义，马克思主义的基本原则不能丢。21 世纪马克思主义依然牢固坚守马克思主义的根本立场、价值取向、理想信念、基本原理、方法原则。正如习近平总书记所讲：马克思主义的根本立场，就是始终站在人民群众立场上，一切为了人民、一切依靠人民，诚心诚意为人民谋利益，马克思主义把不断促进人的全面发展作为价值取向，马克思主义始终坚定共产主义理想，马克思主义最基本的原理，就是关于社会形态和社会基本矛盾运动规律等基本原理，马克思主义也始终坚持唯物辩证、实事求是、群众路线的思想方法和工作方法。③

---

① 习近平：《在庆祝中国共产党成立 100 周年大会上的讲话》，13 页，北京，人民出版社，2021。

② 参见高莹：《聚焦时代问题　推动理论创新——〈中国社会科学〉2021 年重点选题座谈会在京举行》，载《中国社会科学报》，2020-10-28。

③ 参见习近平：《习近平谈治国理政》第二卷，40 页，北京，外文出版社，2017。

第二，21 世纪马克思主义具有"关系"规定，它是在深刻反思西式现代化道路、创造中国式现代化道路与人类文明新形态基础上发展起来的。21 世纪马克思主义，既要超越以资本至上为核心逻辑的现代化的西方资本主义话语，也要书写坚持人民至上、实现全体人民共同富裕的以人民为中心的中国式现代化新版本。① 一部马克思主义发展史，一定意义上就是道路探寻史，道路探寻是马克思主义发展的一个主题。② 习近平总书记指出："无论搞革命、搞建设、搞改革，道路问题都是最根本的问题"③，"道路问题是关系党的事业兴衰成败第一位的问题，道路就是党的生命"④。又指出："现代化道路并没有固定模式，适合自己的才是最好的，不能削足适履。每个国家自主探索符合本国国情的现代化道路的努力都应该受到尊重。"⑤"我们积极学习借鉴人类文明的一切有益成果，欢迎一切有益的建议和善意的批评，但我们绝不接受'教师爷'般颐指气使的说教！中国共产党和中国人民将在自己选择的道路上昂首阔步走下去，把中国发展进步的命运牢牢掌握在自己手中。"⑥

第三，21 世纪马克思主义具有"过程"规定，随着世界社会主义运动中心历史性地转移到当代中国，它致力于把马克思主义发展到 21 世纪由时代和实践发展所要求的新境界。21 世纪马克思主义，是与时俱进和引领时代的马克思主义，离开与时俱进，就不是 21 世纪马克思主义。因此，21 世纪马克思主义，可以理解为世界社会主义运动中心历史性地转移到当代中国所形成和发展的马克思主义，它是与资本主义历

---

① 参见韩庆祥：《深刻把握"中国式现代化新道路"丰富内涵》，载《学习时报》，2021-08-30。
② 参见韩庆祥：《论中国道路及其本源意义》，载《中国特色社会主义研究》，2020(2)。
③ 中共中央文献研究室编：《习近平关于实现中华民族伟大复兴的中国梦论述摘编》，28 页，北京，中央文献出版社，2013。
④ 中共中央文献研究室编：《十七大以来重要文献选编》(上)，93 页，北京，中央文献出版社，2009。
⑤ 习近平：《加强政党合作　共谋人民幸福——在中国共产党与世界政党领导人峰会上的主旨讲话》，8 页，北京，人民出版社，2021。
⑥ 习近平：《在庆祝中国共产党成立 100 周年大会上的讲话》，14～15 页，北京，人民出版社，2021。

史变化和社会主义运动中心转移紧密相关的一个概念，也是与中国特色社会主义进入新时代，与习近平新时代中国特色社会主义思想呈现出的世界意义相关的一个概念。正如习近平总书记所指出的："根据时代变化和实践发展，加强理论总结和理论创新，为发展21世纪马克思主义、当代中国马克思主义作出努力"①，"不断开辟当代中国马克思主义、21世纪马克思主义新境界"②。

理解21世纪马克思主义，需要坚持连续性和阶段性相统一的方法论。

马克思、恩格斯所创立的马克思主义，总体上奠定了马克思主义发展的立场、方向、原则、方法和道路，具有本源意义。就此而言，在19世纪创立的马克思主义、在20世纪发展了的马克思主义、在21世纪进一步创新发展着的马克思主义具有连续性，都是对马克思主义的坚持和发展，把它们作割裂开来和依次替代的理解，看作三个马克思主义，是错误的。21世纪马克思主义也是历史过程概念，其形成发展是一个历史过程。这里的"21世纪"，不是某一精确时间，不宜精准理解为哪一年，而是指在唯物主义历史观与时代形态（时代主题、内容和形式）意义上，所"特定"使用的某一历史阶段，反映的是世界社会主义运动中心的转移与时代主题的转换。③ 21世纪马克思主义又与时俱进，具有历史"阶段性"，是对19世纪所创立的马克思主义、20世纪的马克思主义的与时俱进的"发展"，它把马克思主义发展到21世纪时代和实践发展所要求的新阶段新境界，使马克思主义在21世纪具有强大解释力和引领力。在不同时代且破解不同时代难题，使马克思主义具有不同时代特点

---

① 习近平：《在全国党校工作会议上的讲话》，20页，北京，人民出版社，2016。
② 习近平：《习近平谈治国理政》第三卷，76页，北京，外文出版社，2020。
③ 党的十九届五中全会指出，我国已进入新发展阶段。这一新发展阶段，不宜精确地理解为哪一年哪一月，而应理解为从"第一个百年奋斗目标"向"第二个百年奋斗目标"转换的时段。恩格斯指出："每一个时代的理论思维……都是一种历史的产物，它在不同的时代具有完全不同的形式，同时具有完全不同的内容。"（参见《马克思恩格斯文集》第9卷，436页，北京，人民出版社，2009。）

的与时俱进的呈现方式。①

党的十九大报告首次提出的"三个意味着"，具有丰富的理论含量与解释学价值，它是世界社会主义运动中心历史性地转移到当代中国的根本标志，是确定"21世纪"这一时代形态的根本标识，是21世纪马克思主义立足中国、走向世界的根本依据。"三个意味着"就是："中国特色社会主义进入新时代，意味着近代以来久经磨难的中华民族迎来了从站起来、富起来到强起来的伟大飞跃，迎来了实现中华民族伟大复兴的光明前景；意味着科学社会主义在二十一世纪的中国焕发出强大生机活力，在世界上高高举起了中国特色社会主义伟大旗帜；意味着中国特色社会主义道路、理论、制度、文化不断发展，拓展了发展中国家走向现代化的途径，给世界上那些既希望加快发展又希望保持自身独立性的国家和民族提供了全新选择，为解决人类问题贡献了中国智慧和中国方案。"②

第一个"意味着"讲的是实现中华民族伟大复兴，亦即实现强起来的"叙事"，它是第二个"意味着"、第三个"意味着"的基础和前提，第二个"意味着"和第三个"意味着"都是从第一个"意味着"内生出来的。

第二个"意味着"，实质上讲的是世界社会主义运动中心历史性地转

---

① 学术上，"在19世纪创立的马克思主义"，是在19世纪自由竞争资本主义时代，马克思、恩格斯为破解资本占有劳动并控制社会的逻辑，以实现人类解放、无产阶级解放、每个人自由全面发展而创立的马克思主义；"在20世纪发展了的马克思主义"，是在20世纪垄断资本主义（帝国主义）时代，列宁为解决小农经济占绝对优势的落后的俄国如何建设社会主义问题而发展起来的马克思主义，是中国共产党人把马克思主义同中国具体实际相结合，为实现民族独立、人民解放，为解决农民占多数的落后国家如何建设社会主义问题，而发展着的马克思主义，它们把科学社会主义由理论变成实践，由西方走向东方；"21世纪马克思主义"，是在中国特色社会主义进入新时代，21世纪世界社会主义运动中心历史性地转移到当代中国，当代中国共产党人为把超越资本占有劳动并控制社会的逻辑变成现实，解决经济文化落后国家如何建设并全面治理社会主义、世界历史进程中发展中国家如何通过跨越式发展追赶世界发展先进水平的问题，解答"两个大局"背景下当今世界的矛盾难题和人类问题，进而使科学社会主义不断焕发强大生机活力，使中国特色社会主义呈现其世界意义所创立发展起来的马克思主义。

② 习近平：《决胜全面建成小康社会　夺取新时代中国特色社会主义伟大胜利——在中国共产党第十九次全国代表大会上的报告》，10页，北京，人民出版社，2017。

移到 21 世纪中国的"叙事",正是由于中华民族迎来了从站起来、富起来到强起来的伟大飞跃,迎来了实现中华民族伟大复兴的光明前景,所以才使科学社会主义在 21 世纪的中国焕发出强大生机活力,在世界上高高举起中国特色社会主义伟大旗帜,世界社会主义运动的中心历史性地转移到 21 世纪的中国。

第三个"意味着",实际上讲的是中国特色社会主义具有世界意义的"叙事",正是由于第二个"意味着"、第三个"意味着",中国特色社会主义才具有世界意义。显然,"三个意味着"的实质,讲的是世界社会主义运动中心历史性地转移到 21 世纪的中国的"叙事"。

在社会主义和马克思主义发展历史进程中蕴含这样一条规律,即世界社会主义运动的中心在哪里,马克思主义的中心就转移到哪里。19 世纪,马克思一生大部分从事理论研究与工人运动的时间主要在英国,世界社会主义运动的中心也主要在西欧,尤其是英国,马克思主义也主要产生在西欧,尤其是英国。20 世纪,世界社会主义运动的中心转移到俄国和中国,马克思主义发展的中心也随之转移到俄国和中国。列宁领导的俄国十月革命,把科学社会主义由理论变成实践,在世界上建立了第一个社会主义国家,在理论上产生了列宁主义。以毛泽东同志为主要代表的中国共产党人,不仅把科学社会主义由理论变成实践,而且也使其由西方走向东方。那时,作为一种制度和世界体系的东方社会主义,引领着整个 20 世纪世界社会主义运动和发展的潮流。21 世纪,世界社会主义运动的中心历史性地转移到了当代中国,作为道路、理论、制度和文化的中国特色社会主义,主要引领着 21 世纪世界社会主义的运动和发展。由此,21 世纪的马克思主义的中心也会随之逐渐转移到当代中国,并引领 21 世纪马克思主义的发展。这是"三个意味着"所表达的"事实"和"叙事"。

第四,21 世纪马克思主义也具有"空间"规定,它是以宽广视野立足中国、走向世界、直面"两个大局"的马克思主义。离开当代中国以及世界,21 世纪马克思主义就成为无源之水。正如习近平总书记在庆祝改革开放 40 周年大会上的重要讲话中所强调的："发展 21 世纪马克思主义、当代中国马克思主义，是当代中国共产党人责无旁贷的历史责任。"①展开来说，有四种含义。

一是世界社会主义运动中心历史性地转移到当代中国，意味着当代中国已成为 21 世纪马克思主义的主要生长点、发展源与中心重镇，成为发展 21 世纪马克思主义的主要实践创新地和理论策源地。我们始终不否认世界其他国家也拥有发展 21 世纪马克思主义的生长点、发展源。然而，更应该把当代中国看作 21 世纪马克思主义的主要生长点、发展源与中心重镇，看作 21 世纪马克思主义的主要实践创新地和理论策源地。因为新时代中国特色社会主义的历史已经融入世界历史的发展进程，它所实现的中华民族伟大复兴，是中华民族最伟大的梦想，所进行的伟大斗争，是最为波澜壮阔的，所推进的中国特色社会主义伟大实践前无古人后无来者。中国共产党又是世界上具有宽广视野、世界眼光、战略思维、使命担当的最强大政党；因而它所创造的人口规模巨大的现代化、全体人民共同富裕的现代化、物质文明和精神文明相协调的现代化、人与自然和谐共生的现代化、走和平发展道路的现代化，进而所创造的人类文明新形态，必将深刻影响世界历史发展进程，乃至一定程度上改变着世界现代化进程。21 世纪马克思主义应当关切发展中国家走向现代化的途径问题，关注那些既希望加快发展又希望保持自身独立性的国家和民族的道路选择问题，并注重为解决人类问题贡献智慧和方案。中国特色社会主义道路、理论、制度、文化的不断发展，有助于解决这些问题，也能为解决人类问题贡献中国智慧和中国方案。

二是当代中国已成为发展 21 世纪马克思主义的核心主体。无可否认，当今世界一些专家学者是发展 21 世纪马克思主义的重要主体，而当代中国的领导人和专家学者更是创新发展 21 世纪马克思主义的核心主体。数量，是分析事物存在和发展的一种基本形式。无论从中国共产

---

① 习近平：《在庆祝改革开放 40 周年大会上的讲话》，26 页，北京，人民出版社，2018。

党人对马克思主义的历来坚守与广泛传播、创新发展、重要贡献来看，还是从我国研究马克思主义的学者数量、成果数量与研究机构、学术平台、投入精力来看，我国都是整个世界上马克思主义研究的核心主体。质量，也是分析事物存在和发展的一种基本形式。不能否认当代西方一些著名理论家也是发展 21 世纪马克思主义不可忽视的主体，他们一些研究成果对发展 21 世纪马克思主义作出了重要贡献，产生了世界影响。[1] 他们关于对新自由主义与金融资本主义的批判、数字资本主义与替代性选择、新帝国主义与国际新秩序分析、新社会主义与新共产主义研究等方面的成果，他们提出的关于现代化、治理、主体间性、公共性、生态学马克思主义等理论，对发展 21 世纪马克思主义，都具有重要理论价值。[2] 皮凯蒂的《21 世纪资本论》，已成为 2008 年国际金融危机之后西方马克思主义的"最新表达"。[3] 然而以马克思主义，尤其是当代中国马克思主义为理论基础的《习近平谈治国理政》系列书籍与习近平总书记相关重要论述，是中国领导人站在实现中华民族伟大复兴战略全局、世界百年未有之大变局的时代高度，以更为宽广的视野，论述 21 世纪马克思主义的重要之作，提出的系列思想理论，尤其是"中国式现代化道路与人类文明新形态""实现中华民族伟大复兴""携手共建人类命运共同体"，更是发展 21 世纪马克思主义的原创性成果。此外，不少以研究马克思主义为主业的专家学者在《中国社会科学》等期刊，也发表了关于发展 21 世纪马克思主义的高质量研究成果。

三是开启了当代中国马克思主义的世界向度。把发展 21 世纪马克思主义、发展当代中国马克思主义并提，有其深意，意味着当代中国马克思主义和 21 世纪马克思主义都立足当代中国。当代中国马克思主义，核心指向我国改革开放以来马克思主义中国化过程中形成发展起来的中国化马克思主义，相对侧重于"引领中国"，关乎实现中华民族伟大复兴

---

① 参见王凤才：《21 世纪世界马克思主义基本格局》，载《学习与探索》，2017(10)。
② 参见王凤才：《21 世纪世界马克思主义基本格局》，载《学习与探索》，2017(10)。
③ 参见王凤才：《21 世纪世界马克思主义基本格局》，载《学习与探索》，2017(10)。

的前途命运；21世纪马克思主义，主要是在"中国特色社会主义新时代""世界百年未有之大变局"背景下，在以大历史观全面把握"两个大局"的基础上，立足为人民谋幸福、为民族谋复兴、为世界谋大同，开启了当代中国马克思主义的世界向度，注重为解答21世纪中国发展和人类发展问题贡献智慧和方案，因而相对侧重于"解释和改变当代世界"与"引领时代和未来"，关乎世界社会主义的发展前景和中国特色社会主义的世界历史意义。①

依据中央权威文献，当代中国马克思主义，主要包括邓小平理论、"三个代表"重要思想、科学发展观、习近平新时代中国特色社会主义思想，它们都把坚持和发展中国特色社会主义作为主题，都致力于实现中华民族伟大复兴；同时，习近平新时代中国特色社会主义思想又是对当代中国马克思主义的一种新飞跃。就国内而言，这种新飞跃，体现在它是中国特色社会主义进入新时代即我国发展新的历史方位，为解决新的社会主要矛盾——人民日益增长的美好生活需要和不平衡不充分的发展之间的矛盾，实现从富起来到强起来的伟大飞跃，而形成发展起来的思想；就整个世界而言，这种新飞跃，体现在它直面世界百年未有之大变局，为解决"世界向何处去"问题贡献了中国智慧和中国方案，实现着由过去中国在世界格局中曾经"失去自我"（依附西方）到"确立自我"（别于西方），再到当今的"世界有我"（超越西方）的伟大飞跃，也由此开启了中国特色社会主义这一当代中国马克思主义的世界向度，进而使习近平新时代中国特色社会主义思想成为开启世界向度，即走向世界并具有世界意义的标识性符号，成为21世纪马克思主义的主体形态。②

---

① 参见中共中央宣传部编：《习近平新时代中国特色社会主义思想学习问答》，7页，北京，学习出版社、人民出版社，2021。

② 所谓"主体形态"，特指不能排除邓小平理论、"三个代表"重要思想、科学发展观与世界其他国家对形成、发展21世纪马克思主义的重要历史贡献，而习近平新时代中国特色社会主义思想在集成马克思主义中国化一切理论成果的基础上，对发展21世纪马克思主义作出了核心性贡献，具有主导性。中国化马克思主义是马克思主义中国化历史进程中结出的理论成果。

"习近平新时代中国特色社会主义思想是 21 世纪马克思主义"这一重大论断，实质是说，它是世界社会主义运动中心转移到当代中国以后，在总结中国特色社会主义建设实践经验，集成马克思列宁主义、毛泽东思想、邓小平理论、"三个代表"重要思想、科学发展观之精髓的基础上形成发展起来的，具有反思现代、走向世界、面向未来、贡献中国智慧、引领时代的本质特征，从而具有新时代高度和世界向度的科学理论体系，它开启了中国特色社会主义这一当代中国马克思主义的世界向度，创造了中国式现代化道路与人类文明新形态，提出了携手共建人类命运共同体的理念，成为 21 世纪马克思主义的主要生长点、发展源，成为发展 21 世纪马克思主义的主要理论策源地，成为 21 世纪马克思主义的主体形态。

　　从更为宽广的学术视野看，21 世纪马克思主义就是 21 世纪"世界"马克思主义，它主要包括 21 世纪国外马克思主义和 21 世纪中国马克思主义。21 世纪国外马克思主义，是当今国外学者对全球化、现代化实践的深刻反思和理论提升，表达了对当代资本主义社会的批判和超越；21 世纪中国马克思主义，表达的是世界社会主义运动中心转移到当代中国以来，立足新时代中国特色社会主义建设实践，并放眼世界而形成发展起来且具有世界意义的科学理论。习近平新时代中国特色社会主义思想，既是 21 世纪中国马克思主义，也是 21 世纪世界马克思主义的一种主体形态，它更具"时代意蕴""宽广视野"与"世界意义"。

　　四是既然当代中国已成为 21 世纪马克思主义的主要生长点、发展源与中心重镇，成为发展 21 世纪马克思主义的主要实践创新地和理论策源地，成为 21 世纪马克思主义的核心主体，也开启了当代中国马克思主义的世界向度，那么当代中国共产党人就应当责无旁贷地肩负起发展 21 世纪马克思主义的历史重任。人类进入 21 世纪，在世界上真正高举马克思主义旗帜的是当代中国共产党人。当代中国共产党人把马克思主义作为指导思想，确立马克思主义在意识形态领域的主导地位，将其作为一种根本制度确定下来，也把发展 21 世纪马克思主义作为聚焦时代问题、推进理论创新的一种伟大使命。当代中国共产党人是发展 21 世纪马克思主义命题的真正提出者，是 21 世纪马克思主义新境界的主要开辟者，是使 21 世纪马克思主义立足中国、走向世界的全面推动者。

第五，21 世纪马克思主义还具有功能规定，它既以长远视野、宽广视野、纵深视野和整体视野观察时代、把握时代、引领时代，也能为解决人类问题，并为解释和引领 21 世纪的世界贡献科学理论体系。否则，21 世纪马克思主义就不是具有世界意义的马克思主义。正如习近平总书记所言：我们必须"用马克思主义观察时代、把握时代、引领时代，继续发展当代中国马克思主义、21 世纪马克思主义"[①]。

从共性看，解释世界应是改变世界的前提。从哲学本质功能来讲，人类活动的根本就是认识世界和改造世界；只有认识并解释清楚世界，才能对时代与现实作出科学研判，从而做正确的事，使我们的实践取得成功。当今世界正经历百年未有之大变局，迫切需要理论解释。谁能给出合理解释，谁就能掌握解释世界的理论话语权。一段时间，在解释世界问题上，自由主义拥有话语权，但面对百年变局中的"世界动荡"和"不确定"世界，自由主义出现了解释困境。自由主义把追求个人权利和自由最大化作为至高无上的原则，这在本质上就是奉行个人至上，注重的是个体力量，当个体面对整体，个体力量面对系统力量，追求个人自由面对不确定、动荡变革的整个世界时，会捉襟见肘。

相反，21 世纪马克思主义却具有相对解释优势，也能提供一种解释体系。首先，当代中国是世界社会主义运动的中心[②]，是面向世界、走向世界的社会主义实践创新中心和理论策源地，也是 21 世纪马克思主义研究的中心。其次，21 世纪马克思主义能以系统应对系统，以整体应对整体。面对动荡变革与不确定的世界，需要全人类共同努力，需要集体力量、人民力量，需要个体服从整体和大局，需要团结合作、携

---

① 习近平：《在庆祝中国共产党成立 100 周年大会上的讲话》，13 页，北京，人民出版社，2021。

② 具体论述在本章第二部分展开。

手克难。从哲学上讲，需要的不是"我"的个性与主体性，而是"人类"与"群体"的协同性与主体性。21世纪马克思主义，强调的正是人类主体性与群体协同性，强调系统整体，注重依靠人类力量、集体力量与团结合作力量，尤其是人民力量，注重个体服从整体和大局，注重携手共建人类命运共同体。最后，21世纪马克思主义能站在历史正确一边，以确定应对不确定。21世纪马克思主义注重运用系统思维、辩证思维和战略思维，去完整理解事物内部矛盾，进而把握事物的本质、发展趋势和规律，注重用马克思主义观察时代、把握时代、引领时代，有助于从系统上正确处理系列复杂的矛盾关系，应对种种不确定性，这会使人们有方向感。21世纪马克思主义，是以和平发展、合作共赢为核心理念的科学理论体系，是注重携手共建人类命运共同体的科学理论体系，是注重以整体力量、集体力量、人民力量、团结合作力量应对各种复杂的矛盾难题、障碍阻力、风险挑战的科学理论体系。显然，21世纪马克思主义能为百年变局中动荡变革及其不确定的世界提供解释逻辑。

从整体来说，所谓21世纪马克思主义，就是牢固坚守马克思主义根本立场、价值取向、理想信念、基本原理、方法原则的马克思主义；是反思重构中国和世界现代化的马克思主义；是世界社会主义运动中心历史性地转移到当代中国后，致力于把马克思主义发展到21世纪时代和实践发展所要求的新境界并引领时代的马克思主义；是以宽广视野立足中国、走向世界并直面"两个大局"的马克思主义；是以长远视野、宽广视野、纵深视野和整体视野观察时代、把握时代、引领时代，能为解决人类问题并为解释和引领21世纪的世界贡献科学理论的马克思主义。

二　发展21世纪马克思主义的"中国样本"

"中国样本"，讲的是在当代中国成为21世纪马克思主义的主要生长点、发展源与中心重镇，成为发展21世纪马克思主义的主要实践创新地和理论策源地的基础上，21 世纪马克思主义会生长出具有典型意义的华彩鲜艳的美丽花朵。这实际上讨论的是，如何以"中国样本"来探究、揭示与阐释发展 21 世纪马克思主义的课题和论题（研究对象）、解决问题的路径和方法、主导的核心理念和实践要求等基本问题，回答发展 21 世纪马克思主义需要研究和解答什么问题，又是如何解答这些问题的；这种研究和解答具有什么特殊性和普遍性，又是如何处理特殊性和普遍性辩证关系的，在马克思主义发展史、世界社会主义发展史上有何意义？

可从解答的问题与如何解答两个层面，来理解发展 21 世纪马克思主义的"中国样本"。

（一）基于"中国样本"揭示 21 世纪马克思主义的时代课题和问题

问题是时代课题的细化和展开。19 世纪，马克思、恩格斯创立的马克思主义，主要以 19 世纪资本主义发展相对成熟的英国为典型样本，他们聚焦回答的时代课题是，如何破解资本占有劳动并控制社会的逻辑，实现人类解放和无产阶级解放，促进每个人自由而全面发展。由此而来的根本问题是：资本主义"由何而来""现在何处""走向何方""无产阶级如何获得解放""人类社会向何处去"，如何实现每个人的自由全面发展？20 世纪，列宁所发展的马克思主义以俄国为典型样本，他聚焦回答的时代课题是：小农经济占优势的经济文化落后的俄国如何建设社会主义？与此相关的根本问题是：如何解放和发展社会生产力，为向社会主义过渡提供雄厚的物质基础？毛泽东所发展的马克思主义解析的典型样本是中国新民主主义革命与社会主义革命和建设实践，他聚焦回答的时代课题是：以农民为多数的落后国家怎样实现社会主义？与此相应的根本问题是：新民主主义革命的道路是什么？中国社会主义建设的道路又是什么？

21 世纪马克思主义所解析的典型样本是"两个大局"背景下当代中国及其与世界的关系，尤其是新时代中国特色社会主义及其世界意义，它聚焦回答的时代课题是：就作为世界社会主义运动中心的当代中国而言，如何实现强起来并走近世界舞台中央，进而谱写新时代中国特色社会主义新篇章？就整个世界而言，在"两个大局"背景下，如何以中国式现代化道路和人类文明新形态，超越资本主义的历史局限，历史地展示社会主义现代化的优越性，使人类走出世界困境进而走向美好未来？

与此逻辑相关，21世纪马克思主义关切的根本问题，就是在中国特色社会主义与当代资本主义并存的场景中，如何解决世界人民日益增长的和平发展、合作共赢诉求与霸权主义、单边主义之间的矛盾；如何为解决世界困境和人类问题，为世界和平发展、合作共赢，为积极推动构建人类命运共同体贡献智慧和方案。这种时代课题和重大问题具有前沿性、根本性、总体性与世界意义，构成21世纪马克思主义的主要研究对象，在世界马克思主义发展史和社会主义发展史上，具有重要意义。

1. 解决如何超越资本占有劳动并控制社会的逻辑以实现"人"的解放问题

这一问题具有政治意义上的"总体性"，我们暂且称之为"马克思之问"。

在《1844年经济学哲学手稿》《共产党宣言》《资本论》等著作中，马克思、恩格斯毕生直面并批判的资本主义社会的"总问题"，是资本占有劳动并控制社会的逻辑，并实现人类解放、无产阶级解放和每个人自由而全面的发展。19世纪，马克思、恩格斯所创立的马克思主义，主要是在批判资本占有劳动并控制社会的逻辑，并实现人类解放、无产阶级解放和每个人自由而全面的发展的进程中形成发展起来的。如何把超越资本占有劳动并控制社会的逻辑真正变成现实，实现人类解放、无产阶级解放，并建立一个不断促进人的自由而全面发展的理想社会？这一问题具有典型性，既涉及马克思主义、社会主义的本质，也是不同历史时期马克思主义者在社会主义革命和建设上必然面对并致力解决的一个根本课题。

马克思、恩格斯从理论上为解决这一问题提供了根本路径和方法原则，但需要后人来破解。列宁以"利用和限制国家资本主义"、毛泽东以

"社会主义改造"、邓小平以"社会主义也有市场经济"等，阐述了社会主义革命和建设对"资本和劳动的关系"所采取的态度。在马克思主义中国化历史进程中，当代中国共产党人在继承马克思列宁主义、毛泽东思想的基础上，在实践上创新性地破解了这一总体性、根本性问题，发展了21世纪马克思主义。当代中国共产党人为"解放和发展社会生产力"而合理"利用和运作资本"，注重资本投资对生产要素的聚集和拉动作用。同时，这种资本运作也会带来对劳动的某种占有。社会主义不允许这种占有成为主导并控制社会，于是，在中国共产党领导下，我国把资本控制在经济领域及有利于发展社会生产力的框架之内，并坚持人民至上的核心理念。这是通过坚持和发展中国特色社会主义基本经济制度，① 确立"以人民为中心"的发展思想来实现的，② 即把人民当作主体，一切依靠人民；把人民当作目的，一切为了人民；把人民当作尺度，坚持人民至上。正如习近平总书记所强调的：把人民对美好生活的向往作为中国共产党人的奋斗目标。

上述这些，构成发展中国家合理利用和运作资本，同时又把"超越"资本对劳动的占有和对社会的控制的愿景变成现实的基本逻辑，这在社会主义发展史和马克思主义发展史上，解决了马克思主义创始人想解决但未完全解决的根本问题，展现了社会主义的光明前景，是对21世纪马克思主义的一种发展。

2. 解决经济文化落后国家如何全面治理并建成社会主义的问题

马克思、恩格斯早年集中关注的是西欧资本主义的处境与发展趋向问题。晚年的马克思，尤其是列宁和毛泽东集中关切的，则是经济文化落后国家如何建成社会主义的问题，我们暂且称之为"列宁、毛泽东之问"。

这一问题的典型意义在于：马克思在晚年的《人类学笔记》等诸多著述中，便集中精力致力于探究经济文化落后的东方社会的社会主义发展道路问题，并对俄国等国家的发展道路进行认真思考。总的见解是：小

---

① 参见习近平：《习近平谈治国理政》第三卷，123页，北京，外文出版社，2020。
② 参见习近平：《习近平谈治国理政》第三卷，16页，北京，外文出版社，2020。

农经济占优势的落后俄国，如果能吸收资本主义社会的积极成果，同时又能克服资本主义社会的弊端，就可能跨越所谓资本主义社会的"卡夫丁峡谷"，而向社会主义过渡。① 马克思之后，在实践上建设社会主义的国家都是经济文化相对落后的国家，这在整个世界上都备受关注，也是世界社会主义运动史、马克思主义发展史上最伟大的历史事件，更关乎科学社会主义的命运。

1923 年后，列宁的实践与理论研究聚焦于探讨小农经济占优势的落后俄国向社会主义过渡的道路问题。其核心思想是，"一切民族都将走向社会主义，这是不可避免的，但是一切民族的走法却不会完全一样"②。当时俄国经济结构是小农经济占优势，社会主义经济十分薄弱，经济文化相对落后。列宁认为，经济文化落后的俄国可以利用国家资本主义改造小农经济，发展社会生产力，从而为向社会主义过渡奠定物质基础，但一定要把国家资本主义置于苏维埃政权的控制之下。

毛泽东以历史责任感集中探索的根本课题，就是"以农民为多数的落后国家怎样实现社会主义"。1956 年，中国确立了社会主义基本制度，毛泽东集中探索的是社会主义建设道路问题。

1978 年，中国开启改革开放和社会主义现代化建设新时期。这是基于中国共产党人对社会主义初级阶段的深刻认知。中国的社会主义还处在初级阶段，社会生产力不发达，还是一个"不够格"的社会主义。③如何在社会生产力不发达的基础上全面治理并建成社会主义？这对于发展 21 世纪马克思主义来说，既是一个关乎社会主义和马克思主义命运并亟须破解的重大理论和实践问题，也是马克思主义中国化进程中迫切

---

① 参见《马克思恩格斯选集》第 3 卷，837 页，北京，人民出版社，2012。

② 《列宁全集》第 28 卷，163 页，北京，人民出版社，1990。

③ 1987 年 4 月 26 日，邓小平在会见捷克斯洛伐克总理什特劳加尔时说："搞社会主义，一定要使生产力发达，贫穷不是社会主义。我们坚持社会主义，要建设对资本主义具有优越性的社会主义，首先必须摆脱贫穷。现在虽说我们也在搞社会主义，但事实上不够格。只有到了下世纪中叶，达到了中等发达国家的水平，才能说真的搞了社会主义，才能理直气壮地说社会主义优于资本主义。现在我们正在向这个路上走。"（《邓小平文选》第三卷，225 页，北京，人民出版社，1993。）

需要解决的一个具有战略意义的全局性、根本性问题。

当代中国共产党人破解这一重大问题的逻辑是：要使"不够格"的社会主义成为"够格"的社会主义，首先要解放和发展社会生产力，为建成社会主义打下坚实的物质基础，为此，必然开展现代化建设，合理利用在资源配置中起决定性作用的市场，市场经济有助于解决能力贡献与利益分配的利益对等问题，体现正义原则，能带来效率；在中国搞现代化必须是社会主义现代化，必须体现以人民为中心的发展思想，必须注重公平正义。由于人与人之间在天赋和后天学习方面不可避免地存在着差异，这种按照能力贡献进行分配的逻辑会拉大人与人之间的收入差距，如果政府不加以有效调节，就会导致贫富悬殊，不利于实现共同富裕，进而影响社会和谐稳定。为保持经济社会发展充满活力，又保持经济社会发展的和谐稳定，政府就必须在政治领域，根据社会主义的"公平""共同富裕"原则，通过法律和政策，对收入差距进行有效调节，这里的公平体现着利益均等和共享发展；在社会主义初级阶段搞社会主义现代化，就要根据中国的历史和文化，自主选择适合中国国情的社会主义现代化道路，亦即中国式现代化道路，中国特色社会主义是实现社会主义现代化的必由之路。

中国特色社会主义进入新时代，也创造了中国奇迹。新时代的中国特色社会主义，是在历史成为世界历史且与世界的互动中建设的社会主义，是在世界百年未有之大变局背景下不断发展的社会主义，是在与资本主义"竞跑"进程中建设的社会主义，是能为解决人类问题贡献中国智慧和中国方案的社会主义，是解决了经济相对落后国家怎样全面治理并建成社会主义这一根本问题的社会主义，它既体现社会主义一般原则，又具有中国特色。这样的中国特色社会主义，既能运用我国国家制度和国家治理体系的显著优势，创造我国经济快速发展和社会长期稳定奇迹，[1] 也能实现社会主义现代化、实现中华民族伟大复兴，使人民过上

---

① 参见中共中央党史和文献研究院编：《十九大以来重要文献选编》（中），662 页，北京，中央文献出版社，2021。

美好生活。

改革开放 40 多年尤其是新时代中国特色社会主义建设实践表明：当代中国既利用市场经济，同时又跨越了所谓资本主义的"卡夫丁峡谷"，① 坚守社会主义的基本原则，通过实现效率和公平的统一、活力与和谐的统一，把社会主义制度与市场经济结合起来，为解决经济落后国家尤其是中国如何全面治理并建成社会主义这一全局性、根本性问题提供了正确道路。

这就是在中国共产党领导下，以中国方式解决了马克思、恩格斯、列宁曾试图破解但在实践上还未破解的一个难题。正如习近平总书记所言："实际上，怎样治理社会主义社会这样全新的社会，在以往的世界社会主义中没有解决得很好。马克思、恩格斯没有遇到全面治理一个社会主义国家的实践，他们关于未来社会的原理很多是预测性的；列宁在俄国十月革命后不久就过世了，没来得及深入探索这个问题；苏联在这个问题上进行了探索，取得了一些实践经验，但也犯下了严重错误，没有解决这个问题。我们党在全国执政以后，不断探索这个问题，虽然也发生了严重曲折，但在国家治理体系和治理能力上积累了丰富经验、取得了重大成果，改革开放以来的进展尤为显著。我国政治稳定、经济发展、社会和谐、民族团结，同世界上一些地区和国家不断出现乱局形成了鲜明对照。这说明，我们的国家治理体系和治理能力总体上是好的，是适应我国国情和发展要求的。同时，我们也要看到，相比我国经济社会发展要求，相比人民群众期待，相比当今世界日趋激烈的国际竞争，相比实现国家长治久安，我们在国家治理体系和治理能力方面还有许多

---

① 1881 年，俄国革命民主主义者查苏利奇致信马克思，希望马克思能说明对俄国"农村公社可能的命运以及关于世界各国由于历史的必然性都应经过资本主义生产各阶段的理论的看法"。马克思指出，在俄国，"一方面，土地公有制使它有可能直接地、逐步地把小地块个体耕作转化为集体耕作……另一方面，和控制着世界市场的西方生产同时存在，就使俄国可以不通过资本主义制度的卡夫丁峡谷，而把资本主义制度所创造的一切积极的成果用到公社中来"。（参见《马克思恩格斯选集》第 3 卷，824～825 页，北京，人民出版社，2012。）

不足，有许多亟待改进的地方。真正实现社会和谐稳定、国家长治久安，还是要靠制度，靠我们在国家治理上的高超能力，靠高素质干部队伍。我们要更好发挥中国特色社会主义制度的优越性，必须从各个领域推进国家治理体系和治理能力现代化。"①显然，这是在世界社会主义发展史上，解决了各民族走向社会主义道路多样性这一全新课题，为世界各国走向社会主义提供了重要启示，也是对 21 世纪马克思主义的一种发展。

3. 解决世界历史进程中发展中国家如何通过跨越式发展追赶世界现代化先进发展水平的问题

改革开放前后，邓小平最关切的重大问题，就是发展中国家尤其是中国如何追赶世界现代化先进发展水平、追赶世界发达国家发展水平，我们暂且称之为"邓小平之问"。早在党的十一届三中全会召开前夕，邓小平就提出了中国追赶亚洲"四小龙"和西方发达国家的设想，并提醒我们再不加快发展，就有被开除球籍的危险。

发展中国家，尤其是中国追赶世界现代化先进发展水平，这一重大问题具有典型意义。如果中国追赶不上世界现代化先进发展水平和世界发达国家发展水平，世界上就没有人再信社会主义，马克思主义也会遭遇信仰危机。19 世纪，马克思、恩格斯所创立的马克思主义，通过对世界生产、世界市场、世界交往之历史逻辑分析，② 揭示了由地方的和民族的闭关自守状态向世界普遍交往转化的规律，这就是由人们的地域性存在向世界历史性存在转变，使地域性的个人为世界历史性的个人所代替，使历史向世界历史转变，进而使各国各民族彼此影响，使个人的解放程度与历史转变为世界历史的程度相一致。③ 其中一个重要前提，就是世界性生产与资本流动、市场扩大和民族交往的世界化。在社会主义革命和建设时期，中国既没有所谓的世界性市场，也没有所谓的市场经

---

① 习近平：《习近平谈治国理政》，91～92 页，北京，外文出版社，2014。
② 参见《马克思恩格斯文集》第 1 卷，539 页，北京，人民出版社，2009。
③ 参见《马克思恩格斯选集》第 1 卷，299 页，北京，人民出版社，2012。

第十一章　21 世纪马克思主义五维规定论　· 241

济。这意味着中国需要解决两个重大问题：一是在社会主义基本制度确立之后，如何解放和发展社会生产力，为加入经济全球化提供强大的物质基础；二是中国如何通过实现跨越式发展，追赶世界现代化先进发展水平和世界发达国家发展水平。

马克思、恩格斯在实践上未遇到这两个问题，这就需要 21 世纪马克思主义来回答。首先是合理利用生产要素驱动、投资规模驱动与世界技术、世界资本、世界市场，来解放和发展社会生产力。其次是在中国共产党领导下，注重发挥国家制度优势以实现跨越式发展，以达到世界现代化先进发展水平和世界发达国家发展水平。新时代的中国紧紧抓住经济全球化的机遇，充分发挥"调动各方面积极性，集中力量办大事"的整体效能优势，① 实现了跨越式发展，使最大的发展中国家在世界上创造了独一无二的经济快速发展奇迹和社会长期稳定奇迹，赶上了世界现代化先进发展水平和世界发达国家发展水平，融入了世界历史进程。最后是中国特色社会主义进入新时代，中国共产党人既注重创新驱动，又以全面深化改革，贯彻新发展理念，构建新发展格局，统筹推进"五位一体"总体布局、协调推进"四个全面"战略布局为总体方略，积极实现由富起来到强起来的伟大飞跃。这些构成世界历史进程中解决中国实现跨越式发展问题的内在逻辑。正如习近平总书记所指出的，"改革开放是决定当代中国前途命运的关键一招，中国大踏步赶上了时代"②。这就解决了当年马克思主义经典作家未完全提到，而需要当代中国共产党人破解的一个重大问题，拓展了发展中国家走向现代化的途径，为那些既希望加快发展又希望保持自身独立性的国家和民族提供了全新选择，推进了 21 世纪马克思主义的发展。

在"两个大局"背景下，在社会主义与资本主义并存的 21 世纪，以

① 参见中共中央党史和文献研究院编：《十九大以来重要文献选编》（中），270 页，北京，中央文献出版社，2021。
② 习近平：《在庆祝中国共产党成立 100 周年大会上的讲话》，6 页，北京，人民出版社，2021。

中国式现代化道路和人类文明新形态超越资本主义历史局限，展示了社会主义制度的优越性，从而助推实现中华民族伟大复兴，为"人类向何处去"贡献了中国智慧和中国方案。

中国特色社会主义进入新时代，我国发展步入新的历史方位，中国处于"两个大局""世界动荡变革"之背景中。如此，中国如何以中国式现代化道路和人类文明新形态超越资本主义的历史局限，展示社会主义制度的优越性，实现中华民族伟大复兴，进而为人类走出困境贡献中国智慧和中国方案，就成为当代中国共产党人，尤其是习近平总书记最为关切的根本问题，我们暂且称之为"习近平之问"。习近平总书记指出："当今世界正经历百年未有之大变局"，"我国正处于实现中华民族伟大复兴关键时期"。① 他引用邓小平的话说："我们进行社会主义现代化建设，是要在经济上赶上发达的资本主义国家，在政治上创造比资本主义国家的民主更高更切实的民主，并且造就比这些国家更多更优秀的人才。"②"无论如何，社会主义制度总比弱肉强食、损人利己的资本主义制度好得多。"③他又说："在人类文明发展史上，除了中国特色社会主义制度和国家治理体系外，没有任何一种国家制度和国家治理体系能够在这样短的历史时期内创造出我国取得的经济快速发展、社会长期稳定这样的奇迹。"④

近代以来，西方资本主义国家借助市场、资本、科技、文化和军事五大优势掌握着世界话语权，也创造了推动历史进步的西方文明。自2008年国际金融危机之后，它却出现某种困境，集中体现为出现了"全球增长动能不足""全球经济治理滞后""全球发展失衡"这三大世界经济的根本性矛盾难题。⑤ 资本主导是导致上述困境的一个深层原因。资本

---

① 中共中央党史和文献研究院编：《十九大以来重要文献选编》(中)，663、676 页，北京，中央文献出版社，2021。

② 《邓小平文选》第二卷，322 页，北京，人民出版社，1994。

③ 习近平：《习近平谈治国理政》第三卷，123 页，北京，外文出版社，2020。

④ 习近平：《习近平谈治国理政》第三卷，124 页，北京，外文出版社，2020。

⑤ 参见习近平：《共担时代责任，共促全球发展》，载《求是》，2020(24)。

主义制度和文化的基因，决定西方社会必然遵循资本占有劳动并控制社会的逻辑。① 资本的本性是借助"流动""流通"实现其价值增值，当市场空间、流通渠道、资源、劳动力成本等"红利"被严重限制时，资本主义社会就会出现严重困境。这体现在四个方面。

一是经济困境。在西方发达国家，实体经济是推动其工业化、现代化的主要经济力量。但随着后工业社会的来临及深化，金融资本开始膨胀，且在虚拟经济表面繁荣的背后，泡沫经济日趋严重。就是说，虚拟经济的繁荣因摧毁了它赖以生存的中产阶层的基础，也就在一定程度上挖空了实体经济的基础。资本家一旦变成"资本"家，资本的梦想就会破灭，市场和资本这两大优势也就不复存在。2008 年爆发的国际金融危机，就是西方中产阶层在资本市场失败的结果。②

二是政治困境。当国际金融危机导致的自由市场体系红利削减，以及滥用霸权所导致的政治动荡向西方社会传导时，精英政治和大众政治间的平衡就会遇到危机，这既体现在因政治依附资本和"否决政治"（vetocracy）而使国家、政府的组织力、动员力、凝聚力、执行力严重削弱，③ 也体现在民粹主义兴起使得民众过度自由，进而陷入难以组织动员的困境，弱政府和散民众两大弱点就显露出来。④

---

① 马克思《1844 年经济学哲学手稿》所揭示和阐释的异化劳动的四种形式，尤其是工人同自己的劳动相异化，表达的就是资本占有劳动的逻辑。马克思指出：工人的"劳动不是自愿的劳动，而是被迫的强制劳动"，这种"劳动的外在性表现在：这种劳动不是他自己的，而是别人的；劳动不属于他；他在劳动中也不属于他自己，而是属于别人"，属于工人之外的他人，即一个异己的、敌对的、强有力的、不依赖于工人的他人是劳动的主宰，这个"他人"，就是拥有资本力量的"资本家"。（参见《马克思恩格斯选集》第 1 卷，54、58、59、60 页，北京，人民出版社，2012。）《资本论》进一步解释和阐释了资本占有劳动并控制社会的逻辑。

② 参见韩庆祥、黄相怀：《资本主导与西方困局》，载《光明日报》，2016-09-28。

③ 否决政治，是福山提出的一个概念。美国民主政治的基础性制度安排，对防范政治腐败、平衡多元利益、增强决策审慎发挥着积极作用。同时，这一制度安排需要付出牺牲效率的代价。近年来，由于美国民主党与共和党在政治立场上发生分化，且总统职位和国会两院往往由不同政党控制，结果使这种政党对立传导到政府机构层面，进而出现了否决政治。

④ 参见韩庆祥、黄相怀：《资本主导与西方困局》，载《光明日报》，2016-09-28。

三是社会困境。强化的社会福利制度不仅使西方社会背负沉重的财政负担，也使许多民众的创业奋斗精神大大减弱。[①]

四是文化困境。西方文化有三大支柱：自由主义、资本至上、以"两极对立"世界观为哲学基础的西方中心论。自由主义的核心观点是，个人自由、权利是最符合自然秩序的，不可随意被剥夺。自由主义走向极端，就会追求个人自由扩张，进而导致"漠视政府""淡化集体"。自由主义蕴含着"个人利己"的基因。资本至上意味着资本具有主导性，资本具有追逐增值、自由扩张的本性，资本在增值和扩张的过程中不可避免地具有掠夺性，因而蕴含着"扩张掠夺"的基因。西方中心论把整个世界分为西方世界和非西方世界"两极对立"的世界，西方世界是主，是世界的中心，为整个世界制定标准，非西方世界是客，要向西方世界看齐、靠拢；西方世界统治着非西方世界，非西方世界若不向西方标准看齐，就会受到围堵打压、战略包围，甚至招致战争。西方中心论蕴含着"对立冲突"的基因。"个人利己""扩张掠夺""对立冲突"的基因，会导致共同体意识瓦解与合作精神、奉献精神、道义精神、奋斗精神的丧失，导致西方"话语营销"和"话语神话"的瓦解，使世界陷入某种困境。

当今世界又遇百年未有之大变局。我们需要清醒地看到，虽然大变局会逐渐导致世界力量转移、世界格局重组、世界话语重构，但这种大变局依然是社会主义与资本主义长期并存的大变局。

如何在"百年变局"中有效应对上述世界性矛盾难题和困局，进而回答"人类向何处去"？

新时代中国特色社会主义发展既是一个中国化过程，也是一个世界化过程。在中国特色社会主义开创之初，主要是解决国内解放和发展社会生产力，从而使中华民族富起来的问题。随着新时代中国特色社会主义发展且日益成长，它对解决整个世界历史进程中的全球发展问题和人类问题日趋具有开放性和世界化的意义。习近平总书记提出了"中国式

---

① 参见韩庆祥、黄相怀：《资本主导与西方困局》，载《光明日报》，2016-09-28。

现代化道路""人类文明新形态"与"推动构建人类命运共同体"，这是具有时代意义、战略意义和世界历史意义的智慧和方案。

依据习近平总书记相关重要论述，从学理上作进一步说明和发挥，这种智慧和方案之核心要义是：强调世界既具有多样性又具有统一性的世界观，超越了西方"一元主导"的世界观；强调以人为本、人民至上的发展观，超越了"资本至上"的发展观；强调当今世界人类命运共同（立足人类社会或社会化人类）的类本观，超越了基于"市民社会"的个人观；强调尊重其他国家根据本国国情自主选择其发展道路的包容发展的道路观，超越了"西方模式论"的道路观；强调任何国家在主权、规则、机会上应当是平等的国家观，体现了"主主平等"的哲学思维，超越了"国强必霸论"的国家观；强调文明互学互鉴的文明观，超越了"文明冲突论"的文明观；强调和平发展、合作共赢的互利普惠的义利观，超越了"你输我赢"亦即单赢的义利观。

上述"七观"，是中国式现代化道路、人类文明新形态与构建人类命运共同体理念的哲学基础，是新时代中国特色社会主义，也是习近平新时代中国特色社会主义思想在世界化进程中，为参与全球治理并解决人类问题和人类向何处去的问题，并引领世界社会主义运动，所贡献的具有比较优势的中国智慧和中国方案，它关乎世界社会主义与马克思主义发展全局，也将会重构世界格局，长远影响历史进程，是对 21 世纪马克思主义的一种发展。德国前总理施密特指出：中国的持续成功发展不仅解决了中国问题，也为西方走出困境提供着启示。[①]

（二）解答问题的根本方略及其世界性贡献为发展 21 世纪马克思主义提供了典型"中国样本"

当代中国能历史性地破解上述具有总体性、全局性、根本性、战略性的四大问题，归根结底，取决于中国特色社会主义道路、理论、制度、文化。

---

① 参见王义桅：《中国模式既发展中国又造福世界》，载《人民日报》，2014-11-11。

中国特色社会主义道路（简称中国道路）是解答上述问题的第一种路径。"我们坚持和发展中国特色社会主义"，"创造了中国式现代化新道路，创造了人类文明新形态"。① 创造，充分且鲜明表达了中国式现代化新道路既是历史发展逻辑的必然，也体现一定的主体选择性。在宽广的时空场景中，世界社会主义历史发展的逻辑，从根本上就是对实现理想社会目标之正确道路的探寻，马克思主义中国化的历史逻辑，核心是围绕探寻中国道路这一主线展开的。对中国道路的探寻是贯穿中国共产党百年奋斗史、新中国发展史的一条主线，改革开放的历史逻辑，根本上也是探究实现社会主义现代化正确道路的逻辑。习近平总书记指出："无论搞革命、搞建设、搞改革，道路问题都是最根本的问题。"②"中国特色社会主义是党和人民历经千辛万苦、付出巨大代价取得的根本成就，是实现中华民族伟大复兴的正确道路。"③"道路问题是关系党的事业兴衰成败第一位的问题，道路就是党的生命。"④

依据邓小平、江泽民、胡锦涛，尤其是习近平总书记关于中国式现代化新道路的重要论述，吸收理论界相关成果可以看出，中国式现代化新道路，是在吸收中西文明有益成果又克服各自局限而形成发展起来的道路，是从"自己的路""中国特色社会主义道路"中走出来的道路。从学理上进一步提升概括，这条道路的本质内涵可凝练表达为：它是坚持中国共产党领导的道路；是坚持以人民为中心的道路（不断实现全体人民共同富裕，促进人的全面发展）；是坚持社会主义市场经济基本经济制度的道路；是注重团结合作的道路；是实现民族复兴的道路；是坚持和平发展、合作共赢、互利普惠的道路。

上述本质内涵蕴含中国式现代化新道路的精髓要义，抓住了影响当

---

① 习近平：《在庆祝中国共产党成立100周年大会上的讲话》，13~14页，北京，人民出版社，2021。

② 习近平：《论中国共产党历史》，16页，北京，中央文献出版社，2021。

③ 习近平：《在庆祝中国共产党成立100周年大会上的讲话》，13页，北京，人民出版社，2021。

④ 习近平：《关于坚持和发展中国特色社会主义的几个问题》，载《奋斗》，2019(7)。

代中国发展命运的根本因素，是解决上述问题的一种根本路径。坚持中国共产党领导，体现了道路的方向性，确保国家始终沿着社会主义方向前进；^① 坚持以人民为中心，突出了道路的道义性，既超越了资本主导的逻辑及其内生的资本主义历史局限，也以坚持全国一盘棋、调动各方面积极因素、集中力量办大事的社会主义制度优势，实现跨越式发展，追赶世界现代化先进发展水平；坚持社会主义市场经济基本经济制度，有助于不断解放和发展社会生产力，为经济落后国家建设社会主义提供物质基础；注重团结奋斗，表达了道路的凝聚性，有助于彰显团结一心，其利断金的志气、骨气、底气，最大限度凝聚起共同奋斗的力量；实现民族复兴，强调了道路的公约性，可形成海内外全体中华儿女心往一处想、劲往一处使的生动局面，汇聚起实现民族复兴的磅礴力量；坚持和平发展、合作共赢、互利普惠，展现了道路的世界普惠性，为"人类向何处去"贡献中国智慧和中国方案，指明了光明前景。

显然，中国式现代化新道路能创造世所罕见的中国经济快速发展奇迹和社会长期稳定奇迹，有助于破解中国特色社会主义、社会主义现代化发展进程中一系列矛盾难题，拓展发展中国家走向现代化的途径，为那些既希望加快发展又希望保持自身独立性的国家和民族提供了全新选择，为解决人类问题贡献了中国智慧和中国方案，^② 也终结了"西方中心论""历史终结论"，因而在中华民族发展史、世界社会主义发展史、人类社会发展史上，具有影响全局和长远并触及本质的根本地位。西班牙塞维利亚大学教授弗朗西斯科·西埃拉说："当前世界的重心正在从大西洋转移到太平洋，中国走出了一条不一样的发展道路，这条道路正在越来越深刻地影响和改变着世界。"^③

中国特色社会主义理论（简称中国理论）是解答上述问题的第二种路

---

① 参见中共中央党史和文献研究院编：《十九大以来重要文献选编》（中），270 页，北京，中央文献出版社，2021。

② 参见习近平：《习近平谈治国理政》第三卷，8—9 页，北京，外文出版社，2020。

③ 《鞋子合不合脚 穿着才知道——中国道路为什么好？》，载《人民日报》，2019-08-14。

径。中国理论不是从哪些书本中生长出来的，是从中国道路中产生出来的。在此基础上，我们正在构建能够解释当代中国发展及其现实逻辑与中国问题乃至世界问题的"中国理论"。"中国理论"的世界意义，集中体现在它解构了西方理论的"神话"。西方理论把用于维护西方"特殊利益"的理论说成维护"全人类利益"的理论，把"特殊"装扮成"普遍"。

我们深入研读《德意志意识形态》《共产党宣言》《资本论》便可看到，马克思、恩格斯曾揭穿了这种外衣；它把用于维护"西方利益"的价值观说成维护"全人类利益"的"普世价值"。自由主义推崇的"自由""民主"不是世界人民的自由、民主，其背后所支撑的思维方式是主体统治客体。资本占有劳动并控制社会的逻辑难道具有生成"自由""民主"的基因？物质力量只能用物质力量来摧毁，理论力量也需要用理论力量来解构。要解构这种理论与价值观的"神话"，既需要提升我们的"理论免疫力"，又需要中国理论。

首先，中国理论在理论方法上，关注"自在之物本身"，即事物自身的辩证法①，强调"一般只能在个别中存在，只能通过个别而存在"②。普遍性、一般性不是纯粹抽象的，而是具体的，它只有通过特殊的具体实际才能实现，普遍性离不开特殊性，普遍性寓于特殊性之中，特殊是普遍的实现方式，因而中国理论进一步强调普遍与特殊、共性与个性相结合，是矛盾理论的精髓，也是辩证法的精髓。③ 由此，中国理论强调历史发展是多线而不是直线，各国发展道路是多样的，没有一个一成不变的模式和标准，"鞋子合不合脚，自己穿了才知道"，适用于一国的发展道路，不一定适用于另一国。④

其次，中国理论在实践上，是大国成为强国即实现强起来的理论，为实现中华民族伟大复兴提供了行动指南；中国理论致力于解决人民生

---

① 参见《列宁选集》第二卷，411 页，北京，人民出版社，2012。
② 《列宁选集》第二卷，558 页，北京，人民出版社，2012。
③ 参见《毛泽东选集》第一卷，319～320 页，北京，人民出版社，1991。
④ 参见中共中央党史和文献研究院编：《十八大以来重要文献选编》(上)，260 页，北京，中央文献出版社，2014。

活好不好、国家强不强、世界和平不和平、政党硬不硬等根本问题，注重为人民谋幸福、为民族谋复兴、为世界谋大同、为政党谋强大。它在实践上超越了资本主导的逻辑，坚持人民至上的核心理念，表明曾经落后的中国既可以运用制度优势实现跨越式发展并赶上时代，又可以通过中国特色社会主义全面建成社会主义现代化强国，还可以用"两个结合"①的典型样本与成功实践反复证明，只有把普遍与特殊、一般与个别相结合，用特殊实现普遍、用个别实现一般，本国的具体实践才能走向成功，而且正是在用特殊实现普遍、用个别实现一般的历史和实践过程中，"找到了自我"，表达了"世界有我"，为其他国家的发展提供了新的途径和全新的选择，为解决"人类向何处去"问题贡献了中国智慧和中国方案。

中国特色社会主义制度（简称中国制度）是解答上述问题的第三种路径。党的十九届四中全会全面集中阐述了中国制度所具有的 13 个显著优势，彰显着"中国之治"的"优"。"中国之治"主要优在党的集中统一领导；优在坚持以人民为中心的发展思想，紧紧依靠人民推动国家发展；优在坚持全国一盘棋，调动各方面积极性，集中力量办大事；优在实现中华民族团结奋斗、共同繁荣；优在坚持社会主义基本经济制度，不断解放和发展社会生产力；优在促进全体人民在思想上精神上紧紧团结在一起；优在我们党善于自我完善自我发展；优在为构建人类命运共同体不断作出贡献；等等。②

上述之优，既为解决发展中国家走向现代化问题，为解决世界上一些国家希望把加快发展速度与保持社会稳定统一起来问题，为解决民族问题提供了中国智慧和中国方案，也为人类对美好制度的探索贡献了中国智慧和中国方案，因而打破了必须照搬西方模式才能成功的迷思，增

---

① 参见习近平：《在庆祝中国共产党成立 100 周年大会上的讲话》，13 页，北京，人民出版社，2021。

② 参见《中国共产党第十九届中央委员会第四次全体会议文件汇编》，19～21 页，北京，人民出版社，2019。

强了其他国家走自主发展道路的信心。

中国特色社会主义文化(简称中国文化)是解答上述问题的第四种路径。新时代中国文化本质上强调世界大同、协和万邦、兼济天下、和而不同，强调人类的合作共赢、和平发展、包容普惠、命运共同，能内生出注重整体力量、集体力量、人民力量、团结合作力量、集中资源办大事的力量，这对应对当今世界百年变局、不确定和动荡变革具有独一无二的优势；新时代中国文化坚持人民至上，它蕴含的社会主义核心价值观，使得国家、社会、个人的价值目标能够相互促进、共同实现，既有助于超越资本至上的价值观，抵御西方一些错误价值观侵袭，也有助于凝聚全社会共识，为解决上述问题注入强大动力。

中国的梁漱溟、英国历史学家汤因比曾问：中国以什么贡献给世界？中国共产党带领中国人民走出了一条中国道路，创立了中国理论，确立了中国制度，弘扬了中国文化，在国内创造了世所罕见的中国奇迹，在世界上作出了世所罕见的历史贡献。这种贡献，使世界社会主义由低潮走向高潮，使中国特色社会主义开启了走向世界的历史，使现代化建设由落后时代到赶上时代乃至在某些方面引领时代，也使"中国样本"成为发展21世纪马克思主义的典型样本。汤因比曾有惊世预言：21世纪是中国的时代，人类未来的希望在东方，中华文明将成为世界主流，并引领世界。① 对此，我们既要具有战略定力，不要妄自菲薄，更要具有战略清醒，不要狂妄自大。

三　为发展21世纪马克思主义作出原创性贡献

发掘"中国样本"，将会进一步发现它从理论和实践上对发展21世

① 参见[日]山本新等编：《未来属于中国——汤因比的中国观》，吴桂友译，北京，世界知识出版社，2018；白云先生：《世界是红的：看懂中国经济格局的一本书》，贵阳，贵州人民出版社，2017；胡祖尧：《诺贝尔奖得主推崇孔子——悬案十五年终揭晓》，载《国际先驱导报》，2003-01-17。

纪马克思主义具有原创性贡献。

原创性贡献，说的是这一贡献具有唯一性、不可替代性。从学理上，它有四层含义：一是从无到有的开创性贡献；二是与时俱进的发展性贡献；三是补偏救弊的完善性贡献；四是整合融通的集成性贡献。"中国特色社会主义进入新时代，在中华人民共和国发展史上、中华民族发展史上具有重大意义，在世界社会主义发展史上、人类社会发展史上也具有重大意义。"[①]这段重要论述，实质是讲中国特色社会主义进入新时代所具有的原创性贡献，也是讲习近平新时代中国特色社会主义思想对发展 21 世纪马克思主义的原创性贡献。

(一)民本逻辑：为发展马克思主义作出原创性贡献

这体现在马克思主义发展史上，用民本逻辑超越资本逻辑，为发展马克思主义作出原创性贡献。

马克思、恩格斯的至上追求，就是超越资本逻辑，实现人本逻辑。由于受当时社会历史条件限制，他们提出的未来社会的理想目标未在实践上真正实现。在马克思、恩格斯以后的马克思主义发展过程中，社会主义国家一直致力于实现这一理想目标并迈出关键一步，但也没有把人本逻辑真正变成现实。马克思列宁主义传播到中国以后，以毛泽东同志为主要代表的中国共产党人解决了使中国人站起来的问题，以邓小平同志、江泽民同志、胡锦涛同志为主要代表的中国共产党人致力于在解放和发展社会生产力的基础上，解决使中国人民富起来的问题。中国特色社会主义进入新时代，中华民族真正迎来了从站起来、富起来到强起来的伟大飞跃，以习近平同志为核心的党中央基于民本逻辑，致力于解决使中华民族强起来的问题。

党的十八大以来，党中央在经济领域，以"新发展理念""中国特色反贫困理论"，致力于"精准脱贫""共同富裕"；[②] 在政治领域，以"全过

---

① 习近平：《习近平谈治国理政》第三卷，10 页，北京，外文出版社，2020。
② 参见习近平：《在全国脱贫攻坚总结表彰大会上的讲话》，载《人民日报》，2021-02-26。

程人民民主理论"，致力于解决民主制度建设中的诸多难题，并坚持人民至上，把人民对美好生活的向往作为奋斗目标；① 在文化领域，以"文化强国理论"，致力于丰富人民精神世界、增强人民精神力量；② 在社会领域，以"人民至上、生命至上理论"，致力于解决民生保障与公共卫生体系建设等民生问题；③ 在生态文明领域，基于人与自然和谐共生提出"两山理论"，真正把生态看作最大最普惠的民生福祉，致力于解决污染防治问题；④ 在治国理政领域，提出"不忘初心""江山就是人民、人民就是江山"理论，强调"守江山，就是守人民的心""把人民放在心中最高的位置"，从而把人民作为党执政的最深厚基础和最大底气，作为最大的依靠力量的源泉；⑤ 在总体上，以"人民中心理论"，致力于解决人民日益增长的美好生活需要和不平衡不充分的发展之间的矛盾，解决人民生活好不好的问题。这从理论和实践统一上超越了资本占有劳动并控制社会的资本逻辑，逐步实现了以人民为中心的民本逻辑。这表明，在马克思主义发展史上，实现人类解放、无产阶级解放和每个人自由全面发展一直是至上的不懈追求，而以习近平同志为核心的党中央继承并集成⑥马克思主义关于人的解放和全面发展的思想精髓，从理论和实践上，创新性地用民本逻辑超越资本逻辑并使其变成了现实。

(二)强国逻辑：为推进马克思主义中国化时代化作出原创性贡献

这体现在马克思主义中国化时代化历史上，强国逻辑为实现从富起来到强起来的伟大飞跃及强国逻辑提供了科学理论体系，对马克思主义

---

① 参见习近平：《习近平谈治国理政》第三卷，16～17页，北京，外文出版社，2020。

② 参见习近平：《习近平谈治国理政》第三卷，66页，北京，外文出版社，2020。

③ 参见《中国共产党第十九届中央委员会第六次全体会议文件汇编》，73页，北京，人民出版社，2021。

④ 参见李干杰：《守护良好生态环境这个最普惠的民生福祉》，载《人民日报》，2019-06-03。

⑤ 参见《中国共产党第十九届中央委员会第六次全体会议文件汇编》，95～96页，北京，人民出版社，2021。

⑥ 本章所讲的集成，就是继承、整合、融合马克思主义发展包括马克思主义中国化进程中凝练成的思想精髓。

中国化时代化作出原创性贡献。

恩格斯指出，理论"是一种历史的产物，它在不同的时代具有完全不同的形式，同时具有完全不同的内容"①。党的十九大宣布，中国特色社会主义进入了新时代，我国站在"发展起来后"的实现强起来的新的历史起点上。马克思指出：每个时代总有属于它自己的问题，所谓问题，"就是公开的、无畏的、左右一切个人的时代声音。问题就是时代的口号，是它表现自己精神状态的最实际的呼声"②。每个时代只能提出它能解决的问题，确定它能完成的任务。中国特色社会主义进入新时代，就国内而言，治国理政所要集中解决的，就是新的社会主要矛盾——人民日益增长的美好生活需要和不平衡不充分的发展之间的矛盾。③ 人民日益增长的美好生活需要属于人民生活"好不好"的问题，④不平衡不充分的发展属于国家"强不强"的问题；就世界而言，治国理政集中解决的是世界"和平不和平"的问题；"好不好""强不强""和平不和平"这三大根本问题，是相当难打的坚硬的"铁"，打铁必须自身硬，⑤能否解决好这三大根本问题，取决于我们党"硬不硬"。因此，"好不好""强不强""和平不和平""硬不硬"，都是实现由大国成为强国、从富起来到强起来的伟大飞跃的历史逻辑进程中所必须着力解决的根本问题，这实质上就是致力于解决"大而不强"问题的一种"强国逻辑"。

作为马克思主义中国化时代化最新理论成果的习近平新时代中国特色社会主义思想，反映这种新飞跃及其"强国逻辑"的实际，它实质上就是关于我国发展起来后使大国成为强国的"强国理论"。这一理论的目的就是为从富起来到强起来的伟大飞跃及"强国逻辑"提供理论支撑，因而它实现了马克思主义中国化时代化的新飞跃，对推进马克思主义中国化

①　《马克思恩格斯文集》第 9 卷，436 页，北京，人民出版社，2009。
②　《马克思恩格斯全集》第 40 卷，289～290 页，北京，人民出版社，1982。
③　参见习近平：《习近平谈治国理政》第三卷，186 页，北京，外文出版社，2020。
④　习近平总书记指出："以前我们要解决'有没有'的问题，现在则要解决'好不好'的问题。"(习近平：《习近平谈治国理政》第三卷，133 页，北京，外文出版社，2020。)
⑤　参见习近平：《习近平谈治国理政》第三卷，238 页，北京，外文出版社，2020。

时代化作出了开创性贡献。

在马克思主义中国化时代化历史进程中，马克思主义与中国具体实际的第一次结合，是在新民主主义革命时期，其实质是关于中国革命道路问题。当时最关注的，是采取什么样的革命道路才能实现民族独立、人民解放。中国共产党最终选择了农村包围城市、武装夺取政权的道路，实现了马克思主义中国化时代化的第一次飞跃，其理论创新成果是毛泽东思想。

马克思主义同中国具体实际真正意义上的第二次结合的历史节点，是 1978 年我国开启的改革开放。这种结合就是把马克思主义与中国改革开放和社会主义现代化建设具体实际结合起来，其理论创新成果，就是为实现中国人民"富起来"而形成的中国特色社会主义理论体系，它实现了马克思主义中国化时代化的第二次飞跃。

依据"三个意味着"的标识性表述，马克思主义与中国具体实际的第三次结合是在中国特色社会主义进入新时代后进行的，其实质就是寻求实现从富起来到强起来的道路。① 马克思主义与新时代中国特色社会主义实现从富起来到强起来实践相结合，必然实现马克思主义中国化时代化的新飞跃。这种新飞跃，在中华人民共和国发展史上，在中华民族发展史上，在世界社会主义发展史上，在人类社会发展史上，以及在中国共产党理论创新史上，都具有划时代、里程碑、标识性的意义。②

(三)"谱写新篇章的逻辑"：为推进"马克思主义中国化时代化"作出原创性贡献

这体现在"中国特色社会主义发展史"上，创新发展了中国特色社会

---

① 从富起来到强起来，具体来说，就是从有到好、从大到强、从全面建成小康社会到全面建成社会主义现代化强国、从落后时代到赶上时代、从"失去自我"到"世界有我"的历史发展过程。

② 我们分别从"历史方位及其解决社会主要矛盾不同""历史使命不同""道路的历史内涵不同""主线不同""现代化阶段不同""中国特色社会主义在人们心中的地位不同""中国在世界中的地位不同"七个方面，详尽地论证和阐释了这一点。（参见韩庆祥：《中国道路及其本源意义》，37～39 页，北京，中国社会科学出版社，2019。）

主义理论体系，对"中国特色社会主义理论体系"作出原创性贡献。

中国特色社会主义进入新时代，意味着要谱写新时代中国特色社会主义新篇章。[①] 这既是开启中国发展起来后实现强起来的新篇章，也是开启中国特色社会主义真正进入世界并开创新的世界历史的新篇章。习近平新时代中国特色社会主义思想，就是谱写新时代中国特色社会主义新篇章的一种科学理论体系，它为中国特色社会主义真正进入世界并开启创新的世界历史篇章作出原创性贡献，为世界社会主义作出原创性贡献。

阐释习近平新时代中国特色社会主义思想对中国特色社会主义理论体系的原创性贡献，可以按照"总体—条条—块块"的框架来进行。

1. 从总体看

习近平新时代中国特色社会主义思想，立足中国特色社会主义进入新时代即我国发展新的历史方位（新方位，我国"发展起来以后"使大国成为强国，即实现"强起来"的历史方位），聚焦解决人民日益增长的美好生活需要和不平衡不充分的发展之间的矛盾（新矛盾），把实现中华民族伟大复兴作为新时代中国共产党的历史使命（新使命），把新时代坚持和发展什么样的中国特色社会主义、新时代坚持和发展什么样的中国特色社会主义作为时代课题（新课题），把统揽伟大斗争、伟大工程、伟大事业、伟大梦想与贯彻新发展理念、统筹推进"五位一体"总体布局、协调推进"四个全面"战略布局、实践新征程的战略安排作为总体方略（新方略），把合作共赢作为要构建的新型国际关系，提出携手共建人类命运共同体（新型国际关系）。相对于改革开放之初所开创的中国特色社会主义主要解决"欠发展""有没有""富起来"的问题而言，习近平新时代中国特色社会主义思想基于新方位、新矛盾、新使命、新课题、新方略、新型国际关系，围绕实现强起来谱写新时代中国特色社会主义新篇章，创新发展了中国特色社会主义理论体系，作出了原

---

① 参见习近平：《习近平谈治国理政》第三卷，61页，北京，外文出版社，2020。

创性贡献。

2. 从条条看

深化习近平新时代中国特色社会主义思想研究，需要抓住"纲"，做到纲举目张，即以党的二十大报告所讲的"八个明确""十四个坚持""十三个方面成就"的主要内容为基础，从中进一步提炼出根本观点，从"目"中提炼出"纲"。提炼根本观点需要确定一种方法论，即以习近平同志为核心的党中央治国理政实践的总框架。这就是：历史方位—奋斗目标—总体方略—全面保障—根本抓手—领导力量。这六个维度环环相扣、步步深入，构成逻辑严密的有机整体。基于这一方法论，可提炼出习近平新时代中国特色社会主义思想的十大根本观点，即历史方位论、民族复兴论、人民中心论、发展理念论、两大布局论、战略安排论、总体国家安全观、命运共同论、国家治理论和强大政党论。

这十大观点构成严密的科学体系，创新发展了中国特色社会主义理论体系。

党的十九大报告第一部分，核心讲的是习近平新时代中国特色社会主义思想形成的历史方位，首次提出了"历史方位论"，[①] 实质是谱写新时代中国特色社会主义新篇章。历史方位论是这一思想的"立论基础"和"根基"，只有理解历史方位论，才能真正理解这一思想。"历史方位论"是习近平新时代中国特色社会主义思想的第一个根本观点，相对于解决"富起来"的历史方位而言具有原创性，它把中国特色社会主义新时代看作社会主义初级阶段中的一个新阶段，看作实现强起来的一个发展阶段，发展了中国特色社会主义历史阶段论。

在何种历史方位，就会确定何种历史使命或奋斗目标。新时代的历史使命或奋斗目标是实现中华民族伟大复兴。党的十九大报告第二部分的核心内容，首次阐述了"新时代中国共产党的历史使命"，实质就是

---

① 参见习近平：《习近平谈治国理政》第三卷，2～10 页，北京，外文出版社，2020。

"民族复兴论"。① 党的二十大报告第三部分"新时代新征程中国共产党的使命任务"，提出"以中国式现代化全面推进中华民族伟大复兴"②，实质上讲的也是"民族复兴论"。党的十八大以来，党中央治国理政紧紧围绕实现中华民族伟大复兴这一主线，谱写新时代中国特色社会主义新篇章。所以"民族复兴论"是习近平新时代中国特色社会主义思想的第二个根本观点。这一观点在实现"两个一百年"奋斗目标的基础上，在治国理政的使命上实现新升级，即实现从"富起来"到"强起来"的伟大飞跃，发展了中国特色社会主义历史目的论。

实现中华民族伟大复兴的中国梦，归根结底是中国人民的梦，其目的就是人民幸福，所以我们党把"不忘初心、牢记使命"并提。

习近平总书记强调，人民对美好生活的向往就是我们的奋斗目标。以人民为中心可称为"人民中心论"，是习近平新时代中国特色社会主义思想的第三个根本观点。以人民为中心高于以人为本：以人为本只有落实到政治上，其价值才能彰显出来，也才能真正实现；只有坚持以人民为本，以人为本才有意义，要言之，比起以人为本，以民为本更高一层，这体现在其政治性、具体性、实效性与感召力上。因此，人民中心论发展了以人为本思想，发展了中国特色社会主义历史目的论和历史动力论。党的二十大报告始终贯彻着"以人民为中心"的"民本逻辑"，这一逻辑就是，把人民当作主体，紧紧依靠人民；把人民当作目的，一切为了人民；把人民当作尺度，坚持人民至上；把人民当作根基，牢牢扎根于人民。

在新的历史方位，要实现中华民族伟大复兴，使人民过上美好生活，必须从"道"上确立以人民为中心的新发展理念，这一新发展理念

---

① 参见习近平：《习近平谈治国理政》第三卷，10～14 页，北京，外文出版社，2020。

② 习近平：《高举中国特色社会主义伟大旗帜　为全面建设社会主义现代化国家而团结奋斗——在中国共产党第二十次全国代表大会上的报告》，21 页，北京，人民出版社，2022。

即创新、协调、绿色、开放、共享，它是实现中华民族伟大复兴的根本之道，可称为"发展理念论"，成为习近平新时代中国特色社会主义思想的第四个根本观点。相对于致力解决"富起来"的"要素驱动""投资驱动"，首次提出的新发展理念是一种集成性创新，是在集成我们党关于发展思想的基础上，在我国"发展起来后"致力于实现强起来的历史方位提出来的。它注重创新驱动，系统回答了关于发展的目的、动力、方式、路径等一系列理论和实践问题，① 标志我们党对经济社会发展规律的认识达到了新境界，全面系统发展了中国特色社会主义的发展思想。

实现"强起来"，也需要从"术"上作战略谋划。党的二十大报告首次正式提出的中国式现代化以及我们所强调的统筹推进"五位一体"总体布局、协调推进"四个全面"战略布局（简称两大布局），就是实现"强起来"的战略谋划，构成习近平新时代中国特色社会主义思想的第五个根本观点。这就把我们党对治国理政的认识提高到一个新格局，发展了中国特色社会主义总布局论。

接着需要确立实现"强起来"的战略步骤，对实现强起来的实践新征程作出战略安排，此谓"行"。这就是党的二十大报告首次全面提出的"两步走"战略安排，可称为"战略安排论"，构成习近平新时代中国特色社会主义思想的第六个根本观点，发展了中国特色社会主义战略步骤论。新发展理念、中国式现代化和"两大布局"、战略安排，分别从"道""术""行"上发展了中国特色社会主义总体方略论。

接着需要明确实现"强起来"的保障。这种保障主要有国内、国际两方面，根据党的二十大报告的内容，分别概括为"总体国家安全观""命运共同论"，它们成为习近平新时代中国特色社会主义思想的第七、第八个根本观点。首次系统提出的关于"推进国家安全体系和能力现代

---

① 参见本书编写组：《中国共产党简史》，523 页，北京，人民出版社、中共党史出版社，2021。

化，坚决维护国家安全和社会稳定"①的"总体国家安全观"开辟了国家安全理论新境界，发展了中国特色社会主义安全观；第一次创造性地提出的"命运共同论"使中国国际战略思想站在引领世界社会主义运动与人类社会发展前景的全新高度，发展了中国特色社会主义世界历史论、世界交往论与国际战略论。此外，全面保障还包括党的二十大报告所讲的"实现建军一百年奋斗目标，开创国防和军队现代化新局面"。

治国理政需要根本抓手，这就是推进国家治理现代化，它是解决我国经济社会发展的动力和平衡有机统一的根本所在，直接关乎我国国家制度优势能否得到充分发挥，关系全面治理社会主义社会。由于首次系统阐述了我国国家制度的十三个显著优势，为所创造的"两大奇迹"提供了制度和治理支撑，强调要把制度优势转化为国家治理效能，因而"国家治理论"构成习近平新时代中国特色社会主义思想的第九个根本观点，发展了中国特色社会主义国家学说。

党的二十大报告强调，中国共产党领导是中国特色社会主义的最本质特征，是中国特色社会主义制度的最大优势，是党的最高政治领导力量，实现中华民族伟大复兴，中国共产党是起决定性作用的力量。由此就必然强调党的领导力量。党的二十大报告关于"坚定不移全面从严治党，深入推进新时代党的建设新的伟大工程"②的重要论述的原创性贡献，就是由大党成为强党，注重强党建设，可称为"强大政党论"，它构成习近平新时代中国特色社会主义思想的第十个根本观点。它系统解决了如何使大党成为强党的问题，把新时代党的建设新的伟大工程推向一

① 习近平：《高举中国特色社会主义伟大旗帜　为全面建设社会主义现代化国家而团结奋斗——在中国共产党第二十次全国代表大会上的报告》，52 页，北京，人民出版社，2022。

② 习近平：《高举中国特色社会主义伟大旗帜　为全面建设社会主义现代化国家而团结奋斗——在中国共产党第二十次全国代表大会上的报告》，63 页，北京，人民出版社，2022。

个新阶段。①

3. 从块块看

习近平新时代中国特色社会主义思想从哲学、政治经济学、科学社会主义三大板块，创新发展了中国特色社会主义理论体系。在党的二十大报告中，习近平总书记运用战略辩证法哲学②，分析新时代、大变局背景下中国特色社会主义实践的一系列具有根本性、全局性、长远性与系统性、总体性的战略问题，分析处理一系列具有战略意义的全球性问题，提出了战略思维、历史思维、辩证思维、系统思维、创新思维、法治思维和底线思维，③为系统解决如何实现强起来这一战略问题提供了哲学基础，从哲学上发展了中国特色社会主义理论体系。习近平新时代中国特色社会主义思想是在"两个大局"的战略背景下形成发展起来的；集中关切的是中国发展起来以后使大国成为强国这一战略问题，因而把实现中华民族伟大复兴看作战略全局，把大历史观、哲学思维与两大布局看作实现中华民族伟大复兴的战略方略，其中把战略思维置于哲学思维之首，强调辩证思维；上述所阐释的习近平新时代中国特色社会主义思想的十大根本观点也具有战略意义。战略背景、战略问题、战略全局、战略思维、战略方略和战略意义集中体现和表达的，就是战略辩证法。

习近平总书记强调指出："战略问题是一个政党、一个国家的根本

---

① 参见本书编写组：《中国共产党第十九次全国代表大会文件汇编》，14 页，北京，人民出版社，2017。

② 战略辩证法，是指把战略思维和辩证思维有机结合起来，在战略中注重辩证法，在辩证法中注重战略。它跳出局部，从全局看局部；跳出眼前，从长远看眼前；跳出现象，从本质看现象。方法取决于问题的本性。中国特色社会主义进入新时代，所面临的问题既具有战略性，也具有辩证性，具有战略性且辩证性的问题需要运用战略辩证法来分析解决。

③ 参见习近平：《高举中国特色社会主义伟大旗帜 为全面建设社会主义现代化国家而团结奋斗——在中国共产党第二十次全国代表大会上的报告》，21 页，北京，人民出版社，2022。

性问题。"①

习近平新时代中国特色社会主义思想力求建构一种以人民为中心、以共同富裕为目的的中国特色社会主义政治经济学，把新发展理念作为指导原则，把实施高质量发展作为主题，把推进供给侧结构性改革作为主线，把构建新发展格局作为重要抓手，坚持和完善社会主义基本经济制度，致力于解决我国经济发展方式转变、经济结构调整、应对世界经济危机等重大问题，解决了效率和公平统一的问题，发展了中国特色社会主义政治经济学。

习近平新时代中国特色社会主义思想以引领世界社会主义运动开辟新时代中国特色社会主义新境界，从科学社会主义维度发展了中国特色社会主义理论体系。具体说，它揭示了中国特色社会主义的历史必然性和价值合理性，回答了中国特色社会主义从哪里来的问题；② 从中国共产党领导、坚持社会主义市场经济基本经济制度、以人民为中心、实现共同富裕等方面，阐释中国特色，回答"特"在哪里的问题；亮明人民至上的根本政治立场，回答中国特色社会主义本质何在的问题；鲜明强调坚持中国共产党领导是中国特色社会主义最本质的特征，是中国特色社会主义制度的最大优势，揭示了中国特色社会主义本质属性是什么的问题；③ 从总依据总布局总任务三方面概括其核心内容，回答中国特色社会主义核心要义是什么的问题；④ 系统总结概括了中国特色社会主义制度的显著优势，回答优在哪里的问题；⑤ 从中国特色社会主义的巨大成功与深远影响，回答了世界社会主义运动为何具有强大生机活力的问

① 习近平：《习近平谈治国理政》第二卷，10 页，北京，外文出版社，2017。
② 参见习近平：《关于坚持和发展中国特色社会主义的几个问题》，载《奋斗》，2019 (7)。
③ 参见中共中央党史和文献研究院编：《十九大以来重要文献选编》(中)，651 页，北京，中央文献出版社，2021。
④ 参见《习近平谈治国理政》第一卷，10 页，北京，外文出版社，2018。
⑤ 参见中共中央党史和文献研究院编：《十九大以来重要文献选编》(中)，445 页，北京，中央文献出版社，2021。

题；从构建人类命运共同体方面，揭示中国特色社会主义的世界向度，回答世界社会主义向何处去的问题。

（四）中国理论走向世界的逻辑：对构建中国特色哲学社会科学和中国理论作出原创性贡献

这一原创性贡献具有总体性，是上述三个层面原创性贡献的落脚点，这就是通过构建中国特色哲学社会科学与中国理论，掌握解释世界的理论话语权。

一个国家的强大不仅是经济、科技、军事上的强大，也是思想理论上的强大。世界上凡是强大的国家，在思想理论上大多具有重要建树。只有物质上的强大而没有思想理论上的强大，那是"半截子"强大，不是真正意义上的强大。中国在走向世界强国的进程中自然谋求理论的强大，能为世界贡献可以解释当今世界的中国理论，进而掌握理论话语权。因此，在国际精神生产分工体系中，当代中国应从"原材料供应国"向"成品供应国"提升，构建"学术中国"和"理论中国"。

我们的学术理论研究存在短板。改革开放以后，我们向西方学习科学技术、管理经验、资本运作，也学习西方理论。在学习的同时，一定意义上成了西方学术产品、学术理论的"依附国"，产生了"理论依附"，缺乏"理论自我"。有的学者较关注并研究西方的学术著作、学术概念、学术思想、理论范式。这对开阔研究视野、提升学术水平具有一定积极意义。但在有些人那里却出现了"耕了西方地，荒了中国田"的现象。一些人对西方的概念、思想、理论、范式较为了解，对当代中国发展的现实逻辑与中国问题却缺乏全面深入研究，一些人未经分析地用西方理论范式来剪裁、裁判中国现实与中国问题，以求"削足适履"。因此在学术研究中，还没有真正形成我们中国自己的学科体系、学术体系、话语体系，缺乏真正具有原创性的思想理论，以致世界不知道"学术中国""理论中国"为何物。在实现现代化强国征程中，我们需要从用西方理论剪裁中国现实转向研究当代中国发展的现实逻辑，需要从对西方的"理论依赖"走向中华民族的"理论自我""学术主体",从皈依"西方范式"转向直面"中国问题",并基于当代中国发展的现实逻辑且面向中国问题,构建中国特色哲学社会科学,构建"中国理论"。

构建中国理论之实质,就是为解决人类问题贡献中国理论,进而掌握解释当今世界的理论话语权。构建中国特色哲学社会科学与中国理论,是我国文化软实力的集中体现。当今中西方在思想理论与文化上的交流交融交锋,往往蕴含国际话语权之争。基于上述考虑,习近平总书记强调加快构建中国特色哲学社会科学的学科体系、学术体系、话语体系,加快构建"理论中国"或"中国理论",强调这是一个需要理论、思想而且一定能够产生理论、思想的时代。① 这实质上是确立中华民族的"学术自我""理论自我""思想自主""理论主体"的宣言书和动员令,也是由理论自卑转向理论自信、由"三失"转向"四信"的根本标识。②

这种"转向"之意义不可低估,它标志新时代中国特色社会主义要由"理论依附"经"理论自我"走向"理论贡献",积极走向世界,为解决全世界共同面临的问题与人类问题贡献中国理论、中国智慧和中国方案,贡献中华新文明,创造人类文明新形态,掌握解释世界的话语权。继续推进马克思主义中国化时代化,就要在马克思主义基本原理同中国具体实际、中华优秀传统文化相结合过程中,创新发展 21 世纪马克思主义,③为解决人类问题贡献中国理论、中国智慧和中国方案。这种理论贡献本身,就是对 21 世纪马克思主义的创新发展。黑格尔在 1805 年致沃斯的信中说:"路德让圣经说德语,您让荷马说德语,这是对一个民族所作出的最大贡献,因为,一个民族除非用自己的语言来习知那最优秀的东

---

① 参见习近平:《在哲学社会科学工作座谈会上的讲话》,8 页,北京,人民出版社,2016。

② 参见习近平:《在哲学社会科学工作座谈会上的讲话》,北京,人民出版社,2016。其中所讲的"三失",即在实际工作中,马克思主义在一些学科中"失语",教材中"失踪",在一些论坛上"失声"。

③ 参见习近平:《习近平谈治国理政》第二卷,34 页,北京,外文出版社,2017。

西，那么这东西就不会真正成为它的财富，它还将是野蛮的……现在我想说，我也在力求教给哲学说德语。如果哲学一旦学会了说德语，那么那些平庸的思想就永远也难于在语言上貌似深奥了。"①

---

① 苗力田译编：《黑格尔通信百封》，202 页，上海，上海人民出版社，1981。

第十二章 习近平新时代中国特色社会主义思想哲学基础论

以"系统为基的战略辩证法"

分析框架解释

习近平新时代中国特色社会主义思想

理解习近平新时代中国特色社会主义思想的科学体系，最为根本的，就是要理解其中的哲学基础及其蕴含的哲学范式，理解这一"系统为基的战略辩证法"对马克思主义哲学具有本源性的原创贡献。

一 习近平治国理政思想从根本上面对的是"哲学问题"，具有作出原创性哲学贡献的前提

一种科学体系是否具有哲学上的原创性贡献，其前提是要看它面对的是否是一个哲学问题。习近平治国理政思想具有问题意识、问题导向。他指出，"要有强烈的问题意识，以重大问题为导向，抓住关键问题进一步研究思考，着力推动解决我国发展面临的一系列突出矛盾和问

题。我们中国共产党人干革命、搞建设、抓改革，从来都是为了解决中国的现实问题"①。习近平治国理政实践所解决的问题很多，具有哲学意义的问题，核心是运用辩证思维，对改革开放和社会主义现代化建设"由何而来""现在何处""走向何方"这一"中国向何处去"的问题，从根本上进行系统性、战略性谋划。

这一哲学问题体现了改革开放和社会主义现代化建设所呈现的"重点突破—全面发展—系统谋划"这一具有哲学意蕴的演进逻辑及发展规律。

在改革开放和社会主义现代化建设之初，社会主要矛盾是人民日益增长的物质文化需要同落后的社会生产之间的矛盾，我国经济社会发展在实践上相对注重重点突破，即相对注重解放和发展社会生产力，以经济建设为中心。那时，我们把社会主义初级阶段的首要任务确定为解放和发展社会生产力，邓小平强调发展才是硬道理。

江泽民提出的"三个代表"把"始终代表中国先进生产力的发展要求"放在第一位，与"始终代表中国先进文化的前进方向""始终代表中国最广大人民的根本利益"并列为党的立党之本、执政之基、力量之源。

2007 年前后，我国经济社会发展的历史必然性，要求把"全面协调可持续"突出出来，即注重"全面发展"。② 胡锦涛提出的科学发展观，就在重点突破的基础上，突出了全面发展问题。

党的十八大以后，在注重经济社会全面发展的基础上，以习近平同志为核心的党中央进一步强调并注重对我国经济社会发展进行系统谋划，即以系统为基础作出战略谋划。

习近平总书记指出："党的十一届三中全会是划时代的，开启了改革开放和社会主义现代化建设历史新时期。党的十八届三中全会也是划时代的，开启了全面深化改革、系统整体设计推进改革的新时代，开创

---

① 习近平：《习近平谈治国理政》第一卷，74 页，北京，外文出版社，2018。
② 参见习近平：《在学习〈胡锦涛文选〉报告会上的讲话》，6 页，北京，人民出版社，2016。

了我国改革开放的全新局面。"①这里所讲的全面深化改革之所以是划时代的，就因为它具有转折性与全局性、根本性、长远性、战略性，需要从战略上进行"系统整体设计"。其中蕴含的就是系统性、战略性、辩证性。这种以系统为基础作出的整体设计或战略谋划，是哲学上的谋划，是哲学问题，具有哲学意蕴。它首先要抓住影响新时代我国"发展起来以后"影响或决定使大国成为强国的所有根本要素；再对所有根本要素进行系统性、整体性顶层设计；在顶层设计的基础上，进一步对这些根本要素的系统性、整体性进行战略谋划，使之形成合理的结构并能发挥合力作用，从而以解决好改革开放和社会主义现代化建设"由何而来""现在何处""走向何方"这一"中国向何处去"的根本性、系统性、全局性、长远性、战略性问题。

习近平总书记强调："回答并指导解决问题是理论的根本任务。"②"理论创新只能从问题开始。从某种意义上说，理论创新的过程就是发现问题、筛选问题、研究问题、解决问题的过程。"因为"主要的困难不是答案，而是问题"，"问题就是时代的口号，是它表现自己精神状态的最实际的呼声"。世界上具有重大影响的"著作都是时代的产物，都是思考和研究当时当地社会突出矛盾和问题的结果"③。习近平新时代中国特色社会主义思想，就是在解答上述具有哲学意义的问题过程中形成发展，进而作出原创性贡献的。

① 习近平：《习近平谈治国理政》第三卷，178 页，北京，外文出版社，2020。
② 习近平：《高举中国特色社会主义伟大旗帜 为全面建设社会主义现代化国家而团结奋斗——在中国共产党第二十次全国代表大会上的报告》，20 页，北京，人民出版社，2022。
③ 习近平：《习近平谈治国理政》第二卷，342、343 页，北京，外文出版社，2017。

二 解决哲学意义上的问题形成了新的"哲学范式"，在哲学范式（哲学观）上作出了原创性贡献

解决上述哲学意义上的问题需要从哲学维度或层面上进行，这就是以系统为基础作出战略谋划，由此便会形成"系统为基的战略辩证法"这样一种哲学范式或哲学观。习近平总书记强调，学哲学、用哲学，是我们党的一个好传统，也是我们党不断取得成功的一条经验，从中可以汲取哲学智慧的滋养，提高领导干部做好工作的看家本领。① 习近平总书记治国理政善于运用哲学思维。习近平新时代中国特色社会主义思想蕴含着一种新的哲学范式，这就是"系统为基的战略辩证法"，或者说，习近平新时代中国特色社会主义思想就是基于"系统为基的战略辩证法"形成发展起来的，系统为基的战略辩证法构成习近平新时代中国特色社会主义思想的哲学基础。

第一，新的历史方位具有战略意蕴。习近平新时代中国特色社会主义思想所直面的是新时代新的历史方位，这是"承前启后、继往开来、在新的历史条件下继续夺取中国特色社会主义伟大胜利的时代，是决胜全面建成小康社会、进而全面建设社会主义现代化强国的时代，是全国各族人民团结奋斗、不断创造美好生活、逐步实现全体人民共同富裕的时代，是全体中华儿女勠力同心、奋力实现中华民族伟大复兴中国梦的时代，是我国不断为人类作出更大贡献的时代"②。不言而喻，这里所谓的"五个时代"及"夺取胜利""全面建设社会主义现代化强国""美好生活""全体人民共同富裕""实现中华民族伟大复兴"等，都具有"系统性""战略性"，具有战略意蕴或战略意义。不仅如此，习近平新时代中国特

---

① 参见习近平：《论党的宣传思想工作》，30 页，北京，中央文献出版社，2020。

② 《中共中央关于党的百年奋斗重大成就和历史经验的决议》，23 页，北京，人民出版社，2021。

色社会主义思想也是在"两个大局"——实现中华民族伟大复兴战略全局、世界百年未有之大变局的时代背景下产生的。实现中华民族伟大复兴是战略全局，世界百年未有之大变局是具有战略意蕴的大变局。习近平新时代中国特色社会主义思想就是在这样的历史方位和时代背景下形成发展起来的。具有战略意蕴的历史方位和时代背景需要战略思维来系统思考，需要战略辩证法来系统谋划，需要战略定力来系统实现。

第二，解答的时代课题具有战略意义。习近平新时代中国特色社会主义思想解答的时代课题，聚焦于新时代坚持和发展中国特色社会主义、建设社会主义现代化强国、建设长期执政的马克思主义政党，由此提出了一系列原创性的治国理政新理念新思想新战略。不仅这三大时代课题都属于战略性课题，需要从系统上战略上来破解，而且也由此提出一系列原创性的治国理政新战略。①

第三，回答的根本问题属于战略性问题。习近平新时代中国特色社会主义思想主要是解决人民生活美好不美好、国家强不强、世界太平不太平、政党硬不硬、马克思主义如何具有生机活力五大根本问题，解决这些问题都需要运用辩证思维从系统上进行战略谋划。

习近平总书记指出："面对快速变化的世界和中国，如果墨守成规、思想僵化，没有理论创新的勇气，不能科学回答中国之问、世界之问、人民之问、时代之问，不仅党和国家事业无法继续前进，马克思主义也会失去生命力、说服力。"②中国之问从根本上就是解决国家强不强的问题，实质是为中华民族谋复兴；世界之问从根本上就是解决世界太平不太平的问题，实质是为世界谋大同；人民之问从根本上就是解决人民生活美好不美好的问题，实质是为中国人民谋幸福；时代之问从根本上就是解决党如何领导全国各族人民夺取中国特色社会主义伟大胜利的问题，实质是要首先为中国共产党谋强大；解决上述问题从根本上影响到

---

① 参见本书编写组：《中国共产党第十九届中央委员会第六次全体会议文件汇编》，48 页，北京，人民出版社，2021。

② 习近平：《习近平谈治国理政》第四卷，30 页，北京，外文出版社，2022。

马克思主义的生命力、说服力，其实质就是要为马克思主义谋生机。

其实，习近平总书记所讲的中国共产党百年奋斗的五大历史意义，即从根本上改变了中国人民的前途命运，开辟了实现中华民族伟大复兴的正确道路，展示了马克思主义的强大生命力，深刻影响了世界历史进程，锻造了走在时代前列的中国共产党，[①] 分别是解决人民生活美好不美好、国家强不强、马克思主义如何具有生机活力、世界太平不太平和政党硬不硬的根本性问题，其实质是"五为五谋"，即为中国人民谋幸福、为中华民族谋复兴、为马克思主义谋生机、为世界谋大同、为中国共产党谋强大。显然，这五大根本问题或"五为五谋"既是战略意义上的问题，需要运用辩证思维从系统上进行战略谋划，同时也是解释习近平新时代中国特色社会主义思想的一种框架。

第四，习近平总书记思考、谋划、解决治国理政中的系统性战略性问题，运用的主要是系统为基的战略辩证法。他指出："战略问题是一个政党、一个国家的根本性问题。战略上判断得准确，战略上谋划得科学，战略上赢得主动，党和人民事业就大有希望。"[②]"我们是一个大党，领导的是一个大国，进行的是伟大的事业，要善于进行战略思维，善于从战略上看问题、想问题。"[③]其实，越是在历史重要关头，越要注重战略思维。习近平总书记强调新时代治国理政更需要运用战略思维，在讲到战略思维、创新思维、辩证思维、法治思维、底线思维时，他把战略思维放在首位，[④] 并强调大历史观，这是有深意的。

第五，习近平新时代中国特色社会主义思想具有系统性战略性特质。其中的新发展理念、"五位一体"总体布局、"四个全面"战略布局、"两步走"的战略谋划、总体国家安全观、全面深化改革、推进国家治理体系和治理能力现代化、构建人类命运共同体等系列重要论述，其经济

---

① 参见本书编写组《中国共产党第十九届中央委员会第六次全体会议文件汇编》，91～94 页，北京，人民出版社，2021。

② 习近平：《习近平谈治国理政》第二卷，10 页，北京，外文出版社，2017。

③ 习近平：《习近平谈治国理政》第四卷，31 页，北京，外文出版社，2022。

④ 参见习近平：《习近平谈治国理政》第三卷，53 页，北京，外文出版社，2020。

思想、法治思想、生态文明思想、强军思想、外交思想等，不言自明，都坚持了系统观念，都体现战略思维，都蕴含着战略辩证法。

第六，系统为基的战略辩证法在习近平新时代中国特色社会主义思想中具有鲜活生动的体现。以习近平同志为核心的党中央统筹把握实现中华民族伟大复兴战略全局和世界百年未有之大变局，对关系新时代党和国家事业发展的一系列具有系统性、战略性和根本性的时代课题进行深邃思考和科学判断，提出了一系列治国理政新战略。其中，统筹中华民族伟大复兴战略全局和世界百年未有之大变局，构建以国内大循环为主体、国内国际双循环相互促进的新发展格局，改革国务院机构、推进国家治理体系和治理能力现代化，打赢脱贫攻坚战、全面建成小康社会，打好关键核心技术攻坚战、提高创新链整体效能，实施区域协调发展战略，注重军队组织构架和力量体系重塑等，都是"系统为基的战略辩证法"的具体体现。

第七，习近平总书记治国理政具有战略清醒、战略定力，并注重战略应对，强调绝不能在根本性问题上出现颠覆性错误。在新时代，面对实现中华民族伟大复兴战略全局和世界百年未有之大变局，都需要系统性的战略应对。上述所讲的三大时代课题，关乎全局、长远、根本，破解时代课题也需要具有战略定力。

总体来讲，"系统为基的战略辩证法"的哲学范式（哲学观）是一种全新的哲学范式（哲学观），它以"系统""战略""质量""辩证法"为核心理念。在历史时间和事物外延上，它注重由重点走向全面、由部分走向整体、由发展不平衡走向协调平衡，注重系统性；在发展空间和格局上，它注重由局部走向全局、由中国走向世界，注重战略性；在发展内涵上，它注重由外延式增长走向内涵式发展、由快速发展走向高质量发展，注重质量性；在大国成为强国的历史进程中，它注重运用战略辩证法思考和谋划系列重大问题，注重辩证性。

展开来说，"系统为基的战略辩证法"的哲学范式（哲学观），指的是在系统性实践和战略性谋划中运用辩证法，把辩证法运用于系统性实践和战略性谋划中，在战略中有系统辩证法，在系统辩证法中有战略。

它有五层含义。

（1）在时间上，它跳出眼前，从长远眼光看眼前，这是长远视野，涉及眼前和长远的辩证关系。"中华文明5000年""百年奋斗""战略全局""百年变局""本世纪中叶"等概念的提出，就是如此。

（2）在空间上，它跳出局部，把局部放在全局中来谋划，这是宽广视野，涉及局部和全局的辩证关系。"两个大局""构建人类命运共同体""建设'一带一路'""参与全球治理""和平发展、合作共赢""创造中国式发展新道路、创造人类文明新形态"等概念和论断的提出，便是如此。

（3）在事物上，它跳出现象，从事物的本质看现象，这是纵深视野，涉及现象和本质的辩证关系。我们提出的"三大规律"①"站在历史正确一边""掌握历史主动"，都是如此。

（4）在系统上，它跳出部分，把部分置于整体框架中进行思考和谋划，这是整体视野，涉及部分和整体的辩证关系。我们所讲的"实现中华民族伟大复兴""夺取中国特色社会主义伟大胜利""全面建成社会主义现代化强国""贯彻新发展理念""统筹推进'五位一体'总体布局、协调推进'四个全面'战略布局""总体国家安全观""推进国家治理体系和治理能力现代化"等，即是如此。

（5）在发展程度和水平上，它跳出粗放和外延，从发展质量和效益讲发展。我们所注重的"立足新发展阶段、贯彻新发展理念、构建新发展格局、推动高质量发展"就是如此。

---

① 即共产党执政规律、社会主义建设规律、人类社会发展规律。

三　系统为基的战略辩证法创新发展了
马克思主义具有总体性的"辩证哲学"，
在辩证法史上作出了原创性贡献

系统为基的战略辩证法体现了马克思主义哲学辩证法历史演进的逻辑。

唯物主义辩证法具有总体性，贯穿整个马克思主义哲学发展的历史进程中，这是共性。然而，这种辩证法在马克思主义哲学发展进程中，呈现为不同形态。

在马克思、恩格斯那里，辩证法主要是"历史辩证法"，因为他们最注重在历史领域实现哲学变革，由"上半截子"唯物主义发展到"下半截子"唯物主义，确立唯物主义在历史领域的权威，这只有借助唯物主义辩证法才有可能。这种辩证法直接通达、走向现实世界和历史领域，揭示其内在普遍联系、矛盾运动和发展过程及一般规律。

在列宁那里，辩证法主要采取"认识辩证法"形态。列宁着力思考的是经济文化落后的俄国如何向社会主义过渡，这首先需要认识完全不同于近代西欧社会的具有独特性的俄国国情。要做到这一点，首先要确定唯物主义认识路线，从客观实际出发认识俄国国情。这就把唯物主义认识论突出出来，他的《唯物主义和经验批判主义》就是唯物主义认识论的代表作。从俄国特殊国情出发建设社会主义，需要把马克思主义基本原理同俄国特殊实际相结合。这就要处理好一般和个别、普遍和特殊、共性和个性的辩证关系，这需要辩证法，他的《哲学笔记》就是辩证法的代表作。所以，列宁把辩证法看作马克思主义的认识论，把辩证法、认识论和逻辑学看作同一的。

在毛泽东那里，辩证法呈现为"实践辩证法"。解决农民占大多数的落后中国如何建设社会主义的问题，首先要把马克思主义基本原理同中国具体实际相结合。这涉及一般和个别、普遍和特殊、共性和个性之间的辩证关系，这需要辩证法。毛泽东把马克思主义基本原理同中国具体实际相结合，产生了中国化马克思主义理论创新成果，我们党用这种理论创新成果武装全党、教育人民、指导实践，这就涉及理论和实践的辩证关系。由此便有了毛泽东的《实践论》《矛盾论》两部哲学代表作。前者讲实践论，后者讲辩证法，二者有机统一，就是"实践辩证法"。

邓小平、江泽民、胡锦涛治国理政也特别注重辩证法，同时在总体上也注重实践，由此也可以把他们的哲学思想归为实践辩证法。

习近平新时代中国特色社会主义思想也坚持历史辩证法、认识辩证法、实践辩证法，但更为鲜明的本质特征或特质，就是注重系统为基的"战略辩证法"。这是对马克思主义哲学辩证法的一种具有总体性的原创性贡献。

四 习近平新时代中国特色社会主义思想及其蕴含的系统为基的战略辩证法要求确立新的"哲学思维"，这种思维具有基础性，在哲学思维方式上作出了原创性贡献

习近平新时代中国特色社会主义思想及其蕴含的系统为基的战略辩证法具有基础性，它内在要求确立历史辩证法、实践辩证法、创新辩证法、系统辩证法和底线辩证法，或树立系统思维、战略思维、辩证思维与历史思维、创新思维、法治思维和底线思维。

系统为基的战略辩证法本身就体现着系统思维、战略思维、辩证思维。习近平总书记关于"新发展理念""全面深化改革"的重要论述，关于

"两个大局""两大布局"①"新发展格局""战略策略""构建人类命运共同体"的重要论述，关于"社会主要矛盾和中心任务的关系""自我革命和社会革命关系"的重要论述，就分别体现了系统思维、战略思维、辩证思维。

系统为基的战略辩证法也要求树立历史思维、创新思维、法治思维和底线思维。换言之，历史思维、实践思维、创新思维、法治思维和底线思维都以系统为基的战略辩证法为基础，离开系统为基的战略辩证法，历史思维、创新思维、法治思维和底线思维都无法得到真正彻底的理解。

历史思维，就是要树立大历史观，把"系统""战略""辩证法"置于大历史观中进行思考，系统为基的战略辩证法就是大历史观中的辩证法，它既要求尊重历史发展的客观性及其本质，又要求符合历史发展逻辑、历史必然性和历史发展规律，还要求有效化解历史发展进程中的种种矛盾和关系，缺乏历史思维的系统为基的战略辩证法是空洞的。习近平总书记关于"新的历史方位""新发展阶段""实现中华民族伟大复兴战略全局、世界百年未有之大变局""坚持以人民为中心的发展思想""走在时代前列的中国共产党"等重要论述，都体现了历史思维。他关于"以中国式现代化全面推进中华民族伟大复兴"的重要论述，就是基于中国历史发展的过去、现在和未来，在战略上进行辩证思考且辩证处理各种矛盾关系的基础上提出来的。

系统为基的战略辩证法要求树立创新思维。辩证法在本质上是批判的、革命的，它内在要求推进创新，它是在创新中实现的，对系统作出新的战略谋划也是创新，缺乏创新就无法实现战略目标。习近平总书记的"新发展理念""总体国家安全观""国家治理体系和治理能力现代化"等重要论述，就体现了集成创新。

系统为基的战略辩证法要求树立法治思维，需要法治思维保证一种

---

① 两个大局，即中华民族伟大复兴战略全局和世界百年未有之大变局；两大布局，即统筹推进"五位一体"总体布局、协调推进"四个全面"战略布局。

系统能规范地运行，保证战略有规范地实施。习近平总书记的"法治思想""全面深化改革""推进国家治理体系和治理能力现代化"等重要论述，就体现了法治思维。

系统为基的战略辩证法也要求树立底线思维，即积极主动与有效应对各种挑战、风险和困难。系统性的战略思维和辩证思维，都要求凡事从坏处准备，积极主动应对，努力争取最好结果，它要求树立问题意识、危机意识、效果意识和边界意识，遇事从容应对，牢牢掌握主动权。习近平总书记的"防范风险""伟大斗争""总体国家安全观""国家治理"等重要论述，就体现了底线思维。

五　习近平新时代中国特色社会主义思想及其系统为基的战略辩证法蕴含治国理政的"哲学智慧"，在哲学智慧上作出了原创性贡献

这一点还未引起我国理论界高度重视，也未给出专门深入的阐述。基于我们的理解，系统为基的战略辩证法蕴含着习近平总书记治国理政的哲学智慧，这在党的二十大报告中也有所体现。

一是坚持"实事求是—以人民为中心—知行合一"相统一。实事求是侧重于"客观""历史"维度，以人民为中心侧重于"主体""价值"维度，知行合一侧重于"实践"维度，三者是一个有机系统，具有辩证关系，也具有战略意义。运用辩证思维，对我国"发展起来以后"使大国成为强国进行系统性战略谋划，本质上就是实事求是、坚持历史思维的必然要求。道路决定命运。在大国成为强国即实现强起来的历史征程中，不走改旗易帜的邪路，也不走封闭僵化的老路，要坚定不移走中国特色社会主义道路，这是坚持实事求是，从客观实际出发认识中国国情，把马克思主义基本原理同中国具体实际相结合、同中华优秀传统文化相结合必然得出的结论。这条道路是创造人民美好生活之路，是逐步实现全体人民共

同富裕、不断促进人的全面发展之路，这是坚持以人民为中心。实事求是是中国道路的精髓和灵魂，以人民为中心是中国道路的立场和取向。只有坚持实事求是和以人民为中心有机统一，才能达到对事物真正的"知"，而"知"的目的在于"行"。道路选择正确了，就要付诸实践行动，坚定不移走下去。所以，走中国特色社会主义道路，是坚持知行合一的结果。

二是坚持"定位—定标—定法"相统一。夺取中国特色社会主义伟大胜利，全面建成社会主义现代化强国，实现中华民族伟大复兴，首先要明确"定位"，搞清楚"我在哪里"或"从何出发"，就是要确定好我国发展的历史方位，这是"定位"；历史方位确定之后，需要进一步确定特定历史方位中的奋斗目标，这是"定标"；目标确定之后，就要进一步选择实现目标的路径和方法，这是"定法"。习近平总书记指出："中国特色社会主义进入了新时代，这是我国发展新的历史方位。"①这就是对我国发展起来以后的历史方位进行"定位"；党的十九大报告提出的新时代中国共产党的历史使命是实现中华民族伟大复兴，党的二十大报告所讲的"新时代新征程中国共产党的使命任务"，实际上是"定标"；要实现中华民族伟大复兴，在理论上必须以习近平新时代中国特色社会主义思想为行动指南，在实践上要在全面建成小康社会的基础上分两步走，以中国式现代化全面推进中华民族伟大复兴，在 21 世纪中叶全面建成社会主义现代化强国，这就是"定法"。"定位""定标""定法"三者是一个有机系统，具有辩证关系，也具有战略意义。

三是坚持"主要矛盾—根本问题—工作重点"相统一。社会主要矛盾，是判断国情的主要依据之一，是判断一个社会整体发展状况的主要依据之一，是我们党制定路线方针政策的基本依据，是治国理政的基本遵循。社会主要矛盾蕴含习近平新时代中国特色社会主义思想所解决的根本问题，解决这一根本问题就成为习近平新时代中国特色社会主义思

---

① 习近平：《习近平谈治国理政》第三卷，8 页，北京，外文出版社，2020。

想在实践中的工作重点或中心任务。习近平总书记既注重把握新时代我国社会的主要矛盾，即人民日益增长的美好生活需要和不平衡不充分的发展之间的矛盾，又注重从中确定治国理政所解决的根本问题，即人民生活好不好、国家强不强的问题，并把解决根本问题作为治国理政的工作重点或中心任务。习近平总书记强调："党的百年奋斗历程告诉我们，党和人民事业能不能沿着正确方向前进，取决于我们能否准确认识和把握社会主要矛盾、确定中心任务。什么时候社会主要矛盾和中心任务判断准确，党和人民事业就顺利发展，否则党和人民事业就会遭受挫折。"①主要矛盾、根本问题和工作重点是一个有机系统，具有辩证关系，也具有战略意义。

四是坚持"动力—平衡—治理"相统一。习近平新时代中国特色社会主义思想蕴含"动力、平衡、治理"三种根本机制。习近平新时代中国特色社会主义思想强调坚持中国共产党领导。中国共产党既注重使中国经济社会发展具有动力与活力（解决发展不充分问题），又注重使中国经济社会发展达到平衡与和谐（解决发展不平衡问题），还注重通过对自身治理、国家治理、社会治理（解决国家治理现代化问题）等，来解决动能不足、发展失衡问题。从党的二十大报告可以看出，习近平新时代中国特色社会主义思想坚持以解放和发展社会生产力、逐步实现全体人民共同富裕、不断促进人的全面发展，来实现社会主义现代化、实现中华民族伟大复兴。这一战略目标之深层，主要是从我国经济社会发展的动力、平衡、治理三个根本要素着眼的。解放和发展社会生产力，内在要求解决好经济社会发展的动力问题；逐步实现全体人民共同富裕，内在要求解决好经济社会发展的平衡问题；推进人的全面发展，包括推进人的需要、人的能力、人的关系、人的个性的全面发展，而人的能力和人的个性的全面发展，要求一个国家、一个社会建立健全良好的动力机制，人的需要、人的关系的全面发展，要求一个国家、一个社会建立健全良好

---

① 习近平：《习近平谈治国理政》第四卷，30页，北京，外文出版社，2022。

的平衡机制。当一个国家、一个社会的动力机制和平衡机制出了问题，就必须加强治理机制建设，提升国家和社会的治理能力。此外，新发展理念中的创新发展、开放发展相对注重解决发展动力问题；协调发展、绿色发展、共享发展则相对注重解决发展平衡和谐的问题。动力、平衡和治理是一个有机系统，具有辩证关系，也具有战略意义。

五是坚持"发挥比较优势—补齐发展短板—打牢根本支点"相统一。在改革开放初期，我国相对注重发挥经济社会发展中的比较优势，如注重让一部分地区、一部分人先富起来，建立经济特区等。我国发展起来以后，要使大国成为强国即实现强起来，既要补齐发展短板，也要打牢大国成为强国的根本支点。习近平总书记多次强调要"强弱项，补短板"。他所说的打好"三大攻坚战""推进国家治理体系和治理能力现代化""推动全体人民共同富裕""促进人与自然和谐共生"等，就是致力于补齐发展进程中的短板。习近平总书记提出的新发展理念，实际上就是致力于为大国成为强国提供根本支点。发挥比较优势、补齐发展短板和打牢根本支点也是一个有机系统，既具有辩证关系，也具有战略意义。

六 习近平新时代中国特色社会主义思想鲜明彰显人民至上的"哲学理念"，它由物本逻辑走向民本逻辑，在哲学理念上作出了原创性贡献

在我国理论界，众所周知，马克思曾经提出人类历史发展的"三形态"理论，即从"人的依赖"到"物的依赖"，再到生产力高度发展和人的全面发展基础上的"自由个性"。人的依赖，主要是前资本主义社会人的发展形态，表现为人对血缘、权力及其由此构成的共同体的依赖。物的依赖，主要是资本主义商品经济社会人的发展形态，体现为人对货币、资本、金钱与物质财富的依赖，即物对人的统治。自由个性，是共产主义社会人的发展的历史形态，体现为人的全面发展和人的创新能力的自

由充分发挥。

马克思在他那个时代，致力于破解资本逻辑并向人本逻辑跨越，但在实践上并未真正完成或实现。经济文化落后国家建设社会主义，由于历史发展的必然性，面临的首要问题是解放和发展社会生产力，相对注重解决社会主义建设的物质基础即"物"的问题。对此，马克思主义经典作家都有相关论述。改革开放之初，我国的情况也大致如此。

党的十九大以来，我国社会主要矛盾发生了历史性转化，由人民日益增长的物质文化需要同落后的社会生产之间的矛盾，转化为人民日益增长的美好生活需要和不平衡不充分的发展之间的矛盾。这意味着在现实和实践上，我国总体上已经解决了人的基本需要满足的问题，已经进入不断创造人民美好生活的新时代。这一时代，是超越"物的依赖"和"资本逻辑"而走向不断推进人本身全面发展的时代，是人民成为国家、社会和自己命运主人的时代，是在实践上坚持以人民为中心的时代。概言之，是坚持人民至上并彰显民本逻辑的时代。基于这样的时代，习近平总书记不仅在实践上坚持人民至上，而且从哲学上构建起了人民至上的哲学理念或哲学逻辑。这一理念和逻辑的核心性内容就是：把人民当作主体，一切依靠人民；把人民当作目的，一切为了人民，让全体人民共享发展成果，在推进全体人民共同富裕上迈出实质性一步，不断推进人的全面发展；把人民当作尺度，坚持人民至上。

习近平总书记又把人民至上的哲学理念和逻辑运用于政治经济学，力求超越资本主导逻辑，构建起以人民为中心、以共同富裕为目的的政治经济学；也运用于科学社会主义，破除了社会主义失败论，使科学社会主义在21世纪的中国焕发出强大生机活力，在世界上高高举起中国特色社会主义伟大旗帜。坚持人民至上，也是创造人类文明新形态的核心理念和逻辑，它能为世界人民所拥护，具有强大生命力，会逐步取代自由主义个人至上的理念和逻辑，进而掌握解释世界的理论话语权。

后　记

我们党的领导人历来善于运用哲学思维治国理政。学哲学、用哲学，是我们党的一个好传统。以毛泽东、邓小平、江泽民、胡锦涛、习近平等为主要代表的中国共产党人都十分重视哲学，历来强调要学哲学、用哲学。毛泽东一生酷爱哲学，他不仅在延安的李家窑写出著名的《实践论》《矛盾论》，而且在延安时期还曾三次与陈云谈学哲学的问题。邓小平强调："学马列要精，要管用的。"①还说我们干部队伍中不少人不大懂得哲学，很有必要从思想方法上提高一步。长期从事经济管理工作的陈云极为重视哲学，强调学好哲学，终身受用。李瑞环结合自己的从政经验强调：哲学是明白学、智慧学，学了哲学，脑子就灵、眼睛就亮、办法就多；不管什么时候、干什么工作，哲学都会给你方向、给你思路、给你办法；你的地位越高，场面越大，哲学就越神奇、作用就越大。习近平总书记更加强调，党的各级领导干部要努力把马克思主义哲学作为自己的看家本领，努力接受马克思主义哲学智慧的滋养。

马克思主义哲学既是科学的世界观，又是科

---

① 《邓小平文选》第三卷，382页，北京，人民出版社，1993。

学的方法论，其本质功能就是为解释世界和改变世界提供科学的世界观和方法论，提供科学解释世界和有效改变世界的科学分析（解释）框架。其实，现代哲学在总体上就是一种分析解决问题的分析（解释）框架，如本体论、认识论、辩证法等，都是一种分析解决问题的分析（解释）框架。马克思、恩格斯创立的唯物史观，也是分析、解释资本主义社会资本占有劳动并控制社会这一现实逻辑的分析（解释）框架，其分析（解释）框架的核心，就是社会基本矛盾及其历史运动。

中国特色社会主义进入新时代，由于习近平总书记在治国理政实践中特别强调坚持系统观念与战略思维、辩证思维，由于党的二十大报告强调要把握好习近平新时代中国特色社会主义思想的世界观和方法论，做到"六个必须坚持"，马克思主义哲学在全面建设社会主义现代化国家、实现中华民族伟大复兴历史进程中的重要地位和作用变得更加突出和重要了。这反映了中国特色社会主义进入新时代即我国发展进入新的历史方位后中国特色社会主义的历史发展逻辑，即"重点突破—全面发展—以系统为基"的战略谋划。在改革开放和社会主义现代化建设之初，我国社会主要矛盾是人民日益增长的物质文化需要同落后的社会生产之间的矛盾，我国经济社会发展在实践上相对注重重点突破，以经济建设为中心，强调解放和发展社会生产力。2007年前后，我国经济社会发展的历史必然性决定了必须把全面协调可持续突出出来，注重全面发展。胡锦涛提出的科学发展观，就是在重点突破的基础上，把全面发展问题提到日程上来。

党的十八大以来，在注重全面发展基础上，以习近平同志为核心的党中央坚持系统观念，把我国经济社会发展置于实现中华民族伟大复兴战略全局和世界百年未有之大变局中进行系统性的战略谋划，进一步强调统筹推进"五位一体"总体布局、协调推进"四个全面"战略布局，且注重对全面深化改革、全面建设社会主义现代化国家、系统构建新发展格局作出战略谋划，推动党和国家各个领域、各项事业取得了历史性成就，发生了历史性变革。习近平总书记指出："党的十八届三中全会也是划时代的，开启了全面深化改革、系统整体设计推进改革的新时代，开创了我国改革开放的全新局面。"①全面深化改革之所以是划时代的，就在于它具有转折性、全局性、根本性与长远性，须从战略上进行系统整体设计。这就把从整体上进行系统性战略谋划推到了历史前台，把哲学上的战略思维、系统思维、辩证思维前所未有地凸显出来。在《习近平谈治国理政》第三、第四卷中，习近平总书记强调最多的思想和工作方法，就是以系统为基的战略辩证法。这里，习近平总书记是把系统观念与战略思维、辩证思维作为思想和工作方法来谈的，用哲学话语来表达，主要是作为一种分析问题、解决问题的分析（解释）框架（或方法论）来谈论马克思主义哲学的。

改革开放以来，我国马克思主义哲学研究取得了长足进展，为改革开放和社会主义现代化建设，为全面建设社会主义现代化国家、全面推进中华民族伟大复兴作出了重要贡献！同时我们也应清醒地认识到，迄今为止，我国哲学界从分析（解释）框架维度研究哲学，尤其是研究马克思主义哲学的论著并不多见。本书主要从作为分析问题和解决问题的分析（解释）框架的角度研究马克思主义哲学，提出了协举辩证法、"一主二基"思维范式论、实践生成论、人的本质四维论、社会层级结构论、发展代价论、"动力、平衡、治理"三机制论、中国道路本源意义论、治国理政哲学智慧论、中国特色社会主义五维逻辑论、21世纪马克思主义五维规定论、习近平新时代中国特色社会主义思想哲学基础论等具有独到性、创新性的见解，也提出了以"协举"分析框架解释事物和对象、以"一主二基"分析框架解释事物和对象、以"实践生成"分析框架解释马克思哲学、以"需要—能力—关系—个性"分析框架解释人的本质、以"社会层级结构"分析框架解释中国传统社会、以"发展代价关系"分析框架解释历史发展规律、以"三机制"分析框架解释社会发展规律、以"五定"分析框架解释中国道路、以"哲学智慧"解释中国共产党治国理政、

---

① 习近平：《习近平谈治国理政》第三卷，178页，北京，外文出版社，2020。

以"五维逻辑"分析框架解释中国特色社会主义发展、以"五维规定"分析框架定义 21 世纪马克思主义、以"系统为基的战略辩证法"分析框架解释习近平新时代中国特色社会主义思想等一系列哲学分析框架及运用，具有重要的学术价值和现实意义，对深化哲学，尤其是当代中国马克思主义哲学研究具有一定的哲学理论创新和贡献，对分析解释社会发展规律、历史发展规律、中国道路、中国共产党治国理政、中国特色社会主义发展、习近平新时代中国特色社会主义思想、21 世纪马克思主义等，也具有重要的方法论意义。

　　本书是文集，是从过去发表的一些哲学论文中，根据"作为分析框架的哲学"这一主题，选出一些相关研究的代表性成果，主要目的是强调可以从"分析框架"的角度理解和把握哲学。因为本书是从过去发表的一些哲学论文中选出的，所以一些文字表述和内容论述就会带有"历史""时代"的印记，敬请读者理解和谅解。

韩庆祥

2023 年 3 月 6 日

图书在版编目（CIP）数据

作为分析框架的哲学/韩庆祥著. —北京：北京师范大学出版社，2024.8. —（韩庆祥作品系列）.

ISBN 978-7-303-29569-2

Ⅰ.①作… Ⅱ.①韩… Ⅲ.①哲学分析 Ⅳ.①B025.4

中国国家版本馆 CIP 数据核字（2023）第 216315 号

营 销 中 心 电 话　010-58805385
北 京 师 范 大 学 出 版 社
主题出版与重大项目策划部

ZUOWEI FENXI KUANGJIA DE ZHEXUE

出版发行：北京师范大学出版社　www.bnupg.com
　　　　　北京市西城区新街口外大街 12-3 号
　　　　　邮政编码：100088
印　　刷：北京盛通印刷股份有限公司
经　　销：全国新华书店
开　　本：787 mm×1092 mm　1/16
印　　张：19.5
字　　数：270 千字
版　　次：2024 年 8 月第 1 版
印　　次：2024 年 8 月第 1 次印刷
定　　价：86.00 元

策划编辑：郭　珍　　　　　责任编辑：刘　溪
美术编辑：王齐云　　　　　装帧设计：王齐云
责任校对：陈　民　　　　　责任印制：马　洁　赵　龙